W0082959

Bernhard Schlink

# *Vergewisserungen*

*Über Politik,
Recht, Schreiben
und Glauben*

Diogenes

Editorische Nachweise am Ende des Bandes
Umschlagillustration:
Henri Matisse, ›Äpfel auf dem Tuch
vor grünem Hintergrund‹, 1916
Copyright © 2005 ProLitteris, Zürich;
Succession Henri Matisse, Paris
Foto: Chrysler Museum of Art,
Norfolk VA; Gift of Walter P. Chrysler, Jr.

Alle Rechte vorbehalten
Copyright © 2005
Diogenes Verlag AG Zürich
www.diogenes.ch
40/06/8/2
ISBN 3 257 06483 7

# Inhalt

# Vorwort

Neben den Bereichen, in denen wir zu Hause sind und Bescheid wissen, gibt es das große Feld der Themen und Probleme, die uns betreffen und beschäftigen, ohne daß wir je auf Expertenschaft hoffen könnten. Wir müssen uns mit weniger bescheiden. Bei manchen Themen und Problemen machen wir unseren Frieden damit, daß wir ihr Geheimnis nie lüften, ihr Rätsel nie lösen werden. Bei vielen genügt uns ein Alltagswissen. Bei anderen wollen wir mehr – weil sie ein Erbteil sind, das uns von früh an begleitet, weil sie unserem Beruf so nah und so wichtig für ihn sind, daß wir sie nicht im Ungefähren lassen können, weil wir an einem Dreh- und Angelpunkt unseres Lebens mit ihnen konfrontiert werden. Sie sind uns nicht unzugänglich – das wissen wir. Wir wissen aber auch, daß wir ihrer nie so sicher sein werden, wie wir uns anderer Themen und der Lösung anderer Probleme sind.

Wir können uns ihrer immerhin vergewissern. Vergewisserung – unter diesen Begriff fallen für mich die Überlegungen, die ich jenseits meiner rechtswissenschaftlichen Überlegungen anstelle, weil ich's wissen will, auch wenn ich weiß, daß ich es nie so wissen werde wie in der Rechtswissenschaft, in der ich zu Hause bin und Bescheid weiß. Die Sehnsucht nach Heimat und der Wunsch nach Alternativen, die Situation meiner Generation, der Preis der Gerechtigkeit und die Grenzen des Rechts, die politische Verantwortung des Schriftstellers und das Verhältnis zwischen Literatur und Recht, der Glaube und die Institution der Kirche – es sind Themen, die mich seit langem begleiten: von Kindheit an, seit meine Generation ihren Zenit erreicht hat, seit ich die Unzulänglichkeiten meiner Wissenschaft sehe, seit ich aufgefordert werde, Auskunft zur Aufgabe des Schriftstellers und der Literatur zu geben. Da ich weder Soziologe noch Philosoph, kein Literaturkritiker und -wissenschaftler und kein Theologe bin, geben die Vergewisserungen keine soziologische oder philosophische, literaturwissenschaftliche oder theologische Auskunft. Daß ich selbst schreibe, gibt mir auch keine Kompetenz, was die Aufgabe des Schriftstellers und der Literatur angeht; ich schreibe, weil es mich glücklich macht, und sehe mich unter keiner anderen Aufgabe als der, Geschichten zu erzählen, die für mich stimmen. Was das genau bedeutet, weiß ich nicht – ein Nichtwissen, das mich anders als bei meiner Wissenschaft beim Schreiben nicht beunruhigt.

Fast alle Beiträge des Bands sind als Vorträge entstanden: akademische und essayistische Vorträge, Tagungsbeiträge, Dankesreden, Laudationes und Predigten. Die Gestaltungen sind so verschieden wie die Kontexte meines Lebens.

Den Mut, die Vorträge in einem Band zusammenzutragen und zu veröffentlichen, machen mir außer der freundlichen Anregung meines Verlegers Daniel Keel die Vergewisserungen anderer, die mir manchmal hilfreicher waren als die Auskünfte von Experten. Ich freue mich, wenn es anderen mit meinen Vergewisserungen ähnlich geht.

*Bernhard Schlink*

Politische Hoffnungen

# Heimat als Utopie

## I.

Immer wieder treffe ich Deutsche aus den neuen Ländern, die mir sagen, sie fühlten sich im Exil, obwohl sie leben, wo sie immer schon lebten, wohnen, wo sie immer schon wohnten, und vielleicht sogar in derselben Fabrik, Behörde, Schule oder Zeitung arbeiten, in der sie schon vor der Wende arbeiteten. Alles habe sich verändert und sei ihnen fremd geworden. Mehr noch, es habe sich nicht einfach verändert, sondern sei von anderen verändert worden, ohne ihr Zutun und gegen ihren Willen, sei ihnen von anderen entfremdet worden. Deshalb lebten sie im Exil – in der Fremde, in der man nach Gesetzen leben muß, die man nicht selbst gemacht hat und über deren Auslegung und Anwendung man nicht selbst entscheidet.

Im selben Sinn äußern sich, auch und gerade in den USA, Angehörige von Minderheiten; sie fühlen sich unter der Mehrheit, unter der sie leben, als lebten sie im Exil. Es gibt Frauen, die sich im Exil fühlen, weil sie die Gesellschaft, in der sie leben, als von Männern geschaffen und von Männern dominiert erfahren. Es gibt Alte, die das gleiche Gefühl in unserer der Jugend und ihrer Schönheit, ihrer Kultur und ihrem Konsum huldigenden Gesellschaft haben.

Bei allen, von den Deutschen in den neuen Ländern bis

zu den Alten in unserer Jugendlichkeitsgesellschaft, kann ich das Gefühl verstehen und auch, warum es sich mit dem Begriff des Exils verbindet. Und doch bleibt die Verbindung seltsam. Denn ursprünglich und eigentlich ist der Begriff des Exils der Gegenbegriff zum Begriff der Heimat, die man verlassen mußte. Man wurde aus ihr vertrieben, durch Gewalt oder durch Not; sie liegt irgendwo jenseits der Grenze; man sehnt sich nach ihr zurück und kehrt auch in sie zurück, wenn es die Verhältnisse dort erlauben, wenn die politische Unterdrückung endet oder die Hungersnot oder das Wüten der Seuche. Das Gesetz der Fremde, unter dem man im Exil lebt, ist zuallererst das Gesetz der fremden Sprache. Gerade Schriftsteller haben die Härte dieses Gesetzes beschrieben und beklagt. Czesław Miłosz sagt über den Schriftsteller im Exil: »In the country he comes from he was aware of his task and people were waiting for his words, but he was forbidden to speak. Now where he lives he is free to speak, but nobody listens and, moreover, he forgot what he had to say.« Ähnlich sagt Joseph Brodsky: »To be an exiled writer is like being a dog hurtled into outer space in a capsule. And your capsule is your language and before long you discover that the capsule gravitates not earthward but outward in space.«

Gewiß, es gibt positive Beschreibungen des Exils und auch dessen, was das Exil für den Schriftsteller bedeutet. Miłosz fragt, ob es als Zustand legitimierter Fremdheit nicht sogar privilegiert sei gegenüber der Fremdheit, unter der letztlich jeder Schriftsteller in seiner Gesellschaft leide; Brodsky beschreibt ebenso wie den Schrecken auch die Chance der Freiheit im Exil; und Marina Zwetajewa meint,

Schriftsteller, »far-sighted by the very nature of their craft«, könnten sogar ihre Heimat besser aus der Fremde sehen. Entscheidend beim ursprünglichen und eigentlichen Begriff des Exils ist nicht die negative und ist auch nicht eine positive Konnotation – es gibt beide. Entscheidend ist die Korrespondenz zum Begriff der Heimat, in der man zu Hause war, in der man zu Hause wäre, wenn man könnte, und in die man wieder zurückkehrt, wenn sie einen wieder aufnimmt.

Wo ist diese Heimat für die Deutschen, die aus den neuen Ländern stammen und sich in den neuen Ländern doch im Exil fühlen? Hinter welcher Grenze liegt sie? Hinter welcher Grenze liegt die Heimat der Minderheit, die unter einer Mehrheit lebt und schon immer lebte, sich unter ihr aber im Exil fühlt? Aus welcher Gesellschaft sind die Frauen in die Männergesellschaft vertrieben worden und die Alten in die Jugendlichkeitsgesellschaft? In welcher Gesellschaft spricht man die Sprache der Frauen oder die Sprache der Alten, die man in der Männer- bzw. Jugendlichkeitsgesellschaft nicht versteht?

II.

Was für törichte Fragen, mögen Sie denken. Exil ist eine Metapher, und die Frage, wo die zum Exil gehörige Heimat ist, geht ebenso fehl, wie die nach dem Vater fehlginge, mit dem die Philosophie, die Mutter der Wissenschaften, ihre Kinder hat. Exil ist das Leben in der Fremde, das nicht selbst-, sondern fremdbestimmte, das entfremdete Leben. Exil ist eine

Metapher für die Erfahrung der Entfremdung, die so existentiell und universell ist, daß sie keinen Ort braucht und auch keine Heimat als Gegenort.

In der Tat finden sich in heutigen Äußerungen über das Exil und das Leiden im Exil Wendungen wieder, in denen immer schon marxistische und existentialistische Entfremdungserfahrungen beschrieben wurden. Daß, wie für die unterdrückte Klasse, auch für das unterdrückte Geschlecht und die unterdrückten Völker das Verhältnis zur eigenen Tätigkeit »das Verhältnis zur eignen Tätigkeit als einer fremden« und das Verhältnis zur Außenwelt »das Verhältnis zur Außenwelt als einer fremden« ist, steht zwischen dem frühen Karl Marx der ökonomisch-philosophischen Manuskripte und dem späten Jean-Paul Sartre außer Frage. Daß die Verhältnisse die menschlichen Bande, auch die, die in der Arbeitswelt den Menschen an seinen Kollegen und Vorgesetzten knüpften, »unbarmherzig zerrissen und kein anderes Band zwischen Mensch und Mensch übriggelassen als das nackte Interesse, als die gefühllose ›bare Zahlung‹« – mit diesen Worten von Marx und Friedrich Engels aus dem *Kommunistischen Manifest* könnte heute auch ein Deutscher aus den neuen Ländern die Veränderungen seiner Arbeitswelt beschreiben.

Ja, Exil ist eine Metapher für die Erfahrung der Entfremdung. Aber das erledigt die Frage nach der dem Exil korrespondierenden Heimat nicht. Warum findet die Erfahrung der Entfremdung am Ende dieses Jahrhunderts wieder eine Metapher, die sich auf Orte bezieht, explizit auf den Ort des Exils, an dem die Erfahrung gemacht wird, und implizit auf den Ort, an dem man nicht im Exil, sondern zu Hause wäre?

Die marxistische und die existentialistische Entfremdungserfahrung war ohne Ortsbezug, war Erfahrung der Ortlosigkeit. Das Proletariat hat in der bürgerlichen Gesellschaft
keinen Ort und braucht keinen in der kommunistischen, es
ist nach der Vorstellung von Marx und Engels die Klasse, in
deren Partikularität als Klasse die Universalität der Menschheit angelegt ist, über alle Länder, alle Grenzen, alle Orte
hinausgreifend. Und von Søren Kierkegaard bis Sartre ist
die existentialistische Erfahrung die des ex-sistere, des Her-
austretens aus allen vorgegebenen Zusammenhängen, Ordnungen und Ortungen des Seins, die Erfahrung der ortlosen
Vereinzelung und Einsamkeit vor Gott oder dem Nichts.
Den Ort, die Heimat, die die bürgerliche Gesellschaft, die
Nation, die kirchlichen oder kulturellen Institutionen, die
Familie und die Ehe versprechen, als Illusion zu erkennen,
stiftet denn auch die Berührungen zwischen marxistischer
und existentialistischer Erfahrung. Von ihr geprägt war
Ortlosigkeit in diesem Jahrhundert und besonders auch
nach dem Zweiten Weltkrieg lange die intellektuelle Erfah-
rung schlechthin.

III.

Es war die intellektuelle Erfahrung, mit der meine Generation aufwuchs. Das Exil während des Dritten Reichs
vertriebener Deutscher, oft jüdischer deutscher Künstler,
Schriftsteller und Wissenschaftler, fand in der Bundesrepublik nicht nur deshalb lange wenig Aufmerksamkeit, weil
der nationalsozialistische Blick der Elterngeneration, der

15

die Exilanten als vaterlands- und treulose Gesellen wahrgenommen und ausgegrenzt hatte, erst langsam überwunden wurde. Auch in den Augen meiner Generation bedurften die Exilanten keiner besonderen bundesrepublikanischen Aufmerksamkeit. Sie waren im wörtlichen Sinn »gut raus«; sie waren raus aus Deutschland, und sie hatten es gut getroffen. Es verstand sich für uns von selbst, daß das Exil, besonders das amerikanische, Weite, Offenheit und Universalität assoziieren ließ und positiver besetzt war als die deutsche Heimat, die für nationalstaatliche Beschränkung und Beschränktheit stand. Exil war Freiheit, Heimat war der Muff der Vertriebenen und ihrer Verbände. Wir wuchsen mit der Vorstellung auf, nach den um den »Platz an der Sonne«, den »Lebensraum« geführten Weltkriegen sei Nationalismus historisch erledigt, der Nationalstaat löse sich in europäische oder atlantische politische Zusammenhänge auf, Heimat sei überall und nirgends, und wer sich da, wo er war, nicht zurechtfinde und wohl fühle, sondern nach einer verlorenen Heimat in Pommern, Schlesien oder Böhmen verlange, sei ein Revanchist. Wir mochten mehr oder weniger intellektuell interessiert sein. Das intellektuelle Lebensgefühl der Ortlosigkeit, der nationalen Unbezogenheit und Ungebundenheit teilten wir allemal. Wir teilten es gerade als Deutsche; als Kinder der diskreditierten Nation waren wir mit besonderem Engagement Europäer oder Atlantiker und wollten am liebsten Weltbürger sein.

Das änderte sich in den siebziger Jahren. Ich erinnere mich nicht mehr an den Namen, aber noch gut an den Artikel des amerikanischen Journalisten, der damals durch Deutschland reiste und beschrieb, wie ihm die Badener von der Verbun-

denheit der badisch-elsässisch-Schweizer Region am Ober-
rhein und davon erzählten, sie seien eher oberrheinische europäische Regionalisten als Deutsche, die Hamburger, sie seien
als Hanseaten schon immer eher maritim und britisch als
deutsch orientiert, und die Bayern von der alten Distanz Bay-
erns zu Preußen und seiner Nähe zu Österreich und Italien.
Der Ortsbezug, den das deutsche Lebensgefühl allmählich
wieder zuließ, war zunächst ein regionaler, der die nationalen
Grenzen bewußt vernachlässigte. Edgar Reitz' Fernsehchro-
nik *Heimat* ging dann einen Schritt weiter; in ihr spiegelte
das Schicksal einer Region das Schicksal der Nation. Auch
sonst begann im Deutschland der achtziger Jahre die Nation
zum Thema zu werden, konnten wieder nationale Interessen
benannt und nationale Gefühle bekannt und die nationale
Identität diskutiert werden; ein Buch mit der Titelfrage »Lieben Sie Deutschland?« vereinigte parteien- und generatio-
nenübergreifend die Antworten prominenter Linker, Rech-
ter und Grüner. Seit dem Ende der Teilung ist die Nation
wieder eine Realität, mit der wir uns zwar noch schwertun,
der wir uns aber nicht mehr in europäische oder atlantische
Zugehörigkeiten oder auch das intellektuelle Lebensgefühl
der Ortlosigkeit entziehen können.

Die Rückkehr des Nationalen in den intellektuellen Diskurs ist nicht auf Deutschland beschränkt. In den neun-
ziger Jahren erlebten die USA eine lebhafte Debatte, in der
Patriotismus und Nationalismus gegen Kosmopolitismus
und die Internationalisierung und Globalisierung der Welt
verteidigt wurden und in der Martha C. Nussbaum mit ihrer
These kosmopolitischer Zugehörigkeit und Verantwortung,
wenn ihre kommunitaristischen, verfassungspatriotischen

und nationalistischen Gegenpositionen zusammengenommen werden, mehr Ablehnung als Zustimmung gefunden hat.

Wie sollte das Nationale für die Intellektuellen auch keine neue Relevanz gewinnen! Es hat in der Welt eine neue Relevanz gewonnen, vom Zerfall der übernationalen politischen Einheiten Sowjetunion und Jugoslawien über die Spannungen und Verwerfungen in den multiethnischen Staaten Afrikas und in Indonesien bis zu den Eruptionen von Fremdenfeindlichkeit in den Staaten Europas. Die Welt, die, jedenfalls in der Wahrnehmung der Intellektuellen, das Nationale, weil durch die Weltkriege diskreditiert und im Ost-West-Gegensatz obsolet geworden, hinter sich gelassen hatte, ist ihm wieder überall konfrontiert.

IV.

Nun sind die Exilgefühle der Deutschen in den neuen Ländern und der Angehörigen von Minderheiten in den USA nicht eigentlich nationale Gefühle, und die der Frauen und der Alten sind es ohnehin nicht. Die Metapher zeigt nur an, daß die Entfremdungserfahrung, die, geprägt von der existentialistischen und marxistischen Sicht des ungeborgenen, unbehausten oder des an die Produktions- und Eigentumsverhältnisse verlorenen Menschen, universalistisch war, nun konkret geworden ist. Man ist nicht mehr entfremdet, weil man das Schicksal aller Menschen oder aller Proletarier aller Länder teilt, sondern weil man da ist, wo man konkret ist – als Ossi in den von Wessis regierten neuen

Ländern, als Schwarzer im weißen Suburb, als Frau in einer männerdominierten Berufs- und als Alter in einer jugenddominierten Freizeitwelt. Es geht um den konkreten Ort, und daß er wieder ins Bewußtsein getreten ist und die Metapher des Exils trägt, liegt nicht allein an der Rückkehr des Nationalen in den intellektuellen Diskurs. Gewiß, die Nation, in der man beheimatet ist, ist ein konkreter Ort, und ebenso konkret ist der Ort des Exils, wenn man aus der Nation vertrieben oder geflohen ist. Aber konkreter sind die Orte, an denen wir wohnen und arbeiten, die Kieze, Städte und Landschaften, in denen wir leben. Daß die Deutschen in den siebziger Jahren die Region entdeckten, war nicht nur ein Schritt auf dem Weg zur Wiederentdeckung und -aneignung der Nation.

Die neue Liebe zu Region, Stadt und Kiez war und ist auch eine Reaktion auf eine neue, keineswegs ausschließlich deutsche Entfremdungserfahrung. Früher war die konkrete Lebenswelt durch die Verschiedenheit der Städte und Landschaften, Berufe und Stände, kulturellen, religiösen und politischen Milieus so vielgestaltig und verschiedenartig, daß das Gefühl der Entfremdung, der Uniformität und Anonymität, der Verlorenheit, Ungeborgenheit oder Unbehaustheit seinen Anhalt und seine Erklärung nicht in Konkretem, sondern in Abstraktem fand, in den Produktions- und Eigentumsverhältnissen, der Stellung des Menschen vor Gott oder gegenüber dem Sein und dem Nichts. Heute droht die Lebenswelt so gleichförmig und gesichtslos zu werden, daß die Entfremdung in ihr selbst erfahrbar und aus ihr selbst erklärbar wird. Wenn das Leben auf dem Land wie das in der Stadt ist, nur kleinräumiger, wenn sich die Städte nur noch durch die Größe ihrer mit den gleichen Steinen gepflasterten und mit den gleichen Lampen, Bänken und Pollern bestückten Fußgängerzonen unterscheiden, wenn die Geschäfte die gleichen Filialen derselben Ketten sind, wenn die Parteien wie die Kirchen immer ähnlicher in Erscheinung treten, werden Uniformität und Anonymität zur alltäglichen Erfahrung. In der Uniformisierung und Anonymisierung der Lebenswelt wird Entfremdung konkret vor Ort erfahren. Entsprechend richtet sich auch die Sehnsucht nach nichtentfremdetem Leben nicht mehr auf abstrakte Mächte und Kräfte, neue Produktions- und Eigentumsverhältnisse oder den Stand vor Gott, Sein und Nichts, sondern auf konkrete Orte, auf die Region, die Stadt, den Kiez; diese sollen Individualität besitzen und ausstrahlen und Geborgenheit und Behaustheit vermitteln.

Schließlich war und ist die neue Liebe zu Region, Stadt und Kiez eine Reaktion auf die Zunahme von Mobilität und Flexibilität. Mobilität, das Leben an immer wieder neuen, fremden Orten, und Flexibilität, das Leben nicht mehr im Betrieb, mit fester Arbeitsaufgabe und Arbeitszeit, Mitbestimmung und Lebensperspektive, nicht mehr in der Daimler- oder Siemens-Familie, sondern mit wechselnden Arbeitsaufgaben, -orten und -zeiten und in vereinzelnder und vereinsamender Scheinselbständigkeit – beides verlangt immer wieder Abschiednehmen, Unterwegs-Sein, Sich-Umstellen. Auch das ist eine konkrete Erfahrung von Entfremdung der Lebenswelt und weckt die Sehnsucht, sich jeweils am konkreten Ort heimisch zu machen.

So ist der konkrete Ort nicht nur als Nation, sondern auch als Region, Stadt und Kiez wieder ins Bewußtsein getreten. Auch dies trägt die Metapher des Exils. Aber das beantwortet noch nicht die Frage nach dem Ort der Heimat, der dem Ort des Exils korrespondiert. Wo haben die Menschen ihre Heimat?

v.

Eine Statistik des *Spiegel* liefert Antworten. Statistisch ist Heimat für 31 Prozent der Wohnort, für 27 Prozent der Geburtsort, für 25 Prozent die Familie, für sechs Prozent die Freunde und für elf Prozent das Land. Das sind deutsche Zahlen; ich vermute, europäische und amerikanische Zahlen wären ähnlich. Dabei haben die für die Statistik Befragten geäußert, daß Heimat im Zeitalter der Internationalisierung und Globalisierung durchaus an Bedeutung gewinnt. Daß das Land nur für elf Prozent die Heimat ist, deutet also nicht auf einen geringen individuellen Stellenwert der Heimat hin, sondern darauf, daß das Land als Nation nach wie vor historisch hinreichend diskreditiert ist, um den Platz der Heimat unverfänglicheren und außerdem näheren, überschaubareren, ausfüllbareren Orten zu überlassen.

Die statistisch ermittelte Heimat hat also viele Orte: den Wohn- und den Geburtsort, den Ort, an dem die Familie lebt, die Orte, an denen die Freunde leben. Jeder hat einen oder mehrere dieser Orte, und wenn man einen verliert, kann man an seiner Stelle einen anderen suchen: einen neuen Wohnort, neue Freunde, eine neue Familie. Auch das Exil ist ein Ort, an dem gewohnt wird und es Familie und Freunde gibt. Entscheidend ist nach der Statistik weniger, wo der Ort ist, an dem man wohnt, Familie und Freunde hat, als vielmehr: daß man einen solchen Ort hat, einen Ort, an dem man einer Gemeinschaft zugehört, in ihr anerkannt und mit ihr durch Geburt oder Wohnung, Familie oder Freunde verbunden ist.

Die statistisch ermittelten elementaren Erfahrungen des Wohn- und Geburtsorts, des Orts der Familie und der Freunde als Heimat werden aus der Distanz gemacht. Erst aus der Distanz wird das Selbstverständliche erfahrbar – die Atemluft erst in der Atemnot und der Stand und Halt, den die Festigkeit der Erde gibt, erst auf dem Schiff, im Flugzeug oder wenn die Erde bebt. Die Heimaterfahrungen werden gemacht, wenn das, was Heimat jeweils ist, fehlt oder für etwas steht, das fehlt. Der Geburtsort steht für die Kindheit; der Wohnort wird Heimat, wenn man anderswo ist, auf Geschäfts- oder Ferienreise; was man an der Familie hat, weiß man, wenn man von ihr getrennt ist, und was an den Freunden, wenn man sie vermißt. Auf eine Umfrage zur Statistik wurde auf die Frage nach der Heimat mehrfach auch von Orten des Arbeitens in diesem Sinn erzählt, vom Theater, nach dem sich eine Schauspielerin sehnt, oder vom Tonstudio, dessen »elektronischer Geruch« einem Techniker lieb geworden ist und auf Reisen fehlt. Oft wurden auf die Frage nach der Heimat Erinnerungen genannt und dazu etwa der Ort beschrieben, an dem die Großmutter noch lebt, oder der am früh verlassenen Geburtsort in der Türkei gerochene »Duft von Zimt, Ingwer und Pfeffer« oder der vom Geburts- und Wohnort vertraute »Geruch von trockenem Straßenstaub nach einem Sommergewitter, wenn die Amseln zwitschern«. Immer wieder ist Heimat ein Geruch, diese flüchtigste aller Sensationen. Immer wieder ist sie die Erinnerung an die unwiederbringliche Kindheit oder an andere Lebensabschnitte unwiederbringlichen Glücks. Und immer wieder klingt, was die Befragten über ihre Heimat sagen, als sagten sie es voller Heimweh.

Nicht anders klingt es in der deutschen Dichtung, die im letzten und in diesem Jahrhundert noch unbefangen das Vaterland als die Heimat besang. Für Friedrich Hölderlin ist das Vaterland eine Ahnung und Hoffnung, für August Wilhelm von Schlegel ist es Sprache und Natur, die er in der Fremde vermißt und ersehnt, für Ernst Moritz Arndt und Hoffmann von Fallersleben ist es das Ganze und Einige, das erst noch werden soll, für Joseph von Eichendorff liegt es hinter den Bergen, beinahe wie Schneewittchen, für Theodor Storm ist es die Erinnerung an Husum, die Stadt der Kindheit, »die graue Stadt am Meer«, und für Hermann Hesse die an den Schwarzwald. Für Heinrich Heine ist das Vaterland der Eichenbaum und die Veilchen und das Mädchen.

> Das küßte mich auf deutsch, und sprach auf deutsch
> (Man glaubt es kaum
> Wie gut es klang) das Wort: »Ich liebe dich!«
> Es war ein Traum.

So begegnen Vaterland und Heimat in der Dichtung vor allem als Hoffnung, Sehnsucht und Traum. Zwar haben sie ihren Platz auf dieser Erde, und man kann ihn aufsuchen, dort leben, wohnen, arbeiten, Familie und Freunde haben. Man kann dort seinen Alltag haben. Aber was den Zauber der Heimat in den Gedichten und auch in den erwähnten Antworten auf die Umfrage ausmacht, ist nicht diese Zugänglichkeit und Alltäglichkeit, sondern etwas Unerfülltes, etwas Unerfüllbares. Oft ist es die Kindheit, deren Hoffnungen und Sehnsüchte, weil sie in der Kindheit erfüllt werden wollten, aber nicht konnten, uns ein Leben lang als unerfüllbare begleiten. Manchmal ist es ein anderes Stück unwiederbringlicher Vergangenheit. Für Storm und Heine war die Heimat, die sie besingen, tatsächlich un- oder schwer erreichbar. Storm wurde vertrieben, und Heine hätte jedenfalls nur schwer statt in Paris in Hamburg, Berlin oder München leben können. Aber diese tatsächliche Unmöglichkeit oder Schwierigkeit, die Heimat zu erreichen und in ihr zu leben, ist nur eine Variante der Unerfülltheit und Unerfüllbarkeit, die den Zauber von Heimat stets ausmacht.

## VI.

Der Zauber kann sich als trügerisch erweisen. Während Storm gerne nach Husum zurückgekehrt und dort geblieben ist, war Heine von seiner deutschen Heimat regelmäßig enttäuscht, freilich ohne aufzuhören, sie aufzusuchen und sich nach ihr zu sehnen. Heines Sehnsucht konnte mit seiner Enttäuschung zusammengehen, weil sie nicht der wirklichen, sondern einer geträumten Heimat galt, die besser war als die wirkliche. Nicht daß seine Sehnsucht die Wirklichkeit völlig vernachlässigt hätte; in ironischer Brechung konnte sie sich dem Traum und der Wirklichkeit zugleich verpflichten. Ohne ironische Brechung ist die Verarbeitung von Enttäuschung über die entzauberte Heimat schwieriger. Lehrstück hierfür ist die Wiedervereinigung. In den Wochen und Monaten um und nach dem Fall der Mauer kam zum Ausdruck, daß es bei aller Bereitschaft der Deutschen, die Teilung der Welt, die Teilung Deutschlands und die staatliche Existenz der beiden Teile Deutschlands zu akzeptieren, doch eine große Sehnsucht nach dem jeweils anderen Teil und den Deutschen dort gegeben hatte. Es wurde sichtbar an der Neugier aufeinander, der Freude, mit der man einander in die Arme fiel und in die Arme nahm, der Lust auf die Städte und Landschaften der anderen, der Bereitschaft, miteinander zu reden und voneinander zu lernen. Willy Brandts Worte, jetzt wachse zusammen, was zusammengehöre, traf ein verbreitetes Gefühl. Ich selbst, in einem protestantischen Pfarrhaus gewissermaßen mit Martin Luther und Johann Sebastian Bach, Jochen Klepper und Dietrich Bonhoeffer aufgewachsen, hatte immer das Gefühl gehabt, daß deren Land, der andere Teil Deutschlands, auch mein Land sei und daß mir dessen Schätze fehlten. Das war ein Traum, bei dem die Vorstellung von dem kulturellen, mentalen, protestantischen oder auch protestantisch-preußischen Erbe und seinen Schätzen traumhaft nebelhaft blieb. Ich träumte ihn selbst dann, als ich in den anderen Teil Deutschlands reiste und hätte sehen können, wie wenig von diesem Erbe tatsächlich lebendig war. Aber nicht nur ich träumte ihn. In den siebziger und achtziger Jahren mehrten sich im Westen Äußerungen, die im Osten Preußisches wiedererkannten, vom Stechschritt der Soldaten über die Pedanterie der Bürokraten bis zur Bescheidenheit der Wohnverhältnisse. Ein anderer Traum, ähnlich realitätsfern und

-blind, ähnlicher Ausdruck der westlichen Sehnsucht nach intakter Heimat im Osten, war die Vorstellung von der wirtschaftlichen Stärke der DDR. Umgekehrt kam in der Vorstellung von der Bundesrepublik als dem Land, in dem Milch und Honig fließen, die östliche Sehnsucht nach intakter Heimat im Westen zum Ausdruck.

Die Enttäuschung war unvermeidlich. Was sehnsuchtsvoll als intakt und heimatlich-zugehörig phantasiert worden war, entpuppte sich als schwierig und fremd. Diese Realität konnte nicht geleugnet, konnte aber auch nicht in das Bild der Heimat integriert werden. Also wurde das Bild der Heimat in einem Gemisch von Erinnerung und Sehnsucht festgehalten und entrückt; statt in ihr lebt der Ostdeutsche im Exil. Übrigens gibt es auch Westdeutsche, die in den neuen Ländern leben und sich im Exil fühlen; für sie sind die entrückte Heimat schlicht die alten Länder, aus denen sie kommen.

VII.

So sehr Heimat auf Orte bezogen ist, Geburts- und Kindheitsorte, Orte des Glücks, Orte, an denen man lebt, wohnt, arbeitet, Familie und Freunde hat – letztlich hat sie weder einen Ort noch ist sie einer. Heimat ist Nichtort, ου τοπος. Heimat ist Utopie. Am intensivsten wird sie erlebt, wenn man weg ist und sie einem fehlt; das eigentliche Heimatgefühl ist das Heimweh. Aber auch wenn man nicht weg ist, nährt sich das Heimatgefühl aus Fehlendem, aus dem, was nicht mehr oder auch noch nicht ist. Denn die Erinnerungen und Sehnsüchte machen die Orte zur Heimat. Dank der Erinnerungen bewahrt die langweiligste Provinz- und die häßlichste Industriestadt, in der wir aufgewachsen sind, etwas vom Glück der ersten Schritte an der Hand der Eltern, von dem guten Gefühl nach dem Fußballspiel mit den Freunden, von der wohligen Trägheit der Sommertage im Schwimmbad und vom Zauber des ersten Kusses. Ebenso ist die Stadt, in der wir jetzt wohnen und arbeiten, nicht einfach die gegenwärtige, sondern eine vergangene und erinnerte Stadt: Mit dieser Straßenbahn fuhren wir ein paar Jahre ins Büro, auf diesem Platz trafen wir uns zum ersten Rendezvous, an dieser Kreuzung hatten wir einen Unfall, und da, wo jetzt der Drogeriemarkt ist, war früher das kleine Kino, in dem wir oft und gerne saßen. Die Erinnerungen machen den Ort zur Heimat, die Erinnerungen an Vergangenes und Verlorenes, oder auch die Sehnsucht nach dem, was vergangen und verloren ist, auch nach den vergangenen und verlorenen Sehnsüchten. Heimat ist ein Ort nicht als der, der er ist, sondern als der, der er nicht ist.

Dabei kann das Bild der Heimat phantastischer oder realistischer sein und den Ort mehr erfassen, wie er heute ist, und mehr, wie er gestern war. Es kann mehr aus der Erinnerung und mehr aus der Sehnsucht leben. Es kann sogar das Bild eines künftigen Ortes sein: des erst noch zu bauenden Hauses, der noch zu gründenden Kolonie, des noch zu erreichenden Gelobten Landes und des Paradieses, in das wir nach Tod und Gericht gelangen. Aber die utopische Qualität dieser Heimaten unterscheidet sich nur graduell. Eine Utopie ist die Heimat selbst für den, der sein ganzes Leben lang am selben Ort gelebt hat. Für ihn birgt der eine Ort die Erinnerungen an das tatsächlich Vergangene wie auch an die vergangenen Träume, Hoffnungen und Sehnsüchte. Der eine Ort trägt die Utopien seines ganzen Lebens.

Vielleicht möchten Sie einwenden, daß Ihre Heimat da ist, wo Sie Ihre Wurzeln haben, und daß Wurzeln nichts Utopisches, sondern etwas Gewachsenes sind. Aber wir schlagen Wurzeln. Erst wenn wir sie schlagen, wachsen sie. Eine Familie mag über noch so viele Generationen am selben Ort wohnen – kein Glied, keine Generation bleibt wohnen, ohne sich dafür zu entscheiden, und in fast jeder Generation gibt es Glieder, die sich dagegen entscheiden. Nein, Heimat als Utopie sollte Sie nur auf den ersten Blick stutzig machen. Das Verständnis der utopischen als der eigentlichen Qualität von Heimat nimmt Heimat nichts. Es erlaubt die individuelle Mischung von Nähe und Distanz zum Ort, Erinnerung und Sehnsucht, Realität und Phantasie, die dem notwendig individuellen Begriff der Heimat entspricht.

Es läßt auch besser verstehen, warum von Exil geredet werden kann, ohne daß der Ort der Heimat, die dem Exil korrespondiert, benannt werden könnte. Er ist eben utopisch. Für die Deutschen aus den neuen Ländern ist er die neuen Länder selbst, aber anders und besser, mit allem, was an der DDR gefiel und an der Bundesrepublik Deutschland gefällt. Für die Angehörigen einer Minderheit ist es die Gesellschaft, in der sie leben, aber ohne daß die Mehrheit als Mehrheit und die Minderheit als Minderheit kenntlich ist. Für die Frauen ist ihre Gesellschaft erst dann wirklich ihre Heimat, wenn sie sich nicht mehr gegen Diskriminierung wehren müssen, und für die Alten, wenn sie nicht ausgegrenzt, sondern einbezogen werden. So ist das Reden vom Exil nicht nur Metapher für Entfremdung, sondern auch Ausdruck utopischer Sehnsucht.

## VIII

Entsprechend seiner utopischen Qualität wird der Begriff der Heimat denaturiert, wenn Heimat vom Nichtort zum Ort gemacht wird. Wenn Phantasie und Realität aneinander festgezurrt werden. Wenn eine bestimmte Gestalt von Heimat verlangt und durchgesetzt wird. Wenn die Heimat heim ins Reich geholt oder selbständig gemacht oder von den Ungläubigen befreit oder von denen gereinigt werden muß, die einem anderen Volk oder Stamm angehören. Wenn Erinnerung und Sehnsucht nicht aushalten, bloß Erinnerung und Sehnsucht zu sein, sondern Ideologie werden müssen. Wenn die Heimatideologie politische und rechtliche Gestalt annimmt.

Wie die universalistische Sehnsucht nach Erlösung, die der universalistischen Erfahrung der Entfremdung korrespondiert, in Ideologie umschlagen und furchtbar werden kann, kann auch die Sehnsucht nach Heimat, die der Erfahrung des Exils, des Heimatverlusts und der Heimatlosigkeit korrespondiert, in Ideologie umschlagen und furchtbar werden. Beispiele bietet die Vergangenheit reichlich. Der deutsche Nationalismus war schön, solange seine Sehnsucht unerfüllt blieb. Mit der Schaffung des Deutschen Reichs wurde er auftrumpfend, anmaßend und gierig. Schon als die nationale Einigung in der Revolution von 1848 greifbar schien, schlug der deutsche Nationalismus, der 1830 noch einladend statt ausgrenzend, franzosen- und polenfreundlich statt -feindlich gewesen war, um und wollte um deutscher Interessen willen den Polen die Freiheit und die Einheit verweigern. Als die Völker des österreich-ungarischen

Reichs bei dessen Auflösung ihre staatliche Selbständigkeit und Unabhängigkeit gewannen, wurden auch ihre Nationalismen schrill, und nach dem Abzug der Engländer wurden der indische und der pakistanische Nationalismus mörderisch. Aber Beispiele bietet nicht nur die Vergangenheit, sondern auch die Gegenwart. Die alten menschheitserlösenden Ideologien haben sich verbraucht, und die nächste Generation von Ideologien wird eher auf die nationale, ethnische oder religiöse Heimat bezogen sein als auf die Erlösung der Menschheit. Die Rückkehr des Nationalen, von der oben die Rede war, bedeutet auch die Rückkehr der ideologischen Nationalismen.

IX.

Sind wir dagegen gefeit? Ich meine, ja. Trotz der Metapher vom Exil, der Diskussion um die nationale Identität der Berliner statt Bonner Republik in Deutschland und um Patriotismus und Kosmopolitismus in den USA sind die Intellektuellen da, wo einst der Westen war, von nationalistischer Ideologieproduktion weit entfernt. Gewiß, seit Julien Benda ist geläufig, daß Intellektuelle Entfremdung, ob als universalistische Erfahrung oder als Erfahrung der Ort- und Heimatlosigkeit, genau so schlecht aushalten wie alle anderen. Obwohl ihnen die Nichtzugehörigkeit die Chance des freien und klaren Blicks bietet und obwohl sie eigentlich nur in der Nichtzugehörigkeit ihre Rolle und ihre Ehre finden, sind sie versucht, ihre Sehnsüchte zu Ideologien zu machen. Aber die Erfahrung der Ort- und Heimatlosigkeit ist derzeit nicht so schlimm, die Sehnsüchte sind derzeit nicht so stark.

Freilich gibt es außer der eigenen Ideologieproduktion die Verstrickung in fremde, und die Frage ist, ob wir gegen diese so gefeit sind wie gegen jene. Der Punkt, an dem die Verstrickung droht, ist das Recht auf Heimat. Es scheint eine Selbstverständlichkeit zu sein, und richtig verstanden ist es auch eine. Falsch verstanden ist es dagegen Ideologie und eine Triebkraft für die neuen nationalen und ethnischen Konflikte.

Richtig verstanden ist das Recht auf Heimat das Recht auf einen Ort, an dem man wohnt und arbeitet, Familie und Freunde hat. Dieses Recht ist alles andere als Ideologie. Es ist, wie Hannah Arendt überzeugend dargelegt hat, das Menschenrecht schlechthin. Es geht allen Rechten auf Freiheit, Gleichheit und Glück voraus. Es ist das Recht auf anerkannte Zugehörigkeit zu einer politischen Gemeinschaft, ohne das die anderen Rechte nichts wert sind und das Leben in der Wohnung und bei der Arbeit, mit der Familie und den Freunden prekär bleibt. Staatenlose Flüchtlinge, Vertriebene, displaced persons, Insassen von Internierungs und Konzentrationslagern sind dieses Rechts regelmäßig beraubt. Diese Rechtlosigkeit ist die eigentliche, die letzte, die zerstörerische Heimatlosigkeit.

Auch hier wird das Entscheidende an seinem Fehlen deutlich. Daß Heimat mit der Anerkennung und der Zugehörigkeit zu einer Gemeinschaft beginnt, wird sichtbar, wo die Anerkennung fehlt. An den staatenlosen Flüchtlingen, den Vertriebenen, den *displaced persons*, den Insassen von Internierungs- und Konzentrationslagern wird bewußt, was sonst alltäglich, wenig beachtet und wenig geschätzt ist. Denn in ihrer Situation ist sogar das elementare Heimatrecht utopisch, das Recht, an einem Ort in anerkannter Zugehörigkeit zu einer politischen Gemeinschaft zu leben, an irgendeinem Ort, einem Ort zu Hause, einem Ort in der Fremde oder einem Ort im Exil.

Um dieses Recht auf Heimat geht es in den neuen nationalen und ethnischen Konflikten nicht. Es geht um etwas anderes. Auf dem Balkan wollen die streitenden Serben, Kroaten, Bosnier und Albaner zum einen da leben, wo ihre Vorfahren gelebt haben. Zum anderen wollen sie unter ihresgleichen leben und das Land nicht mit Angehörigen anderer Ethnien teilen. Schließlich und erst recht wollen sie nicht von Angehörigen anderer Ethnien majorisiert und dominiert werden. Andere nationale, ethnische und auch religiöse Konflikte in Afrika und Asien stehen unter demselben Dreigestirn von Wünschen: dem Wunsch, am Land festzuhalten, dem, die anderen vom Land auszuschließen, und dem nach Selbstbestimmung. Aber die drei Wünsche können da, wo verschiedene Ethnien in ein und demselben Land leben, nicht zugleich erfüllt werden. Nicht einmal der dritte und einleuchtendste Wunsch ist erfüllbar; wenn sich die Provinz, in der mehrheitlich Angehörige der einen Ethnie leben, von dem von der anderen Ethnie majorisierten und dominierten Land abspaltet, bleiben doch in der Provinz Regionen, die mehrheitlich von Angehörigen dieser anderen Ethnie besiedelt sind, und in den Regionen Städte, die mehrheitlich von Angehörigen der einen Ethnie bewohnt werden. Daß auch der erste und zweite Wunsch nicht zugleich erfüllbar sind, daß man da, wo man mit- oder besser neben- und

32

durcheinander lebt, nicht zugleich bleiben und ohne die anderen leben kann, liegt ohnehin auf der Hand. Die drei Wünsche müssen zum Konflikt führen.

Die gängige Antwort von UNO und NATO auf den Konflikt ist die Ermahnung, die Beteiligten sollten sich vertragen. Wenn sie einander vertreiben, werden sie ermahnt, davon abzulassen und das Recht des anderen, im Land seiner Väter, in seiner Heimat zu leben, zu achten. Wenn die Ermahnung nicht fruchtet, wird die militärische Intervention zunächst angedroht und dann durchgeführt. Die Logik hinter dieser Antwort auf den Konflikt ist, daß der Wunsch, von der anderen Ethnie nicht majorisiert und dominiert zu werden, legitim sei und in einem Zusammenleben nach demokratischen Spielregeln mit Grundrechts- und Minderheitenschutz erfüllt werden könne. Der Wunsch, die anderen vom Land auszuschließen, sei dagegen illegitim. Legitim sei der Wunsch, am Land festzuhalten.

Das Recht auf Heimat wird dabei nicht als das elementare Heimatrecht im Sinne Arendts, sondern als das Recht, da zu leben und zu sterben, wo schon die Vorfahren gelebt haben und gestorben sind, anerkannt. Aber gibt es dieses Recht? Warum soll der Wunsch, auf der Erde zu leben, unter der die Vorfahren liegen, vernünftiger und berechtigter sein als der Wunsch, unter seinesgleichen zu leben? Der eine Wunsch ist so atavistisch wie der andere. Der eine wie der andere Wunsch geht auch daran vorbei, daß Angehörige der beteiligten Ethnien längst an den globalen Wanderungen teilnehmen und ihr und ihrer Familie Auskommen überall suchen. Der Wunsch nach Heimat ist auch und gerade hier eine Utopie, die als Erinnerung und Sehnsucht so legitim wie jede andere Heimatutopie ist, als Ideologie, Politik und Recht dagegen ein Programm für den Konflikt.

Das heißt nicht, die neuen nationalen und ethnischen Konflikte sich selbst zu überlassen. Aber statt die Beteiligten zusammenzuzwingen, mag es ein besserer Weg für die Lösung der Konflikte sein, ihnen zu helfen, sich anders als durch ein grausames ethnical cleansing auseinanderzudividieren. Ob das eine oder das andere ansteht, ist eine pragmatische Frage. Das Auseinanderdividieren ist ebensowenig einem Recht der Beteiligten, unter ihresgleichen zu leben, geschuldet wie das Zusammenzwingen ihrem Recht auf das Land der Väter. Die Anerkennung des einen wie des anderen Rechts wäre die Verstrickung in die Ideologien der Beteiligten. Geschuldet ist nur die Hilfe dabei, daß die Beteiligten ihr elementares Heimatrecht verwirklichen können – irgendwo.

## X.

Meine Überlegungen sind, obwohl sie nicht darauf gezielt haben, in ein rechtliches Ergebnis gemündet. Weil das Recht mein Beruf ist? Weil ich in meinem Leben so oft nach dem juristischen Dreh- und Angelpunkt eines Sachverhalts gesucht habe, daß ich es auch hier nicht lassen kann, obwohl mein Interesse am Sachverhalt Heimat eigentlich ein literarisches ist?

Der Zusammenhang zwischen Heimat und Recht ist tiefer, als daß meine Person ihn stiften könnte. Mit dem Menschenrecht auf Heimat wird nicht ein außer- oder vorrechtlicher

Befund in den Rang eines Rechts erhoben, wie in den Rechten auf das Leben, auf einen Beruf, auf die freie Meinungsäußerung und auf die freie Religionsausübung. Anders als Leben und Beruf, Meinungsäußerung und Religionsausübung ist die Heimat, die das elementare Menschenrecht meint, selbst etwas Rechtliches. Die Anerkennung der Zugehörigkeit zu einer politischen Gemeinschaft, mit der Heimat beginnt und die vor Staatenlosigkeit, zielloser Flucht und Vertreibung, Internierungs- und Konzentrationslagern schützt, ist eine rechtliche Anerkennung, die rechtlichen Schutz bietet. Die Zugehörigkeit muß keine staatsbürgerliche sein und nicht die politischen Rechte einschließen, aber einen gesicherten Status gewährleisten. Das Recht auf Heimat als elementares Menschenrecht ist das Recht darauf, an einem Ort rechtlich anerkannt und rechtlich geschützt zu leben und nicht nur zu leben, sondern zu wohnen und zu arbeiten, Familie und Freunde, Erinnerungen und Sehnsüchte zu haben und vielleicht den »Geruch von trockenem Straßenstaub… nach einem Sommergewitter« zu riechen und zu genießen.

Noch einmal: an irgendeinem Ort, in der Fremde ebenso wie zu Hause, im Exil ebenso wie in der Heimat, in der wir geboren und aufgewachsen sind und kürzer oder länger gelebt haben. Im Menschenrecht auf Heimat sind sowohl die elementare Bedeutung als auch die utopische Qualität von Heimat aufgehoben. Darum ist das Recht, um das es hier geht, das Recht *der* Heimat, das einen Ort zur Heimat macht, weil es rechtliche Anerkennung und rechtlichen Schutz bietet, und das Recht *auf* Heimat, das als Menschenrecht jedem Menschen einen Ort zuspricht, nicht etwa selbst utopisch. Gewiß, die Wirklichkeit lehrt uns, daß das Recht oft und oft verletzt wird. Aber das ist das Schicksal des Rechts. Utopisch wären das Recht der Heimat und das Recht auf Heimat nur, wenn es für sie in der Welt des Rechts keinen Ort gäbe.

XI.

Ich bin an das Ende meiner Überlegungen gekommen. Der Ort der Heimat – ich habe ihn in unserer Zeit und Welt gesucht, in unserer heutigen Lebenswelt und am Ende auch in unserer Welt des Rechts. Manchmal heißt es, es habe vor unserer Zeit andere Zeiten gegeben, in denen die Orte des Lebens unverrückbar waren und Gemeinschaft und Zugehörigkeit, Anerkennung und Schutz sich von selbst verstanden. Ich glaube es nicht; die Erfahrung, in dieser Welt, aber nicht von dieser Welt zu sein, ist so alt wie das Christentum, und die Erfahrung von Heimatverlust, Heimatsuche und Heimatlosigkeit so alt wie das Judentum. Aber selbst wenn die unverrückbare und selbstverständliche Heimat der Vergangenheit keine Projektion, sondern historischer Befund ist – sie ist unwiederbringlich. In der Zukunft, in der die Dimensionen des Lebens immer globaler werden, wird jeder Ort des Lebens verrückt werden können und sich kein Ort des Lebens von selbst verstehen. Bis auf den Ort der Geburt und den Ort der Kindheit. Sie werden die Orte bleiben, denen sich Heimatgefühl, Heimaterinnerung und Heimatsehnsucht vor allem verbinden.

# Rousseau in Amerika

## I.

Bevor Ost und West wieder Himmelsrichtungen wurden, ließ uns ihr Gegensatz nie vergessen, daß die Welt auch anders sein kann. Daß sie statt auf Freiheit auf Gleichheit, statt auf Autonomie auf Paternalismus, statt auf den Markt auf den Plan gegründet sein kann. Im geteilten Deutschland war diese Erfahrung besonders gegenwärtig; viele Deutsche hatten im Osten gelebt, ehe sie in den Westen flohen, und noch mehr hatten mit Verwandten im Osten Kontakt. Zugleich war es eine europäische Erfahrung; wie Deutschland ein geteiltes Land war Europa ein geteilter Kontinent, dessen Gemeinsamkeiten und Zerrissenheit durch die Flüchtlingswellen aus Ungarn in den 50er, der Tschechoslowakei in den späten 60er und Polen in den frühen 80er Jahren bewußt blieb.

Daß es neben der eigenen Welt noch eine andere gibt, zeigt an, daß auch die eigene Welt anders sein könnte und vielleicht sollte. So lebten viele politische Themen in Deutschland und Europa von der Alternative des Ostens. Ein bißchen mehr Plan im Bereich der schulischen und universitären Ausbildung? Ein bißchen mehr vormundschaftliche Betreuung im Gesundheits- und Wohlfahrtswesen? Ein bißchen mehr Gleichheit und ein bißchen weniger Freiheit bei der Verteilung von Reichtum und Armut? Der innenpolitische Gegensatz von links und rechts spiegelte den außenpolitischen von Ost und West.

Daß Alternativen Veränderungen provozieren, gilt nicht erst für die Alternative des Ostens. Seit Jahrhunderten lebt Europa mit Alternativen. Vor dem Ende des Zweiten Weltkriegs gab es neben der demokratischen nicht nur die kommunistische, sondern auch eine faschistische Alternative, vor dem Ende des Ersten Weltkriegs gab es seit der Französischen Revolution Demokratien und Monarchien, davor gab es den Gegensatz katholischer und reformierter Herrschaft und noch davor die Alternativen der *res publica christiana* unter der Hoheit des Kaisers und der des Papstes. Immer resultierte aus dem Gegensatz der Alternativen das Bewußtsein, daß die eigene Welt auch anders sein könnte und vielleicht sollte. Die katholische Kirche veränderte sich unter der Herausforderung der Reformation, die Monarchien wandelten sich unter dem Druck der Demokratien, und die Entwicklung der Sozialpolitik und des Sozialrechts in kapitalistischen Staaten war auch eine Antwort auf die Verheißungen sozialistischer Staaten.

Die Suche nach einer Zeit ohne Alternativen wird erst im Mittelalter fündig – und wieder in der Gegenwart. Mit dem Ende des Ost-/West-Gegensatzes ist unsere Welt nach Jahrhunderten wieder eine Welt ohne Alternativen. Gewiß, es gibt neben der Welt kapitalistischer, einigermaßen demokratischer, einigermaßen freiheitlicher Staaten eine Reihe von Ländern, die nicht in diese Welt passen. Aber die meisten von ihnen sind immerhin dabei, sich an- und einzupassen. Die anderen, die dies nicht tun, sind keine Alternativen, deren Anderssein Veränderungen provozieren würde. Unsere Welt fragt sich nicht, ob sie ein bißchen vom islamischen Fundamentalismus Afghanistans oder vom mafiosen Feudalismus Albaniens übernehmen soll.

Woher werden in Zukunft die Alternativen kommen, die die Veränderungen in unserer Welt provozieren? Oder braucht unsere Welt keine Veränderungen mehr? Ist sie am Ende der Geschichte angelangt?

Ich glaube, es ist kein Zufall, daß unser junges Jahrhundert, wie nicht zuletzt die Utopia-Ausstellung kürzlich in der Bibliothèque nationale de France und der New York Public Library belegt, ein frisches Interesse an Utopien verzeichnet. Das Interesse an Utopien ist das Interesse daran, ob beziehungsweise wie die Welt anders sein könnte und vielleicht sollte. Nachdem es nicht mehr durch die Gegenwelt des sozialistischen Ostens gebunden ist, richtet es sich auf erträumte und erdachte Alternativen und auf utopische Gemeinschaften, kleine Gegenwelten inmitten der großen Mainstream-Welt. Und es richtet sich auf Amerika, für das der Gegensatz von Ost und West und die erwähnten historischen Gegensätze nie so wichtig und herausfordernd waren wie für Europa, das aber, wie es selbst in Massachusetts als Stadt auf dem Berg angetreten ist, zahllose utopische Gemeinschaften sowohl anerzogen als auch hervorgebracht hat. Dabei verstehe ich unter einer utopischen Gemeinschaft eine Gemeinschaft, die eine andere, bessere Welt schaffen und leben will und dies nicht nur für sich, wie klösterliche Gemeinschaften oder Gemeinschaften von Kolonisatoren es immer schon wollten, sondern auch als Vorbild für den Rest der Welt.

Die folgenden Überlegungen gelten der Frage, was utopische Gemeinschaften blühen und was sie scheitern läßt und welchen Inhalt der Gesellschaftsvertrag hat, den Menschen schließen müssen, damit ihre utopischen Gemeinschaften blühen. In der Antwort auf diese Frage liegt auch die Antwort auf die Frage beschlossen, ob utopische Gemeinschaften in unserer Welt die Rolle Veränderungen provozierender Alternativen spielen können.

Wo bleibt bei alledem Rousseau, mögen Sie fragen. Wann war er in Amerika? 1737, nachdem Louise de Warens ihn durch einen anderen Geliebten ersetzt hatte? 1767, als er es auf der Flucht durch Europa auch in England nicht mehr aushielt? Nichts von alledem. Rousseau hat seinen Fuß nie auf amerikanischen Boden gesetzt. Zum Glück, möchte man sagen; er sprach kein Englisch, kam schon in England nicht zurecht und wäre in Amerika erst recht nicht zurechtgekommen. Aber wo immer eine utopische Gemeinschaft blüht, weht der Geist seines Gesellschaftsvertrags. Er mußte seinen Fuß nicht auf amerikanischen Boden setzen, um nach Amerika zu kommen.

II.

Ich habe mehrfach von blühenden utopischen Gemeinschaften gesprochen. Damit meine ich utopische Gemeinschaften, die eine gewisse Zahl von Mitgliedern haben und eine gewisse Dauer erreichen. Die Vielfalt utopischer Gemeinschaften, von denen und über die sich Berichte finden, ist groß und einigermaßen zufällig; kleine und kurzlebige utopische Gemeinschaften von oder mit Intellektuellen sind besser dokumentiert als größere und längerlebige Gemeinschaften ohne. Viele dokumentierte und vermutlich zahllose nicht dokumentierte utopische Gemeinschaften haben nur ein bis zwei Handvoll Mitglieder und nur ein paar Monate Bestand. Die meisten dokumentierten utopischen Gemeinschaften haben 20 und mehr Mitglieder, und wenn eine es über den ersten Winter geschafft hat, hat sie gute Aussichten, es auch länger zu schaffen. Wenn sie es länger schafft, sind es meistens ein paar Jahre; knapp die Hälfte der dokumentierten utopischen Gemeinschaften nimmt die Schwelle von rund sieben Jahren; davon nimmt wieder knapp die Hälfte die nächste Schwelle von rund 30 Jahren und schafft es von der ersten in die zweite Generation. Dann geht auch ihre Mitgliederzahl oft in die Hunderte.

Unter den kürzerlebigen und mitgliedsärmeren Gemeinschaften finden sich neben vielen, die sich ein Ziel gesetzt haben, das sie nicht erreichen und an dem sie insofern scheitern, auch andere, die ein bestimmtes, befristetes Vorhaben haben und mit dessen Erreichung ein durchaus erfolgreiches Ende finden. Im 19. Jahrhundert war das Vorhaben oft ein Rodungs-, Bewässerungs- oder Siedlungsprojekt, bei dem die utopische Energie sich darin erfüllte, das Projekt in harmonischer Kooperation statt konfrontativer Konkurrenz zu realisieren. Im übrigen sind selbst die Geschichten utopischer Gemeinschaften, die an ihren utopischen Zielen gescheitert sind, nicht notwendig Mißerfolgsgeschichten. Wenn im 19. Jahrhundert böhmische, deutsche, jüdische oder englische Einwanderer den Schritt von der Alten in die Neue Welt mit dem Ziel des Lebens in utopischer Gemeinschaft unternahmen, nach ein paar Jahren das utopische Experiment aufgaben und sich in der sie umgebenden Gemeinschaft auflösten, war zwar ihre Utopie gescheitert, aber ihre Integration gelungen.

Noch eine letzte statistische Information, wegen der Zufälligkeit der Dokumentierung allerdings wieder wenig zuverlässig. Unter den dokumentierten utopischen Gemeinschaften halten sich die Zahlen der religiösen und weltlichen die Waage. Zu den weltlichen gehören ethnische, nationale, sozialistische, kommunistische und anarchistische Gemeinschaften sowie Gemeinschaften, die sich pseudowissenschaftlichen Programmen zum Verständnis oder auch zur Rettung der Welt verpflichtet haben. Zu den religiösen gehören vor allem protestantische, selten katholische, oft jüdische, ferner mormonische und vielgestaltige synkretistische und spirituelle Gemeinschaften. Wenn religiöse Gemeinschaften nicht auf das Ende der Welt hinleben und daran scheitern, daß es nicht eintritt, sind sie längerlebig als die weltlichen.

Das Prinzip, nach dem sie blühen, ist für religiöse und weltliche utopische Gemeinschaften das gleiche. Denn die Möglichkeiten, menschliches Zusammenleben anders und besser zu organisieren, sind beidemal die gleichen. Immer geht es zum einen um die Organisation von Herrschaft, zum anderen um die der Familie, ferner um die des Eigentums und schließlich um die Organisation des Verhältnisses zur Gesellschaft, in deren Mitte die utopische Gemeinschaft existiert.

Ich werde nicht von allen Organisationsmomenten gleichermaßen handeln. Was das Verhältnis zur Gesellschaft angeht, mag genügen, daß jede utopische Gemeinschaft auf Distanz bedacht ist, auf räumliche Distanz, auf Distanz durch besondere Ernährungs- oder Bekleidungsweisen, auf Distanz durch exklusive Rituale. Was das Eigentum angeht, mag genügen, daß alle utopischen Gemeinschaften seine Bedeutung für den einzelnen relativieren. Manchmal gehört allen alles und wird den einzelnen für kürzer, für länger oder auf Dauer nur das überlassen, womit sie produzieren. Manchmal stehen das Land, die Häuser, die Geräte und Maschinen in Gemeineigentum, und der Rest bleibt im Eigentum der einzelnen. Manchmal gibt es gar kein Gemeineigentum, aber immerhin strikte Verpflichtungen, zu teilen und zu helfen. Die Organisation des Eigentums ist eine Funktion der Organisation der Familie. Wo es keine Familien gibt beziehungsweise die Gemeinschaft die Familie ist, ist Gemeineigentum die selbstverständliche Organisationsform. Wo Gemeinschaften aus Familien bestehen, sind diesen Güter zugeordnet, von den Gegenständen, die sie benutzen, bis zu den Häusern, in denen sie wohnen, von der Zuordnung zum Gebrauch bis zu der zur Verfügung.

Es gibt viele Versuche, utopische Gemeinschaften zu kategorisieren. Der entscheidende Gesichtspunkt ist weder wie sie Distanz zur Gesellschaft wahren, noch wie sie das Eigentum organisieren; beides ist nur Funktion. Entscheidend ist die Organisation der Familie und die Organisation von Herrschaft, und beide Organisationsmomente hängen eng miteinander zusammen.

Die Organisation der Familie ist entscheidend, weil die Familie die Kraft hat, als in-group die Gemeinschaft zu sprengen. Ist die Familie emotional hinreichend befriedigend und ökonomisch hinreichend selbständig, liegt die Frage auf der Hand, wofür es zwischen ihr und der Gesellschaft noch einer Gemeinschaft bedarf. In den Worten von Rousseau wäre es ideal, wenn die einzelnen »keine Verbindung untereinander hätten«, denn die »kleinen Vereinigungen gehen auf Kosten der großen, und wenn die Sonderinteressen sich bemerkbar machen, erlahmt das Gemeininteresse und herrscht bei Abstimmungen keine Einstimmigkeit mehr«. Alle utopischen Gemeinschaften versuchen deshalb, die Sprengkraft der Familie zu neutralisieren.

Den radikalsten Versuch haben die Shaker unternommen. Zwar benutzten auch sie den Begriff der Familie. Er bezeichnete die kleinste Einheit, in der sie gemeinschaftlich zusammenlebten, und dazu passend nannten sie einander »Bruder« und »Schwester« und verehrte ältere Mitglieder »Vater« und »Mutter«. Aber sie waren zölibatär und hielten die Geschlechter auch beim Wohnen, Schlafen, Essen und Arbeiten auf Abstand. Sogar enge Beziehungen zwischen Shakern des gleichen Geschlechts wurden unterbunden. Anerkennung, Intimität und Geborgenheit gab es nur in der und durch die Gemeinschaft, und die Loyalität zu ihr wurde durch keine andere Loyalität in Frage gestellt. Das Zölibat hat die Shaker zunächst stark gemacht, wie es die katholischen Orden stark gemacht hat. Aber anders als die katholischen Orden, die neue Mitglieder aus der großen Zahl der katholischen Gläubigen rekrutieren können, mußten die Shaker neue Mitglieder in einer Gesellschaft finden, die ihnen wenig Sympathie entgegenbrachte. So wurde der Verzicht auf Ehe und Familie zum Verzicht auf Nachwuchs.

Die Perfektionisten von Oneida, zu diesem Verzicht nicht bereit, organisierten sich als eine große Familie, in der jeder Mann und jede Frau in komplexer Ehe miteinander verheiratet waren. Der sexuelle Kontakt, in den Männer und Frauen miteinander traten, war durch eine von John Humphrey Noyes, dem Gründer der Gemeinschaft, vorgeschriebene Technik männlicher Zurückhaltung, den *coitus reservatus,* geprägt, es sei denn, unter ebenfalls von Noyes entwickelten und überwachten eugenischen Gesichtspunkten waren Kinder erwünscht. Romantische Liebesbeziehungen wurden zerstört, enge Freundschaftsbeziehungen unterbunden, und die Arbeit war so organisiert, daß die Bande zwischen Arbeitskollegen und -kolleginnen nicht zu dicht werden konnten. Das hielt die Gemeinschaft zusammen bis in die zweite Generation, die sich über den Konflikten um die Nachfolge des Gründers und die Weiterführung der Gemeinschaft von dieser zu lösen begann.

Auch die Polygamie der Mormonen war eine der Kohärenz der Gemeinschaft dienende Weise, die Familie zu organisieren. Die polygame Familie, nicht durch romantische Liebe gestiftet, sondern auf Weisung der Bischöfe geschlossen, weniger ein Bereich der Intimität und Geborgenheit als vielmehr der arbeitsteiligen Betriebsamkeit, hatte kein Potential, in-group zu werden. Es ist oft als paradox beschrieben worden, daß die mormonischen Frauen, solange Polygamie die offizielle Familienform war, ein erstaunliches Maß an politischer wie ökonomischer Selbständigkeit genossen, von frühem Frauenstimmrecht über berufliche Selbständigkeit bis zu einer reichen Presse- und Vereinslandschaft, und daß sich das nach Abschaffung der Polygamie änderte: Mormonische Frauen wurden aus ihren Berufen gedrängt, ihre Vereine wurden aufgelöst, und ihre Presse wurde eingestellt. Es ist nur ein scheinbares Paradox. Auch die Reduzierung der Familie auf die vormoderne Kernfamilie, die der Mann unangefochten nach innen dominiert und nach außen repräsentiert, während die Frau sich auf Kinderaufzucht, Haushaltsdienstleistungen und subalterne Funktionen in der Kirche beschränkt, bedeutet Relativierung der Familie. Auch die vormoderne Kernfamilie hat kein Potential, in-group zu werden und die Gemeinschaft zu sprengen.

Nicht nur bei den Mormonen wird die Familie dann, wenn sie als monogame Familie organisiert wird, auf die vormoderne Kernfamilie reduziert. Die Farm, eine der blühenden zeitgenössischen utopischen Gemeinschaften, aus der Hight-Ashbury-Bewegung der späten 60er und frühen 70er Jahre hervorgegangen, von Stephen Gaskin gegründet und geführt, weist Frauen die Rolle des Gebärens und Männern die des Beschützens, Versorgens und Führens zu. Um ganz sicher zu gehen, daß in diesen reduzierten Beziehungen keine gemeinschaftsgefährdende Intimität und Kreativität wächst, wird jede Privatheit unterbunden: In komplexen Haushalten leben Familien und unverheiratete Personen zusammen, teilen Ehepaare gemeinsame Schlafzimmer, in denen die Betten nur durch Vorhänge voneinander getrennt sind, und haben nicht einmal die Toiletten Türen. Immerhin werden Frauen auf der Farm offiziell verehrt. Es gibt zeitgenössische utopische Gemeinschaften, in denen die Reduzierung der Rolle der Familie mit einer Reduzierung des Status der Frau auf den einer Sache einhergeht, so daß die Gemeinschaft keine Gemeinschaft von Familien, von Männern, Frauen und Kindern, mehr ist, sondern eine Gemeinschaft von Männern, die wie ihre Kleider, Geräte und Hunde oder Katzen auch Frauen und Kinder haben.

Aber zurück vom Extrem- zum Normalfall. Der Normalfall utopischer Gemeinschaften, für den heute die Bruderhöfe oder die Shiloh-Farms Community stehen mögen, ist dadurch gekennzeichnet, daß die Familie monogam organisiert ist. Die Bedeutung romantischer Liebe für die Begründung und den Bestand einer Ehe wird heruntergespielt, die Partnerwahl wird von den Ältesten geleitet oder doch begleitet, und Trennung und Scheidung werden schwergemacht. Die Privatheit, deren sich eheliches und familiäres Zusammenleben erfreuen kann, ist begrenzt; Ehepaare und Familien essen entweder in Gemeinschaftsräumen mit allen anderen Gemeinschaftsmitgliedern oder, wenn zu Hause, nicht ohne Gäste, sie reisen nicht ohne Begleitung und werden bei Gemeinschaftsaktivitäten oft mit Bedacht voneinander getrennt. Die Rollenverteilung ist traditionell, ohne rigide zu sein; ökonomischer Abhängigkeit der Frau und Kinder vom Mann wird dadurch vorgebeugt, daß alle Familienangehörigen gleichermaßen von der Gemeinschaft ausgestattet und unterstützt werden. Die Arbeit wird so organisiert, daß Mann und Frau, aber auch sonst Arbeitskollegen und -kolleginnen auf Distanz bleiben.

Nicht daß es nicht auch blühende utopische Gemeinschaften gäbe, in denen ebenso wie die Ehe auch andere, kürzer- oder längerfristige, gleich- oder verschiedengeschlechtliche Verbindungen respektiert werden. Twin Oaks, nach dem Vorbild von B. F. Skinners *Walden Two* gegründet, ist hierfür das bekannteste Beispiel. Freilich handelt es sich hier um einen anderen als den bisher erörterten Typ utopischer Gemeinschaften. Zwar wurde auch Twin Oaks mit der Vorstellung gegründet, die meisten Mitglieder würden bleiben, neue Mitglieder würden dazukommen und die Gemeinschaft würde wachsen. Tatsächlich lebt die Gemeinschaft mit einer hohen Wechselrate; jedes Jahr verläßt ein Viertel alter Mitglieder die Gemeinschaft und kommt ein Viertel neuer Mitglieder dazu. Sie kommen dazu aus Neugier, weil sie von harmonischer Gemeinschaft träumen, weil sie der alltäglichen Gesellschaft überdrüssig sind oder um ihr Leben aus einer Krise zu führen oder sonst in Fahrt zu bringen, und sie gehen, wenn die Krise bewältigt, der Überdruß verschwunden oder die Neugier befriedigt ist. Daß sich Twin Oaks derart hält, und zwar als durchaus lebendige, sozial integrative, individuell befriedigende, ökonomisch erfolgreiche Gemeinschaft, ist eine erstaunliche, immer wieder als vorbildlich empfundene, immer wieder nachgeahmte Leistung.

Aber Twin-Oaks-Mitglieder selbst empfinden die Situation als prekär. Verläßlichkeit des Mitgliederbestands wäre ihnen lieber. Eben das gibt Ehe und Familie ihre zentrale Bedeutung für das Blühen utopischer Gemeinschaften: Einerseits müssen utopische Gemeinschaften, weil die Verwurzelung einer Familie in der Gemeinschaft mehrere Mitglieder bindet und Nachwuchs schafft, um ihrer Stetigkeit willen auf Ehe und Familie setzen, andererseits müssen sie, weil die

Familie als in-group die Gemeinschaft sprengen kann, um ihrer Kohärenz willen die Bedeutung von Ehe und Familie relativieren. Das ist ein alles andere als einfacher Balanceakt. Er gelingt nur, wenn er von einem starken Willen zur Gemeinschaft getragen wird, der sowohl die Köpfe und Herzen der Mitglieder beherrscht als auch deren Lebensabläufe bestimmt.

## IV.

Um hinreichend stark zu werden, darf der Gemeinschaftswille die Interessen der Mitglieder nicht nur aggregieren, sondern muß sie transzendieren. Er darf in den Worten Rousseaus nicht *volonté de tous*, Gesamtwille, sondern muß *volonté generale*, Gemeinwille, sein; während »jener auf das Privatinteresse sieht und nichts anderes als eine Summe von Sonderwillen ist, sieht dieser nur auf das Gemeininteresse«.

Dafür langt nicht, daß die Mitglieder, was eheliches und familiäres Zusammenleben, Arbeiten und Wohnen, Geselligkeit, Gesellschaft und Politik angeht, gleiche Vorstellungen haben. Utopische Gemeinschaften, die entsprechend antreten, schaffen es nur bis zur ersten Krise, bis im harten Winter der Hunger oder im schlechten Klima die Krankheit ausbricht oder bis die Fleißigen es leid sind, für die Faulen zu arbeiten. Um die Krisen gemeinsam zu bestehen, braucht die Gemeinschaft eine verpflichtende Idee, die das Gemeininteresse auch gegen aus- und gegeneinanderstrebende Sonderinteressen stabilisiert.

Das ist der Grund, warum die blühenden utopischen Gemeinschaften so oft das Christentum variieren, warum sogar weltliche utopische Experimente in letzter Minute eine religiöse Wendung versucht haben und zum Beispiel aus Fourieristen und Owenisten Swedenborgianer und Spiritisten wurden. Das Christentum, unter Umständen mit anderen religiösen und spirituellen Elementen durchsetzt, gibt dem Gemein- oder Gemeindewillen eine göttliche Autorität, vor der die Sonderinteressen keine Bedeutung haben. Außerdem bietet es Anweisungen, wie Krisen zu überwinden oder zu ertragen sind, und eine Fülle von Regeln und Ritualen für die Gestaltung von Alltag und Sonntag. Zwar haben auch astrologische Weisheiten, außerirdische Botschaften, Kontakte mit Gestorbenen, dies- und jenseitige Auferstehungs- und Wiedergeburtsphantasien, Geheimnisse der Goldwährung oder Einheitsbesteuerung, die konkave Gestalt oder das nahe Ende der Erde bei charismatischer Führung Menschen so ergriffen und verbunden, daß sie utopische Gemeinschaften gegründet haben. Aber daß die Erde konkav ist, hilft in der Krise und im Konflikt nicht. Sogar durchdachte sozialistische, kommunistische oder anarchistische Gemeinschaften haben sich schwergetan, in Krisen und Konflikten nicht den Beweis dafür zu sehen, daß die Zeit für ihre utopischen Experimente eben noch nicht reif ist. Die bürgerliche Religion, die Rousseau sich als Grundlage der unerläßlichen »Gesinnung des Miteinander« vorstellt, geriet, als Robespierre sie ins Leben zu rufen versuchte, künstlich und lächerlich.

Fast alle utopischen Gemeinschaften beginnen mit einem charismatischen Führer oder, seltener, einer charismatischen Führerin. Ihre Bedeutung für den Erfolg der utopischen Gemeinschaft ist groß, für die erfolgreiche Gründung wie für den erfolgreichen Bestand. Aber so groß sie auch ist, utopische Gemeinschaften sind fast nie autokratische Gebilde. Der Führer oder die Führerin sind die letzte orientierende, regelnde, richtende und schlichtende Instanz; nichts Wichtiges geschieht gegen oder ohne sie. Aber ebensowenig geschieht Wichtiges gegen oder ohne die Mitglieder; selbst wenn diese nur zusammenkommen, um die Verkündigungen des Führers oder der Führerin zu vernehmen, sind die Verkündigungen auf die Interessen und Auffassungen der Mitglieder abgestimmt. Meistens verkündigen die Führer oder Führerinnen nicht nur, sondern lassen die Mitglieder und Ältesten selbst die Probleme aufwerfen, Lösungen erörtern und Entscheidungen finden, steuern dies allerdings.

Wichtiger als die Balancierung der Rollen von Führer oder Führerin, Ältesten und Mitgliedern ist die Qualität der Willensbildung, Entscheidungsfindung und -durchsetzung. Selbst wenn es nach unseren Standards noch so demokratisch zugeht und bei den Beratungen und Abstimmungen noch so fair verfahren wird, findet etwas anderes statt als in unserem politischen Leben. Die Entscheidungen legitimieren sich nicht daraus, daß sie der Mehrheit, sondern daß sie der Wahrheit entsprechen; die Minderheit ist nicht einfach schwach an Zahl, sondern irrt in der Sache, und wenn die Entscheidung gefallen ist, muß sie sich korrigieren. Verantwortung wird nicht auf Zeit übertragen mit der Vorstellung, daß nach Ablauf der Zeit die Opposition ans Ruder kommen und alles anders machen kann. Vielmehr gilt die Vorstellung, daß über die Zeit die eine Wahrheit nur immer deutlicher, immer bestimmender in Erscheinung tritt.

Rousseau formuliert dies so: »Wenn die meiner Meinung entgegengesetzte siegt, beweist dies nichts anderes, als daß ich mich getäuscht habe und daß das, was ich für den Gemeinwillen hielt, es nicht war.« Sogar was alle für den Gemeinwillen halten, ist es manchmal nicht – nicht in den utopischen Gemeinschaften und nicht bei Rousseau; zwar »will das Volk immer das Gute, aber es sieht es nicht immer von selbst. Man muß ihm die Gegenstände zeigen, wie sie sind, ihm den richtigen Weg weisen, es schützen vor Verführung. Die einzelnen müssen gezwungen werden, ihren Willen der Vernunft anzupassen.«

Hier begegnet uns Rousseau in seiner ganzen Ambivalenz, als radikaler Theoretiker von Freiheit in Gemeinschaft wie als totalitärer Ideologe, und ebenso begegnet uns hier die Ambivalenz utopischer Gemeinschaften. Daß unser wahrer Wille gegen unseren tatsächlichen ausgespielt wird, daß der Dissident des Irrtums beschuldigt wird, weil er sich vom Klassen-, Partei- oder Gemeinschaftsstandpunkt isoliere, daß sogar der Gemeinschaft, wenn sie sich mehrheitlich äußert, vorgeworfen werden kann, sie sei verführt oder verblendet, so daß sie zu ihrer wahren Bestimmung gezwungen werden muß – dies sind die Argumente, mit denen totalitäre Regime ihre Oppositionen, ob von Minderheiten oder der Mehrheit getragen, mundtot machen. Zum anderen erkennen wir darin aber einfach die Appelle wieder, mit denen Gemeinschaften ihre Mitglieder zusammenhalten. Der Appell an jemandes wahren Willen, wenn sein tatsächlich geäußerter Wille als Ausdruck von momentanem Ärger oder von momentaner Kränkung erscheint, der Appell an jemandes bessere Einsicht, wenn er sich durch seine Auffassung und sein

Verhalten isoliert, die an die Mehrheit gerichtete Warnung, sie vergesse oder verrate, wofür sie angetreten ist – es ist aus Freundes-, Arbeits- und politisch oder religiös engagierten Gruppen vertraut und muß nicht illegitim, nicht totalitär sein.

Die Ambivalenz ist weder nach der einen noch nach der anderen Seite aufzulösen, weder bei Rousseau noch in utopischen Gemeinschaften. Utopische Gemeinschaften brauchen, um zu blühen, einen Gemeinwillen, der nicht einfach das Resultat wechselnder, zufälliger Mehrheiten ist, und sie müssen dem einzelnen diesen Gemeinwillen als das vermitteln, was auch er selbst in Wahrheit will. Das kann kleinliche Konflikte vermeiden, aber auch notwendige Kontroversen verhindern, es kann Mitglieder integrieren, die sich anders in ihrer Individualität verstricken und vereinsamen würden, aber auch bewirken, daß Mitglieder nicht mehr sagen mögen, was eigentlich gesagt werden müßte, es kann Mitglieder befreien, aber auch vergewaltigen. Es ist nicht verwunderlich, daß die persönlichen Erfahrungen, die Mitglieder ein und derselben utopischen Gemeinschaft machen, völlig verschieden ausfallen und daß neben überwältigend positiven ebenso überwältigend negative Berichte stehen.

v.

Die Kontroll- und Sanktionsmechanismen utopischer Gemeinschaften muten uns freilich eher totalitär als befreiend an. Ein Kontrollmechanismus, auf den keine blühende Gemeinschaft verzichtet, ist die Veranstaltung von Kritik und Selbstkritik.

Ein zeitgenössischer Besucher der Oneida-Perfektionisten hat eine solche Kritiksitzung beschrieben. Das Mitglied, das kritisiert wurde, hat mit einigen selbstkritischen Bemerkungen eröffnet, dann schweigend die Kritik angehört, die die anderen Mitglieder offen und direkt geäußert haben, um schließlich von Noyes, dem Gründer der Gemeinschaft, zusammenfassend ermahnt und ermutigt zu werden. Von den anderen Mitgliedern wurde dem Mitglied vorgeworfen, es sei hochmütig, weil zu tüchtig und zu erfolgreich, es zeige, welche anderen Mitglieder es mehr und welche es weniger mag, es verkenne, wieviel es der Gemeinschaft verdanke, und sei nicht demütig und bescheiden. Dem kritisierten Mitglied wich die Farbe aus dem Gesicht und trat der Schweiß auf die Stirne. Noyes sah den Kern der Kritikwürdigkeit des Mitglieds darin liegen, daß es, ein junger Vater, in egoistischer Liebe eine exklusive Beziehung zur Mutter suche, sah also hinter den kleinen Mißhelligkeiten das Prinzip von Oneida betroffen.

Bei den Shakern waren Kritik und Selbstkritik ein Bestandteil der Reinigungstage, die die Ältesten dann ansetzten, wenn sie von der verstorbenen Gründerin Mutter Ann entsprechende Weisungen erhielten. Ein Zeitgenosse, der vier Monate bei den Shakern verbrachte, hat das Fegen, Wischen und Schrubben beschrieben, dem kein Staub, keine Spinnwebe und kein böser Geist standhielt, die Mitglieder sorgten mit ihren Bekenntnissen dafür, daß die innere Welt ebenso reinlich war wie die äußere, und die Ältesten überwachten und überprüften alles. So intellektuell und emotional intensiv wie bei den Oneida-Perfektionisten ging es bei den Shakern nicht zu; der zeitgenössische Beobachter hat ihr Zusammenleben als wortkarg und ausdrucksarm, in schlichten Arbeits-, Sonn- und Feiertagsroutinen kreisend beschrieben. Bei einer Vielzahl anderer religiöser utopischer Gemeinschaften des 19. Jahrhunderts verhielt es sich ähnlich; das Leben war vor allem Arbeit, die Sonn- und Feiertage waren mit Predigt, Gebet und Gesang, ein bißchen Tanz und ein bißchen Spiel angefüllt, und Kritik und Selbstkritik hatten im Gemeinschaftsleben einen festen Platz, brauchten aber nicht viele Worte.

Bei den utopischen Gemeinschaften des 20. Jahrhunderts, oft von Intellektuellen gegründet und getragen, ähneln Kritik und Selbstkritik dagegen wieder dem, was die Oneida-Perfektionisten praktizierten. Auf der Farm ist Kritik ein Dienst, der dem Kritisierten erwiesen wird; dieser akzeptiert und bestätigt sie, weil sie ihn aus der Zwei- in die Eindeutigkeit, aus der Lüge in die Wahrheit, aus der Zerrissenheit in die Schönheit und aus dem *low* ins *high* führt. Wenn er mit ihr nicht zurechtkommt, ist es ein Zeichen dafür, daß er voller Ressentiments steckt, und daß er voller Ressentiments steckt, ist ein Zeichen dafür, daß er Kritik braucht.

Auch in den Bruderhöfen ist der Kritisierte gehalten, Kritik, sogar falsche Kritik, geduldig und dankbar anzuhören und in Selbstkritik aufzugreifen und anzuerkennen. Ebenso hat sich zu verhalten, wer in Vorbereitung einer Entscheidung anders gesprochen hat, als die Gemeinschaft schließlich entschieden hat; er hat in der Gemeindestunde aufzustehen und zu bekennen und erklären, daß beziehungsweise warum er der falschen Auffassung war.

Es geht auch anders. In Twin Oaks war zwar das Beispiel von Stephen Gaskins Farm nicht ohne Einfluß, konnte sich

aber der Vorschlag, Kritik und Selbstkritik zu institutiona-
lisieren, nicht durchsetzen. Mit seiner hohen Wechselrate ist
Twin Oaks eine so lose Einrichtung, daß es eines starken
Gemeinwillens nicht bedarf, freilich auch keine enge Gemeinschaft gibt.

In den Sanktionen, die utopische Gemeinschaften entwickeln, setzt sich das Prinzip, unter dem Kritik und Selbstkritik stehen, fort. Kritik und Selbstkritik dienen dazu, den
einzelnen im Gemeinwillen zu halten, und entsprechend
geben die Sanktionen ihm schmerzhaft zu verstehen, was
es heißt, aus dem Gemeinwillen herauszufallen. Die letzte
Sanktion ist der Ausschluß aus der Gemeinschaft, bei
Gemeineigentum oft unter Verlust des eingebrachten Eigentums. Davor kennen alle blühenden utopischen Gemeinschaften abgestufte Ausschlüsse. Es beginnt beim ein- oder
mehrmaligen Ausschluß von bestimmten Gemeinschaftsaktivitäten und -ritualen, einschließlich der gemeinsamen
Arbeit, und geht über die Reduzierung des Kontakts mit den
anderen Mitgliedern bis zu dessen Abbruch. Dem endgülti-
gen Ausschluß kann ein zeitweiliger vorausgehen oder auch,
wenn die utopische Gemeinschaft mehrere Zweige hat, die
Verschickung zu einem anderen Zweig. Die Dauer der Sanktion wird regelmäßig nicht vorher festgesetzt, sondern reagiert auf das Verhalten des sanktionierten Mitglieds, auf die
Überzeugungskraft seiner Bitte um Entschuldigung, seiner
Buße, seiner Besserung und schließlich seiner Bitte um Wie-
deraufnahme.

Die Sanktionen wie auch Kritik und Selbstkritik machen den Gemeinwillen zugleich stark und setzen ihn voraus. Wo die Mitglieder nicht im Gemeinwillen bleiben wol-

len, wo der Verlust der Gemeinschaft sie nicht schmerzt, gehen die Sanktionen ins Leere. Es gab utopische Gemeinschaften des 19. Jahrhunderts, die als Sanktion den Ausschluß vom gemeinsamen Arbeiten verfügten und erfahren mußten, daß die Betroffenen, solange sie nicht vom Essen und Wohnen ausgeschlossen wurden, leichten Herzens aufs Arbeiten verzichteten. Der Gemeinwille war nicht hinreichend stark und hatte die Mitglieder nicht so durchdrungen und verbunden, daß der Verlust der Gemeinschaft sie geschreckt hätte.

Rousseau spricht vom Missetäter als Verräter am Gemeinwesen; »dadurch, daß er dessen Gesetze verletzt, hört er auf, sein Glied zu sein«. Ein Missetäter verletzt nicht dieses oder jenes Rechtsgut, sondern kündigt die Gemeinschaft auf, und die Sanktion des Ausschlusses vollzieht nur, was der Missetäter selbst getan hat.

VI.

Im Zentrum von Rousseaus Vorstellung vom Zusammenleben in Gemeinschaft steht seine Gesellschaftsvertragsformel, nach der »wir alle, jeder von uns seine Person und seine ganze Kraft gemeinsam unter die oberste Richtschnur des Gemeinwillens stellen«. Oberste Richtschnur – der Gemeinwille ist nicht nur ein Gesetz, dem man sich fügt, sondern eine Wahrheit, deren man bedarf. Sie wird durch Sonderinteressen und -perspektiven gefährdet, in Kritik und Selbstkritik bestätigt und in einer »Gesinnung des Miteinander« erkannt, die religiöse Qualität hat.

Nach Rousseau ist »im allgemeinen ein kleiner Staat verhältnismäßig stärker als ein großer«. In der Tat können utopische Gemeinschaften, die unter dem Rousseau-Prinzip funktionieren, nicht beliebig wachsen. Haben sie eine gewisse Größe erreicht, bilden sie Zweige aus. Allerdings gibt es auch für das Zweigwerk eine Größe, die nicht überschritten werden kann, ohne daß die Wahrheit der Gemeinschaft durch Sonderinteressen gefährdet wird.

Wachsen sie gleichwohl weiter, wandeln sie sich profund. Die Geschichte der Mormonen ist eine Erfolgsgeschichte, weil es eine Geschichte von Wachstum und Wandel ist. Die Mormonen traten als utopische Gemeinschaft an, mit eigener Organisation von Ehe und Familie, eigener Organisation des Eigentums und einem Gemeinwillen, der auch sonst das Leben umfassend bestimmte. Brigham Young unternahm den Versuch, die zahlreich gewachsene Gemeinschaft in vielen kleinen utopischen Gemeinschaften zu organisieren, und scheiterte. Er scheiterte zum einen an den Mormonen, die zu zahlreich und zu verschieden waren, um noch auf einen das Leben umfassend bestimmenden Gemeinwillen eingeschworen zu werden, und zum anderen an der amerikanischen Gesellschaft, die in ihrer Mitte keine große utopische Gegenwelt duldete. Mit der Preisgabe der besonderen Organisation von Eigentum wie auch von Ehe und Familie säkularisierte Young die Mormonen von einer utopischen Gemeinschaft zu einer gewissermaßen normalen modernen Religion, die ihre Mitglieder in der Berufs- und Arbeitswelt und in der sozialen Welt von Ehe und Familie im wesentlichen so leben läßt, wie alle leben.

Die Landschaft der utopischen Gemeinschaften ist reich.

Es gibt Gemeinschaften, die ebenso rasch vergehen wie entstehen und keine Spuren hinterlassen, Gemeinschaften, die sich zwar bald in der umgebenden Gesellschaft auflösen, dabei aber ihre Mitglieder, die sich anders schwer damit getan hätten, in die Gesellschaft integrieren, Gemeinschaften, die für ihre Mitglieder nur Stationen auf dem Weg durchs Leben sind und deren Mitglieder entsprechend rasch wechseln, Gemeinschaften, die unter dem Rousseau-Prinzip funktionieren und blühen, kürzer, länger oder sogar auf nicht absehbare Dauer, und Gemeinschaften, die ihr Erfolg über sich hinauswachsen läßt.

So gerne ich es hätte und so sehr ich es, als ich meine Beschäftigung mit utopischen Gemeinschaften begann, am Ende belegen zu können hoffte – provozierende Alternativen sind sie nicht, was auch immer ihre Gestalt und ihr Schicksal sein mag. Die Gesellschaft ist so mächtig, daß utopische Gemeinschaften sich ihr gegenüber als Gegenwelten nur um den hohen Preis einer Vereinnahmung ihrer Mitglieder behaupten können, den nur wenige zu zahlen bereit sind und den auch die großen utopischen Experimente des 20. Jahrhunderts, die totalitären Regime, nur mit beträchtlicher Brutalität eintreiben konnten. Utopische Gemeinschaften sind nicht Initiatoren, sie sind Indikatoren gesellschaftlichen Wandels. Religiöse utopische Gemeinschaften zeigen an, daß die Gesellschaft von religiösen Erweckungsbewegungen ergriffen wird, sozialistische utopische Gemeinschaften haben das Wachsen des Sozialismus als gesellschaftliche Kraft und die utopischen Gemeinschaften der 70er Jahre die neue Jugendkultur mit ihrer Mischung aus Weltverfangenheit und spirituellem Bedürfnis, Anpassung und Verweigerung angezeigt. Utopische Gemeinschaften verändern die Welt nicht, sie geben neuen Interpretationen der Welt Ausdruck. Das ist nicht wenig, auch wenn Rousseau, käme er wieder, vermutlich ein bißchen enttäuscht wäre.

Und in Zukunft mag ihre Rolle noch wachsen. Unsere Welt, die einerseits global immer mehr zusammenwächst, tritt andererseits lokal immer mehr auseinander; der verbindende öffentliche Raum schwindet, und Ghettos, *gated communities, corporate towns* und *corporate cultures*, in denen die Beschäftigten und die Kunden leben, nehmen in einer Weise zu, daß man von einer Refeudalisierung der Welt zu sprechen beginnen kann. Unter den feudalistischen Segmenten mögen sich zunehmend auch utopische Gemeinschaften befinden, nicht als Städte auf dem Berg, deren Licht missionarisch in die Welt leuchtet, aber als Inseln im Mainstream der Gesellschaft, deren Licht anzeigt, daß für viele verschiedene Lebensweisen Raum ist.

Eine utopische Gemeinschaft, liberal in den Ansprüchen, die der Gemeinwille an die Mitglieder stellt, großherzig gefördert von ihrer Stifterin, weise geführt von ihrem Leiter, kompetent unterstützt von einem freundlichen Stab, blühend, was den intellektuellen Austausch unter den Mitgliedern angeht, habe ich Gay selbst die letzten neun Monate genossen. In wenigen Tagen werde ich sie verlassen – glücklich und dankbar, daß ich hier sein konnte, traurig, daß ich scheiden muß. Vor allem danke ich Peter als Fellow des Center for Scholars and Writers an der New York Public Library und den Fellows für den lebendigen, bereichernden, beglückenden Austausch.

# Frauen und Macht

*Zum Ende des Amtes von Jutta Limbach*
*als Präsidentin des Bundesverfassungsgerichts*

Die erste Frau, die ich als Frau mit Macht wahrgenommen habe, war meine erste Lehrerin. Wir waren eine lebhafte, stets freche, oft wilde Quarta, lauter Jungen. Im Mathematikunterricht waren wir mucksmäuschenstill, paßten auf und arbeiteten mit. Die Mathematiklehrerin war klein und zart, wurde nie sichtbar ärgerlich und erst recht nicht laut, konnte wunderbar erklären, hatte Witz, lachte gerne und machte zu Beginn jeder Stunde eine Übung im Kopfrechnen mit uns, bei der der Sieger einen Mohrenkopf bekam. Ich habe bei ihr die Freude an Mathematik, an Genauigkeit und am Lösen von Problemen gelernt.

Ihre Macht war keine andere, als gute Lehrer sie auch hatten: das Resultat von amtlicher Stellung, fachlicher Kompetenz und der persönlichen Autorität, die aus Mut, Selbstbewußtsein und der richtigen Einschätzung und Beanspruchung der Schüler folgt. Aber wir erlebten die Macht unserer Lehrerin anders. Sie fühlte sich besser an, leichter, angelegentlicher, spielerischer. Oder war's so, daß wir 11- oder 12jährigen alle auf unsere Weise mit unserer Lehrerin flirteten? Und war womöglich die Balance zwischen Strenge und Nachsicht, die sie wahrte, eine Art des Flirtens mit uns?

Seitdem habe ich als Referendar Ausbilderinnen und als Autor Lektorinnen gehabt, als Professor Kolleginnen und

eine Dekanin erlebt, als Richter mit Richterinnen bera-
ten und entschieden und als Verfahrensbevollmächtigter
vor Richterinnen plädiert und hatte mit Politikerinnen, einer Ministerin, einer Staatssekretärin und einer Präsidentin
des Bundesverfassungsgerichts zu tun. Wieder waren ihre
Macht, Stellung, Kompetenz und Autorität keine andere als
Ausbilder, Kollegen, Politiker oder Präsidenten des Bundesverfassungsgerichts sie auch hatten. Gut, einmal wurde ich
von der Dekanin angebrüllt wie von keinem Dekan vorher
oder nachher, aber ihr ging es um die Sache und um diese
so, wie keinem Dekan vor ihr oder nach ihr. Die Ministerin
redete einmal mit mir, wie nie ein Minister mit mir geredet
hat und wie ich mir vorstelle, daß um 1900 der Prinzipal mit
dem Lehrling geredet hat, aber sie redete mit allen so, und
vielleicht reden viele Minister so – ich kenne nicht viele. Bei
manchen Frauen habe ich das Gefühl, in einer gewissen
Verbissenheit und Verbitterheit den Preis zu spüren, den sie
haben zahlen müssen, um gegen alle männlichen Widerstände, Ungerechtigkeiten und Zurücksetzungen die Position der Macht zu erreichen, die sie erreicht haben.

Daß ich in meinem Beruf mehr Männern als Frauen mit
Macht begegnet bin und begegne – es versteht sich von selbst.
Auch daß es anders sein sollte, versteht sich von selbst.
Daß zum Beispiel meine Studenten und Studentinnen ähnlich viele Frauen wie Männer in juristischen und politischen
Rollen und Positionen mit Macht sollten sehen können. Daß
sie zum Beispiel von ebenso vielen Professorinnen wie Professoren unterrichtet werden sollten. Daß ... Aber ich muß
keine weiteren Beispiele geben, sie verstehen sich alle von
selbst.

Die ebenso vielen Professorinnen wie Professoren wünsche ich allerdings nicht nur meinen Studentinnen und Studenten. Ich hätte sie gerne für mich. Ich weiß nicht, ob die Inhalte der Beratungen und Entscheidungen der Fakultät anders wären. Aber der Umgang wäre anders. Der universitäre Umgangston, den ich in der schlechtesten Erinnerung habe, ist der einer technischen Hochschule, an der, als ich dort Assistent war, noch kaum Frauen studierten und die Studenten sich wie pubertierende Pennäler verhielten. Was für ein Glück, daß meine Klasse ab Tertia Mädchen wie Jungen hatte! Und was für ein Glück wäre es, wenn es in Sitzungen weniger pompös und prätentiös, weniger verbiestert und verkniffen zuginge, weil mehr Frauen teilnähmen!

Daß ich solche Sitzungen lieber mag, daß ich das schwierige gerichtliche Verfahren, bei dem ich als Bevollmächtigter nicht mit einem Staatssekretär, sondern mit einer Staatssekretärin zusammengearbeitet habe, die Zeit der Wende, in der die Fakultät nicht von einem Dekan, sondern von einer Dekanin geleitet wurde, und Jahre als Richter neben einer Richterin auch eben darum in schöner Erinnerung habe – ist das korrekt? Ist es korrekt, daß ich zur Institutionalisierung feministischer Rechtswissenschaft nicht nur um statistischer Gerechtigkeit willen beigetragen habe, sondern aus Interesse an den Perspektiven, die Frauen in meine Wissenschaft einbringen? Daß sich für mich bis heute die Macht von Frauen oft besser und leichter, angelegentlicher und spielerischer anfühlt als die von Männern? Daß darin vielleicht auch heute noch ein Hauch von Flirt steckt, wie damals bei unserer Mathematiklehrerin?

Müßige Fragen? Es sind beunruhigende Fragen, nachdem eine Doktorandin, die über das Frauenbild des Grundgesetzes arbeitete und sich mit den abstrusen frühen Äußerungen des Bundesverfassungsgerichts zu weiblicher Sexualität beschäftigte, in meiner Bemerkung, dafür hätte das Gericht eigentlich keine Sachverständigen gebraucht, die Ironie nicht hörte. Nachdem Gerhard Selb, dem Detektiv meiner Kriminalromane, ein altmodisches und seinem Freund Philipp ein unmögliches Verhältnis zu Frauen vorgeworfen wurde und eine amerikanische Kritikerin das Frauenbild meiner Bücher bedenklich fand. Nachdem ich selbst weiß, daß mein Frauenbild, in der Zeit eines grundstürzenden Umbruchs der Geschlechterrolle gewachsen, voller Widersprüche ist.

Nun, eines Tages wird die Umbruchszeit vorbei sein und es ähnlich viele Frauen mit Macht wie Männer mit Macht geben. Vermutlich wird sich die Macht der Frauen dann nicht mehr anders anfühlen als die der Männer. Die Frauen, unter denen ich als Student einmal in einem Lager für Ersatzteile arbeitete, waren ebenso ruppig, gierig und zotig wie die Männer, unter denen ich sonst in der Fabrik arbeitete. Natürlich haben Professorinnen jedes Recht, ebenso pompös und prätentiös, verbiestert und verkniffen im Umgang mit ihrer Macht zu sein wie Professoren, Ministerinnen wie Minister, Richterinnen wie Richter.

Das mir gestellte Thema »Frauen und Macht« ist ein Thema der Umbruchszeit. In der Vergangenheit war es noch keines, in der Zukunft wird es keines mehr sein. Nur in der Umbruchszeit gibt es Anlaß zu Fragen, neugierigen bis beunruhigenden. Nur in der Umbruchszeit gibt es allerdings auch Anlaß zur Freude: auf die erste Bundespräsidentin, auf die erste Bundeskanzlerin, über die erste Präsidentin des Bundesverfassungsgerichts.

# Wirtschaft und Vertrauen

## I.

Vertrauen ist eine Erwartung. Jemandem vertrauen bedeutet erwarten, er werde sich in einer bestimmten Weise verhalten. Beim Vertrauen in ein Kollektiv, eine Institution oder ein System ist es nicht anders: Es geht um die Erwartung, die Einheit oder die, die für sie handeln, würden ein bestimmtes Verhalten an den Tag legen.

Vertrauen ist eine besondere Erwartung. Die Sprache läßt uns Personen und Einheiten von Personen vertrauen, aber nicht Sachen. Wir vertrauen nicht dem morgigen Wetter, sondern darauf, das Wetter werde morgen schön sein. Das Wörtchen »darauf« richtet das Vertrauen nicht auf das Wetter, sondern auf unsere eigene Erwartung. Unsere Erfahrung läßt uns erwarten, das Wetter werde morgen schön sein, und wenn es morgen doch regnet, hat nicht das Wetter unser Vertrauen enttäuscht, sondern wir haben uns im Wetter getäuscht.

Vertrauen ist eine Erwartung an eine Person, aber nicht jede Erwartung an eine Person ist Vertrauen. Wir erwarten, daß jemand immer noch seinen alten Citroën fährt, Gauloise raucht und Ferien in der Provence macht, ohne in unserem Vertrauen enttäuscht zu sein, wenn er sich einen neuen Golf kauft, das Rauchen aufgibt und Ferien auf Juist macht. Er hat sich eben geändert, und wir nehmen das zur Kenntnis. Erst wenn die Erwartung ein normatives Moment enthält, ist sie Vertrauen. Jemandem vertrauen bedeutet erwarten, er werde sich in einer bestimmten Weise verhalten, weil er sich in dieser Weise verhalten muß. Das »muß« kann seinen Grund in Normen des Rechts, der Moral oder einer Konvention haben. Wir vertrauen dem Richter, weil das Recht die Richtschnur seines Verhaltens ist, dem Kollegen, wenn wir ihn als moralischen Menschen, und dem Gast, weil wir ihn als Person mit Anstand und Manieren voraussetzen. Die Moral muß nicht die allgemein anerkannte und die Konvention kann die Konvention einer Familie, einer Gruppe, eines Standes sein. Sogar die Erwartung, der Freund werde immer noch Citroën fahren, Gauloise rauchen und Ferien in der Provence machen, kann Vertrauen sein, wenn das gemeinsame Eingeschworensein auf französische Lebensart ein Eckstein der Freundschaft ist. Daß das Wetter moralischen Normen gehorche, wird heute niemand mehr glauben. Aber Hundehalter reden mit ihren Hunden gerne, als wären diese einer Hundemoral verpflichtet, und reagieren auf hundeunmoralisches Verhalten gekränkt wie auf einen Vertrauensbruch. Sogar zu ihrem Auto entwickeln manche Menschen ein derart persönliches Verhältnis, daß sie ihm einen Kosenamen geben, sein gutes Funktionieren wie kindliches Wohlverhalten loben und von seinem schlechten wie von kindlichem Fehlverhalten verärgert, betrübt oder gekränkt sind. Wenn das Verhalten einer Sache als normgebunden verstanden wird, kann sogar bei einer Sache Erwartung zu Vertrauen werden. Aber es geschieht nur in seltenen Ausnahmen.

Vertrauen ist also eine normative Erwartung. Wird es enttäuscht, ist man anders als bei einer faktischen Erwartung nicht einfach bereit, sich mit der Enttäuschung abzufinden. Man insistiert auf der Norm, die das Vertrauen begründet und trägt, stellt zur Rede, beschwert und wehrt sich, protestiert, demonstriert und geht zum Gericht. Beim Bruch freundschaftlichen Vertrauens kann man nur den Freund zur Rede stellen und sich bei gemeinsamen Freunden beschweren. Die Enttäuschung über den Vertrauensbruch des Geschäftspartners findet unter Umständen den Weg zum Gericht und die über verletztes Vertrauen in die Gerechtigkeit von Richtern und in die Sachlichkeit von Beamten den zum Petitionsausschuß. Die Weigerung, sich mit der Enttäuschung von Vertrauen abzufinden, kann vielerlei Gestalt annehmen. In jedem Fall kontrastiert sie mit der Lernbereitschaft, mit der auf die Enttäuschung einer faktischen Erwartung reagiert wird. Wenn das Wetter schlecht ist statt schön, das *blind date* langweilig statt interessant und das Testergebnis die gefürchtete Widerlegung statt der erhofften Bestätigung der Hypothese, sind Insistieren, Beschwerde und Protest nur dumm. Es gilt, von der Wirklichkeit zu lernen, sich mit der Enttäuschung abzufinden und die faktische Erwartung zu korrigieren.

Gewiß, auch normative Erwartungen können falsch sein, auch bei normativen Erwartungen gilt es zu lernen. In verschiedenen Ländern gelten verschiedene Normen, die Norm, die gestern galt, muß heute, und die, die heute gilt, morgen nicht mehr gelten. Wird Vertrauen oft genug enttäuscht, dann wird auch das Insistieren auf der es begründenden und tragenden Norm dumm. Dann muß auch hier gelernt und die Vertrauenserwartung korrigiert werden. Aber es geschieht weniger selbstverständlich, langsamer, gegen größere Widerstände, mit größeren Schmerzen als bei einer faktischen Erwartung. Es ist auch einfach eine schwierigere Entscheidung. Wann mußte ein Jude im Dritten Reich sein Vertrauen in die Willigkeit und Fähigkeit Deutschlands, von antisemitischen Verirrungen wieder zu rechtsstaatlicher Verläßlichkeit zu finden, aufgeben? Wann muß sich ein Bürger Iraks sagen, daß sein Vertrauen in eine demokratische Entwicklung seines Landes eine Illusion ist? Wann ist der richtige Zeitpunkt zu emigrieren, zu desertieren, zu kündigen, den wieder und wieder untreuen Partner zu verlassen oder mit dem wieder und wieder treulosen Freund zu brechen? Wir schenken unser Vertrauen nicht leicht und wir entziehen es nicht leicht.

## II.

Der Begriff des Vertrauens, der dieser Tagung zugrunde liegt, ist größer angelegt. In der Einladung ist zu lesen, daß Vertrauen im Rationalen wie im Irrationalen wurzelt, daß es Grundlage von sozialer Normalität und kommunikativer Pluralität, von Gesellschaft und Wirtschaft, Staat und Politik ist, daß die Entwicklung des Verfassungsstaats als Evolution der Institutionalisierung von Vertrauen zu beschreiben und daß als Ursache jeder zeitgenössischen Krise, jedes zeitgenössischen Konflikts ein Vertrauensverlust zu diagnostizieren ist. Vertrauen, so ist zu lesen, ist alles, ohne Vertrauen ist nichts.

Mit diesem großangelegten Begriff geht die Forderung nach mehr Vertrauen einher. Weil Gesellschaft und Wirtschaft, Staat und Politik ohne unser aller Vertrauen nichts seien und weil wir alle ohne Gesellschaft und Wirtschaft, Staat und Politik nichts seien, schuldeten wir Vertrauen. Der großangelegte Begriff des Vertrauens will die, die nicht mehr vertrauen, in die Pflicht des Vertrauens nehmen. Die Bürger sollen den Politikern endlich wieder vertrauen und bei Fehlern und Enttäuschungen verzeihen und vergessen, sie sollen der Wirtschaft vertrauen, konsumieren und, wenn's dazu reicht, investieren, und sie sollen auch darauf vertrauen, daß die Innovationen, Investitionen, neuen Märkte und neuen Produkte der Wirtschaft letztlich für alle Sinn machen und Nutzen bringen. Der Ruck, den der vorletzte Bundespräsident gefordert hat, war nach dem Vertrauenskonzept dieser Tagung, richtig verstanden, ein Vertrauensruck: Bürger, vertraut! Ihr seid selbst schuld, wenn's nicht vorangeht. Vertraut erst einmal, dann wird's schon.

Der Qualität von Vertrauen als normativer Erwartung und dem normativen Grund des Vertrauens trägt dies durchaus Rechnung. Normen und auch Vertrauen, das seinen Grund in Normen hat, leben aus Akzeptanz und Kontrolle. Um zu gelten, muß eine Norm Akzeptanz finden, nicht bei allen, aber doch bei den meisten, und ihre Befolgung muß kontrolliert, das heißt ihre Nichtbefolgung registriert und sanktioniert werden. Akzeptanz alleine genügt nicht; sie erodiert, wenn die, die Normen nicht akzeptierten und nicht befolgen, dies sanktionslos tun können. Kontrolle alleine genügt nicht; sie ist überfordert, wenn sie nicht die Akzeptanz der meisten voraussetzen und sich auf die Übertretungen der wenigen konzentrieren kann. Ebenso muß, um Bestand zu haben, Vertrauen auf die Akzeptanz der es begründenden und tragenden Normen durch die Beteiligten und zugleich darauf bauen können, daß Enttäuschungen des Vertrauens korrigiert werden.

So gilt zum Beispiel eine wichtige Norm, die freundschaftliches Vertrauen begründet und trägt, der wechselseitigen Hilfsbereitschaft. Vertrauen unter Freunden baut darauf, daß man, wenn man sie braucht, mit der Hilfe des anderen rechnen kann und daß man, wenn die Hilfe nicht kommt, seine Enttäuschung dem anderen mitteilt, daß dieser sich erklärt, entschuldigt und bei der nächsten Gelegenheit anders verhält. Vertrauen in eine private Schule, in die man seine Kinder schickt, baut darauf, daß die Bildungs- und Erziehungsziele, wegen deren man die private Schule gewählt hat, von der Leitung und den Lehrern der Schule beständig akzeptiert werden und daß das Ausscheren einzelner Lehrer oder in einzelnen Fächern registriert und korrigiert wird. Beim sogenannten Systemvertrauen, dem Vertrauen in Politik, Wirtschaft, Wissenschaft, Kultur oder Religion, ist es nicht anders. Es setzt darauf, daß das Gesetz, nach dem das System angetreten ist, innerhalb des Systems akzeptiert wird und daß Abweichungen korrigiert werden.

Daß der großangelegte Begriff des Vertrauens uns in die Pflicht nehmen will, korrespondiert der modischen Forderung nach Deregulierung. Nach mehr Globalisierung und weniger Protektionismus, mehr Privatisierung und weniger öffentlicher Verantwortung, mehr Markt, mehr Wettbewerb, mehr Profit, mehr Freiheit, weniger Staat, weniger Normen, weniger Restriktionen, Kontrollen und Sanktionen. Wenn die Systeme, mit und in denen wir leben, nicht mehr durch ihre Verpflichtung auf Normen und deren Gewährleistung durch Kontrolle vertrauenswürdig sind, sein wollen und sein können, muß das Vertrauen anders fundiert werden. Weniger Kontrolle, also mehr Akzeptanz. Weniger Vertrauenswürdigkeit, also mehr Vertrauensvorschuß. Wenn Ursache jeder zeitgenössischen Krise, jedes zeitgenössischen Konflikts Vertrauensverlust ist und der Staat mit seinen Kontrollen und Sanktionen bei der Krisen- und Konfliktbewältigung nichts verloren hat, bleibt nur eines: Wir müssen uns einen Ruck geben und vertrauen.

## III.

Müssen wir? Müssen wir uns einen Ruck geben und der Wirtschaft vertrauen? Können wir der Wirtschaft vertrauen?

Nicht daß ich dem Schreiner, der mir gelegentlich ein neues Regal fertigt, dem Autohändler, bei dem ich mein Auto gekauft habe und warten lasse, oder der Apothekerin, bei der ich seit Jahren mein Aspirin kaufe und manchmal medizinischen Rat hole, nicht vertrauen würde. Dieses Vertrauen ist wie jedes Vertrauen auf Normen gegründet: die moralische Norm, auf jahrelange Verläßlichkeit mit Treue zu reagieren und auf jahrelange Treue mit Verläßlichkeit, und die Normen des Kauf- und Werkvertragsrechts. Ich vertraue auch meiner Sparkasse; ihre Anlageempfehlungen taugen nicht viel, aber mein Geld wird sie nicht einfach stehlen. Ich kaufe das Haushaltsgerät mit dem großen Markennamen, weil ich dem Hersteller vertraue, er werde den großen Markennamen nicht durch schlechte Produkte gefährden wollen, aber ich weiß auch, daß Hersteller Produkte von immer kürzerer Haltbarkeit bauen, und muß, wenn das Haushaltsgerät nach wenigen Jahren kaputt ist, lernen, daß Produkte inzwischen nur noch mit dieser kurzen Haltbarkeit gebaut werden. Ich vertraue der Bahn, daß sie mich fährt, wenn auch vermutlich zu spät, und der Fluggesellschaft, daß sie mich fliegt, wenn auch vielleicht ohne Gepäck. Da gibt es also Vertrauen in die Wirtschaft. Aber wo es nicht von moralischen Normen getragen ist, die aus der sozialen Nähe und Dichte einer Situation wachsen, kann es nur dem gelten, was unbedingt geleistet werden muß, was schlechterdings nicht verweigert werden kann. Eine kompetente Anlageberatung, ein haltbares Haushaltsgerät, ein pünktlicher Zug und die Ankunft mit Gepäck nach einem Flug mit knappen Umsteigezeiten sind Glücksfälle. Denn es geht ja auch ohne.

Die Rechtsnormen, die das Vertrauen in die Wirtschaft tragen, sind dürftig. Was immer das Wirtschaftsstrafrecht in der Theorie leisten mag, in der Praxis scheitert seine Durchsetzung immer wieder an mangelndem wirtschaftlichen Sachverstand und der unzureichenden Ausstattung der zuständigen Richter und Staatsanwälte. Das Aktienrecht ist schwach sanktioniert und wird entsprechend gering geachtet; die Angeklagten im Mannesmann-Prozeß, denen das Gericht im Urteil schwerwiegende Verstöße gegen das Aktiengesetz vorwarf, haben sich daran nicht gestört, sie haben sich durch das Urteil vielmehr bestätigt gefühlt. Das Zivilrecht dient verstärkt dem Schutz schlecht bedienter Kunden, auch schlecht beratener Anlagekunden, aber sein Einsatz ist für die Kunden aufwendig und jeder Zugewinn gerichtlichen Schutzes droht durch eine Veränderung der allgemeinen Geschäftsbedingungen konterkariert zu werden. Nein, von den Rechtsnormen kann Vertrauen in die Wirtschaft nicht leben und hat es auch nie gelebt.

Ob es der Familienname und die Familienehre, die kaufmännische Verpflichtung auf Treu und Redlichkeit, die paternalistische Verantwortung für die eigenen Arbeiter oder die nationalistische Verbundenheit mit Deutschland waren – traditionell haben die Wirtschaftenden in Loyalitäten agiert, durch die sie sich moralisch gebunden und verpflichtet wußten. Eine Weile sah es aus, als habe die Verpflichtung auf das Aktionärsinteresse, auf den Shareholder-Value, die traditionellen Bindungen aufgebrochen, erledigt und ersetzt. Aber so ist es nicht. Ein Bankvorstand, für den der Verlust von 50 Millionen deutscher Mark *peanuts* war und der, deshalb kritisiert, meinte, die Bank habe doch nur sich selbst geschadet, oder ein Konzernchef, der den Börsenwert des Konzerns halbiert und vom Aufsichtsrat gestützt und gefeiert wird, zeigen, daß es auch dem Aktionär gegenüber keine tief- und stark empfundene Verpflichtung mehr gibt. Die großen, global agierenden Wirtschaftsunternehmen sind feudalistische Einheiten, die in sich und um sich selbst kreisen.

Wie Feudalherren einander kannten, miteinander koalierten, gegeneinander intrigierten, sich bekämpften, besiegten, stürzten und wieder in den Sattel hoben, bei aller Konkurrenz und allem Konflikt durch die Zugehörigkeit zu ein und demselben angefochtenen und gefährdeten Stand verbunden, so kennen die Akteure in den oberen Etagen einander persönlich, bekriegen einander, bedienen einander und helfen einander nach den Stürzen der Karriere wieder auf und weiter. Das Vertrauenskonzept dieser Tagung bringt diesen Befund auf folgenden Begriff: Wo die Einbindung in gesellschaftliche und kulturelle Ordnungen nicht mehr funktioniert und verpflichtet, zählt wieder die Vertrauensbildung auf der persönlichen Ebene. Anders und häßlich ließe der Befund sich auch so beschreiben: Wo es keine moralischen Bindungen und Verpflichtungen gibt, bleibt die Kumpanei.

Moralische Forderungen gehen demgegenüber ins Leere. Wie sollten traditionalistische, familiäre, berufsethische, paternalistische und nationalistische Loyalitäten unter den Bedingungen der Globalisierung Bestand haben? Warum sollten, wenn nur Interesse und Gewinn zählen, die Akteure der Wirtschaft das Interesse und den Gewinn der Aktionäre höher werten als das eigene Interesse und den eigenen Gewinn? Die Loyalität, die dabei rational und funktional ist, ist die zum Kumpan.

Auch moralische Vorwürfe gegen die Akteure der Wirtschaft gehen fehl. Nicht nur, weil manche durchaus moralisch empfinden und handeln mögen. Von den Akteuren der Wirtschaft als Individuen moralisches Verhalten zu erwarten ist auch so lange eine Überforderung, als die Moral nicht institutionell unterfangen und in Loyalitäten stabilisiert ist. Fehl geht es allerdings auch, wenn die Akteure der Wirtschaft den Verlust des Vertrauens in die Wirtschaft beklagen und Vertrauen fordern.

Die Frage ist, ob die Gesellschaft sich die Entlassung der Wirtschaft aus allen Loyalitäten auf Dauer leisten kann und wird. Ob beziehungsweise wie sie, vielleicht gemeinsam mit anderen nationalen Gesellschaften, die Globalisierung konterkarieren oder relativieren, den Deregulierungstrend umkehren, neue Loyalitäten einfordern und durchsetzen wird. Die gegenwärtige Entwicklung, die oft als zwangsläufig und unaufhaltsam beschrieben und erlebt wird, ist auch nur eine historische Entwicklung, die enden und beendet werden kann. Aber das ist ein anderes Thema.

# Die erschöpfte Generation

I.

Die rot-grüne Regierung ist die Regierung meiner Generation. Im Adenauer-Deutschland aufgewachsen, als Studenten oder Schüler von dessen geistiger Öde und politischer Enge abgestoßen, in der Opposition gegen Vietnam-Krieg, Notstandsgesetze und Berufsverbote, in der Begeisterung für den Prager Frühling und die Demokratisierung der Gesellschaft zu politischem Bewußtsein gekommen, hat die 68er-Generation ihre Heimat zunächst in der sozial-liberalen Koalition, dann oft in kommunistischen und spontanistischen Gruppen und schließlich teils in der SPD und teils bei den Grünen gefunden. Auf die eine oder andere Weise ist sie zum langen Marsch durch die Institutionen aufgebrochen; da sie die Verhältnisse nicht umstoßen konnte, galt es, sich in ihnen einzurichten, um sie von innen anders zu gestalten. Unter Helmut Schmidt war sie dazu zu jung, gegen Helmut Kohl lange zu schwach.

Bei der Wahl 1998 galt es jetzt oder nie; ich erinnere mich an Äußerungen von Joschka Fischer bis Oskar Lafontaine, daß diese Generation, wenn sie jetzt nicht an die Regierung komme, bis zur nächsten Wahl von der nächsten Generation gewissermaßen überholt werde. Sie kam an die Regierung. Und trotz der Enttäuschung über ihre Leistung wurde die

Regierung wiedergewählt. Die Wähler gaben ihr eine zweite Chance.

Die Regierung hat sie nicht ergriffen. Statt mit den notwendigen Reformen begegnet sie den Schwierigkeiten, in denen Deutschland steckt, mit Flickwerk. Weil die Reformen neue Konzeptionen der Verteilung gesellschaftlicher Ressourcen und der Einforderung individueller Verantwortung voraussetzen würden, auf die die Gesellschaft eingestimmt werden müßte und nicht ohne Konflikte eingestimmt werden könnte. Weil die organisierten Interessen sich den Reformen sperren: Pharmaindustrie und Ärzteschaft der Gesundheitsreform, Gewerkschaften der Arbeitsmarkt- und Rentenreform und wer gerade etwas zu verlieren hat der Steuerreform. Weil das konzeptionslose Erhöhen dieser und jener Steuer, wenn die Betroffenen zu wirksamem Widerstand zu schwach sind, einfacher ist als eine Sparkonzeption. Weil es auch ohne Konzeptionen und Reformen irgendwie weitergeht. Weil die Wirtschaft zur nächsten Wahl vielleicht schon wieder kräftiger läuft. Die Gründe sind nachvollziehbar wie auch die leeren Phrasen, das Verschweigen und Beschönigen, die ausweichenden Antworten, die hohlen Entschlossenheitsposen und -gesten, mit denen die Regierung das Flickwerk präsentiert – so machen es Regierungen eben, wenn sie nicht weiterwissen.

Aber als Politik der Generation, die antrat, Staat und Gesellschaft zu reformieren, die falsche Harmonie verachtet und Konfliktfähigkeit und -bereitschaft verlangt hat, die Phrasen und Posen verspottet hat, die Ehrlichkeit gefordert, sich der eigenen Ehrlichkeit gerühmt und Politik überhaupt unter hohen moralischen Anspruch gestellt hat, ist es kläglich. Früher hat diese Generation die Gesellschaft mit ihren Visionen einer neuen, anderen, besseren Welt überfordert – um sie jetzt zu unterfordern und nicht einmal die vorhandene Reform- und auch Opferbereitschaft anzusprechen und abzurufen. Früher hat sie über die Schere im Kopf gehöhnt, die einen die Gedanken, die die Gesellschaft zensieren oder sanktionieren würde, nicht einmal mehr denken läßt – jetzt verzichtet sie darauf, die Reformen, die auf den Widerstand der organisierten Interessen stoßen würden, auch nur zu thematisieren und zu diskutieren. Früher hatte sie ein tiefes Mißtrauen gegen alle Verhältnisse und jede Herrschaft, die sich verselbständigt hatten und nur um ihrer selbst willen existierten – aber bei der letzten Wahl war kein Programm mehr erkennbar, außer dem, daß der Kanzler Kanzler bleiben und die Regierung weiterregieren wollte. Der Marsch in die Institutionen hatte Erfolg. Aber zum Marsch durch sie, zum Marsch zu einem Ziel hinter dem, was schon ist, reicht es nicht mehr.

Die Generation ist erschöpft. Nicht nur in der Politik – von den engagierten Lehrern meiner Generation sind viele ausgebrannt und pensioniert; die ehedem kritischen Anwälte und Ärzte sind im vorgerückten Alter vielleicht freizeit- und lebensqualitätsbewußter, aber nicht weniger angepaßt als ihre unkritisch angetretenen Kollegen; bei den Journalisten ist an die Stelle früheren kritischen Aufbegehrens die besserwisserische Attitüde getreten; und den Theologen ist über die Jahre mit dem Amt des Pfarrers, Dekans und Bischofs das entsprechende Amtsverständnis zugewachsen und vom kritischen Anfang lediglich eine gewisse religiöse Unverbindlichkeit geblieben.

In meinem eigenen Beruf sieht es nicht besser aus; die Juristen, die die Professoren meiner Generation und ich selbst ausgebildet haben und zu kritischen Juristen ausbilden wollten, sind so positivistisch geraten, wie es je positivistische Juristen gab, nur nicht mehr auf das Gesetz eingeschworen, sondern auf das Bundesverfassungsgericht, und wir haben uns damit abgefunden.

## II.

Was hat meine Generation erschöpft? Und weil Erschöpfung das Ergebnis von Überforderung ist – was hat sie überfordert?

Die sie prägenden späten sechziger und frühen siebziger Jahre waren Jahre leichter früher Erfolge. Sitzungen sprengen, Lehrveranstaltungen und Gottesdienste umfunktionieren, Schüler anpolitisieren, den Wehrdienst verweigern oder mit langen Haaren ableisten, Krawatten- und Jackettzwänge aufkündigen, Ortsvereine übernehmen, in Parteiämter und -gremien aufsteigen, zum Professor ernannt und zum Prorektor oder Vizepräsidenten einer Universität gewählt werden, die Diplom- oder Doktorarbeit bei Suhrkamp verlegen – die ersten Schritte in die Welt des öffentlichen Auftretens, des beruflichen und politischen Handelns waren mühelos. Sie durften auch keine Mühe kosten, sondern mußten Spaß machen; anders wären es Schritte in die Entfremdung gewesen. Bis heute stehen Mühe und Spaßdefizit unter Verdacht, und Lafontaine und Gregor Gysi wahrten, als sie die schwierigen Ministerämter lustlos aufgaben, ein Erbe der 68er-Generation.

Die ersten Schritte waren mühelos, weil die Verhältnisse zunächst zu verunsichert waren, dem Anspruch der 68er-Generation etwas entgegenzusetzen. Von den Universitäten bis zu den Parteien, von den Kirchen bis zur Bundeswehr herrschte das Gefühl, das Alte hätte sich wenn nicht in den Inhalten, so doch in den Formen überlebt und müsse Neuem weichen. Berufsverbote, Verschärfungen des Versammlungs- und Strafrechts und die informationelle und sächliche Aufrüstung der Polizei setzten erst später ein. Aber so verunsichert die Verhältnisse zunächst auch waren, hatten sie doch ihren Bestand und die Festigkeit langen Gewachsen- und Bewährtseins. Daher konnten die ersten Schritte getrost eher zerschlagen als gestalten; die Verhältnisse waren zu stabil, als daß das Zerschlagen wirklich Erfolg gehabt und die Verantwortung aufgebürdet hätte, an der Stelle des zerschlagenen Alten etwas Neues zu gestalten. Wie um die Bürde brachte diese formative Erfahrung die 68er-Generation freilich auch um die Freude früher Gestaltungsverantwortung.

Dabei wurde in den späten sechziger und frühen siebziger Jahren politisch durchaus mehr gestaltet als von der 68er-Generation zerschlagen. Unter der sozial-liberalen Koalition hat die Bundesrepublik Deutschland ein anderes Gesicht bekommen; der Sozialstaat in seiner heutigen Gestalt wurde vollendet, im Bereich schulischer und universitärer Ausbildung wurden Plätze und Chancen geschaffen, und Strafrecht und Strafvollzug wurden liberalisiert. Dies ist denn auch die nächste prägende Erfahrung der 68er-Generation geworden: Politischer Aufbruch besteht im Leisten und Fördern, im Eröffnen neuer Chancen und Optionen.

Er kostet und darf kosten und ist bestenfalls, wie die Straf-rechts-, aber schon nicht mehr die Strafvollzugsreform, ko-stenneutral.

Daß überfälliges politisches Gestalten darin bestehen könnte, zu sparen statt auszugeben, Verzicht zu verlangen statt Wohltaten zu gewähren, Härte statt Anteilnahme und Hilfsbereitschaft zu zeigen, ist nichts, womit die 68er-Ge-neration politisch groß geworden ist. Sie hat das Gegenteil davon gelernt.

Ihre marxistische Prägung hat es sie besonders bereit-willig lernen lassen. Daß unter den Bedingungen des Kapi-talismus eigentlich für alle genug da sei, daß Mangel nur ein Problem der gerechten Verteilung und daß diese nur ein Problem der richtigen Eigentums-, ökonomischen und poli-tischen Ordnung sei, ist integraler Bestandteil der Marx-schen Theorie und wurde in jenen Jahren in den entspre-chenden Lektüre- und Studienkreisen aufgenommen. Jeder nach seinen Fähigkeiten, jedem nach seinen Bedürfnissen – weil man niemanden verdächtigen mochte, von seinen Fä-higkeiten keinen Gebrauch zu machen, gab es weder gegen-über den Schlechtgestellten der eigenen Gesellschaft noch im Verhältnis der ersten zur dritten Welt eine Rechtferti-gung für das Vorenthalten von Leistungen und Förderun-gen. Das war schön empfunden, und diese Empfindsamkeit wirkt bis heute und trägt gegenüber Arbeitslosen, Empfän-gern von Sozialhilfe, Kranken und Alten eine besondere Behutsamkeit bei der Zumutung von Arbeit, Ortswechsel, eigenem Einsatz und eigener Leistung.

Überhaupt ist die 68er-Generation eine sensible Gene-ration. Sie möchte gemocht werden und fühlt sich leicht verkannt. In den Stürmen der späten sechziger und frühen siebziger Jahre war auffällig, daß, so heftig auch agitiert und agiert wurde, doch die Erwartung bestand, die Opfer der Agitationen und Aktionen müßten deren Wahrheit und gute Absicht erkennen und anerkennen. Oft verhielten die Opfer sich auch entsprechend. Wo sie es nicht taten, wo sie sich vielmehr verteidigten und zurückschlugen, wurde darauf empört reagiert wie auf eine Ungerechtigkeit.

Ähnlich empört reagiert die alte und neue Regierung auf die Kritik der Regierten. Daß sie in den letzten vier Jahren eigentlich gut gearbeitet habe und daß die gute Arbeit nur nicht richtig gesehen und gewürdigt worden sei, daß auch der neue Start zwar schwierig und holprig, aber letztlich richtig gewesen sei und nur von den Medien geschmäht werde – die Mitglieder der Regierung glauben es wirklich. Vermutlich hat auch, wie angesichts des Einschwenkens der neuen Regierung auf viele Vorstellungen und Forderungen der Gewerkschaften angenommen wurde, der Kanzler sich vom Verhalten der Wirtschaft im Wahlkampf wirklich kränken und von dem der Gewerkschaften wirklich aufrichten lassen, als gehe es in der Politik um Mögen und Gemocht-Werden. Vielleicht sind sogar die populistischen Aktionen des Kanzlers nicht nur aus politischem Kalkül zu verstehen, sondern auch aus dem Bedürfnis, gemocht zu werden.

Aber der Primat des Populistischen gegenüber dem Programmatischen, des Kurzfristigen gegenüber dem Langfristigen, dessen, was ankommt, gegenüber dem, was aneckt, hat noch einen tieferen Grund. Die Generation hat kein Programm, um dessentwillen sie das kurzfristige Anecken in Kauf nehmen könnte. Sie war nie gut mit Programmen. In ihren prägenden Jahren pflegte sie Revolutionshoffnungen, marxistische und utopistische Phantasien, grandiose gesellschaftliche Visionen, die der Wirklichkeit so inkongruent waren, daß sie sich nicht zu praxisleitenden Programmen kleinarbeiten, sondern nur aufgeben ließen. Danach gab es noch den sozialistischen Osten. Zwar war der Sozialismus des Ostens nie das Programm der 68er-Generation. Freiheit, Demokratie und Rücksicht auf die Umwelt, die im Osten fehlten, waren ihr unverzichtbar. Aber wie defizitär der Sozialismus des Ostens auch war, schien seine Existenz doch zu belegen, daß es für Freiheit, Demokratie und Rücksicht auf die Umwelt andere, egalitärere und solidarischere ökonomische und politische Bedingungen geben könne als im Kapitalismus des Westens.

Das gab linker Politik kein Programm, steckte aber einen Horizont ab, innerhalb dessen sie ihre theoretische Vergewisserung und programmatische Orientierung suchen konnte. Mit dem Ende des Ostens ist dieser Horizont verschwunden und sind Pragmatismus und Populismus geblieben.


III.


Die prägenden politischen Erfahrungen der 68er-Generation – verwöhnend-mühelose erste Schritte ins öffentliche Leben, als frühe politische Praxis eine verantwortungs- und perspektivenarme Praxis des Zerschlagens statt des Gestaltens, als Vorbild ein verführerisches Vorbild des Ausgebens statt des Haushaltens, das Einüben einer Sensibilität, die nicht frei von Selbstgerechtigkeit und Wehleidigkeit ist, das Verbrauchen der theoretischen und programmatischen Kraft im Bauen von Luftschlössern –, diese Erfahrungen sind heute in vieler Hinsicht unbrauchbar, in mancher kontraproduktiv. Die Generation ist erschöpft, weil sie überfordert ist, und sie ist überfordert, weil sie wenig mitbringt, womit sie den anstehenden Anforderungen begegnen könnte.

Das ergibt keine gute Prognose für die wiedergewählte Regierung. Woher sollte ihr die Kraft zur Bewältigung der gegenwärtigen Schwierigkeiten zuwachsen? Aus der Besinnung auf den reformerischen Elan und moralischen Anspruch des Anfangs? Aus der Einsicht in die vorhandene Reform- und auch Opferbereitschaft? Aus dem stolzen und trotzigen Wunsch, die Bilanz der Generation, deren Regierung sie ist, doch noch positiv zu wenden? Es ist die Regierung meiner Generation, und ich gebe die Hoffnung nicht auf.

# Rechtliche Eckpunkte

# Zwischen Säkularisation und Multikulturalität

## I.

In den letzten Jahren hat keine Entscheidung des Bundesverfassungsgerichts eine solche gesellschaftliche und politische Resonanz gefunden, eine solche gesellschaftliche und politische Empörung ausgelöst wie die sogenannte Kruzifixentscheidung vom 16. Mai 1995. Auf die Verfassungsbeschwerde einer Schülerin und ihrer Eltern hat das Bundesverfassungsgericht entschieden, daß das hoheitlich angeordnete Anbringen eines Kruzifixes oder Kreuzes in den Unterrichtsräumen einer staatlichen Pflichtschule gegen die Religionsfreiheit und -neutralität verstößt. Daß die Resonanz und Empörung so groß waren, hat einen Grund darin, daß die der Kruzifixentscheidung vorausgegangene Rechtsprechung des Bundesverfassungsgerichts durchaus auch eine andere, das Anbringen von Kruzifixen und Kreuzen in Schulräumen akzeptierende Entscheidung erwarten ließ. Immerhin hatte das Gericht vor Jahren das Kruzifix im Gerichtssaal nur unter besonderen Bedingungen – die Beschwerdeführer waren Juden und gerade wegen der Geschichte der Juden nicht bereit, »unter dem Kreuz« zu verhandeln – als verfassungswidrig abgelehnt; es war davon ausgegangen, daß ein Kruzifix oder Kreuz im Gericht in der Regel als zumutbar empfunden werde, da es weder eine

Identifizierung mit den darin symbolisierten Inhalten noch sonst ein Verhalten verlange. Es hatte in diesem Zusammenhang sogar angedeutet, daß in anderen Bereichen staatlicher Verwaltung bei einem Konflikt zwischen dem Minderheitswunsch nach Entfernen eines Kruzifixes und dem Mehrheitswunsch nach Anbringen eines Kruzifixes anders zu entscheiden sein könnte. In seiner sogenannten Schulgebetsentscheidung hat das Gericht im Konflikt zwischen einer Minderheit von Eltern und Schülern, die das gemeinsame Schulgebet ablehnten, und der Mehrheit, die es durchführen wollte, zugunsten der Mehrheit entschieden. Da der Staat den Bereich der Schule ganz in seine Obhut und Verantwortung genommen habe, sei es wenn auch vielleicht nicht geboten, so doch jedenfalls gerechtfertigt, daß er in diesem Bereich auch die religiöse Freiheit der Eltern, Lehrer und Schüler sich zur Geltung bringen lasse. Konflikte zwischen positiver und negativer Religionsfreiheit seien dabei in der Schule ebenso auszuhalten und auszugleichen wie sonst außerhalb der Schule, Konflikte also zwischen denen, die beten wollen, und denen, die nicht beten wollen, dadurch, daß die einen sich zum Gebet erheben und beten, während die anderen sitzen bleiben und nicht beten oder einfach später in den Unterricht kommen. Wenn das Kruzifix im Raum keine Identifizierung verlangt, wenn die Mehrheit es wünscht, wenn es die Minderheit jedenfalls dann nicht mehr nachhaltig beeinträchtigen dürfte, wenn es nicht ständig sichtbar über der Tafel, sondern im Rücken der Kinder angebracht ist oder über der Tür oder zwischen den Fenstern – sollte sich dann nicht mit dem Kruzifix ebenso wie mit dem Gebet in der Schule leben lassen?

In der ausländischen Presse war über die Kruzifixentscheidung des deutschen Bundesverfassungsgerichts gelegentlich zu lesen, es handele sich um einen späten, im Vergleich Deutschlands mit anderen Ländern sogar verspäteten Ausläufer der Säkularisation. In der Tat fügt sich die Kruzifixentscheidung des deutschen Bundesverfassungsgerichts wenn auch nicht ohne Bruch in dessen Rechtsprechungslinie, so doch in die Linie der gesellschaftlichen Entwicklung. Das Kruzifix im Gerichtssaal, obwohl vom Gericht noch gerettet, findet sich kaum mehr, und ebenso wird auch das Schulgebet trotz seiner Rechtfertigung durch das Gericht kaum noch gesprochen. Dieser Entwicklung fügt sich die Abschaffung des Kruzifixes im Schulzimmer ein. Man darf sogar vermuten, daß die Tage des Kruzifixes im Schulzimmer selbst dann gezählt wären, wenn das Gericht anders entschieden hätte. Denn wie das Kruzifix im Gerichtssaal und das Schulgebet hatte auch das Kruzifix im Schulzimmer keine eigentliche Funktion; es lebte dereinst davon, daß es selbstverständlich und selbstverständlich akzeptiert war, und mit dem Rechtsstreit, der von den Medien begleitet wurde, Parallelverfahren angeregt hat, zu Verhandlungen zwischen Schulverwaltung, Eltern- und Lehrervertretern und schließlich zu Debatten im Parlament geführt hat, ist die Selbstverständlichkeit des Kruzifixes im Schulzimmer erledigt. Das ist Säkularisation: das Ende der Selbstverständlichkeit einer lebensweltlichen Einheit von geistlich und weltlich.

Fügt sich die Kruzifixentscheidung derart in eine allgemeine gesellschaftliche Entwicklung ein, dann erscheinen die Resonanz, die sie in Deutschland gefunden, und die

Empörung, die sie hier ausgelöst hat, einigermaßen befremdlich. Eine naheliegende Erklärung, wonach konservative Politiker die Resonanz und Empörung geschürt haben, um sich populistische Vorteile zu verschaffen, greift zu kurz. Denn sie beantwortet nicht, warum die Kruzifixentscheidung für eine solche Resonanz und Empörung und für die entsprechenden populistischen Vorteile gut war. Eine Lektüre und Analyse der zahlreichen empörten Leserbriefe in deutschen Zeitungen zeigt denn auch, daß sich in der Empörung eine echte, weitverbreitete und tiefempfundene Angst zur Geltung gebracht hat. Diese Angst hat mit der zweiten Entwicklung zu tun, die neben der gekennzeichneten, gegenwärtig auslaufenden Entwicklung der Säkularisation zu verzeichnen ist. Säkularisation bedeutet, daß das Religiöse aus dem öffentlichen, staatlichen wie gesellschaftlichen und dabei auch schulischen Raum immer mehr verschwindet. Aber es verschwindet keineswegs nur. Die Rücksichtnahme auf religiöse Gefühle und Gebräuche nimmt im schulischen Bereich nicht nur auf der einen Seite ab, sondern auf der anderen Seite durchaus zu, und auch dies ist der Rechtsprechung abzulesen.

Erinnert sei an die Entscheidung des Bundesverwaltungsgerichts, wonach die Befreiung vom Schulbesuch, die traditionell jüdischen Kindern zusteht, auch anderen Kindern gewährt wird, die einer eine entsprechende Samstags- oder Feiertagsheiligung verlangenden Religionsgemeinschaft angehören. Erinnert sei weiter an die Rechtsprechung des Bundesverwaltungsgerichts, wonach muslimische Schülerinnen vom koedukativen Schwimm-, Turn- und Sportunterricht dispensiert werden. Zum Turn- und Sportunterricht hatte das Oberverwaltungsgericht Münster zunächst entschieden, daß eine muslimische Schülerin in weitgeschnittenen Kleidern, die »einerseits ihre Körperkonturen verdecken und andererseits die für sportliche Betätigung notwendige Bewegungsfreiheit belassen«, sowie mit Kopfbedeckung mitmachen kann und muß. Die Schülerin hatte dagegen beim Bundesverwaltungsgericht vorgebracht, sie müsse nicht nur »befürchten, daß auch bei einer solchen Bekleidung die Konturen ihres Körpers sichtbar würden und sie möglicherweise ihr Kopftuch verliere«, sondern sie sei auch »gezwungen, den mit knapp geschnittener oder enganliegender Sportbekleidung bekleideten Jungen bei ihren Übungen zuzusehen, was ihr ebenfalls verboten sei«. Das Bundesverwaltungsgericht gab ihr recht; nur durch Befreiung vom Turn- und Sportunterricht werde ihrer Glaubensfreiheit hinreichend Rechnung getragen. Zur Frage, ob muslimische Schülerinnen im Unterricht den Schleier tragen dürfen, gibt es in Deutschland noch keine Rechtsprechung. In Frankreich hat sie in den Jahren 1989 und 1990 einigen politischen Wirbel ausgelöst und zu einem Gutachten des Conseil d'Etat geführt, das es für akzeptabel hält, daß Schüler im Unterricht Zeichen ihrer Religionszugehörigkeit tragen, solange Erziehung und Unterricht dadurch nicht beeinträchtigt werden. Das ist einigermaßen vage und hat den Konflikt in Frankreich denn auch nicht erledigt. Eines Tages wird er auch in Deutschland aufbrechen. Auf der Linie der erwähnten Entscheidungen zum Schwimm-, Turn- und Sportunterricht ist zu vermuten, daß auch dem Tragen des Schleiers der Schutz der Religionsfreiheit zuerkannt werden wird. Aber religiöse Gefühle und

Gebräuche werden nicht nur von den Schülern in die Schule getragen. Der Staat selbst holt sie herein; in Deutschland ist Nordrhein-Westfalen damit vorangegangen, muslimischen Religionsunterricht in den Schulen einzuführen, und andere Länder folgen. Gleichzeitig versucht Nordrhein-Westfalen, die Koran-Schulen, die von islamischen Vereinen getragen und in denen Kinder zwischen 7 und 16 Jahren manchmal bei internatsmäßiger Unterbringung religiös unterwiesen werden, besser und strenger zu kontrollieren und unter Umständen auch zu verbieten.

Diese Gleichzeitigkeit zweier gegenläufiger Entwicklungen ruft die Angst hervor, die angelegentlich der Kruzifixentscheidung zum Ausdruck kam. Rückzug, Vertreibung der christlichen, europäischen Werte und Traditionen aus dem öffentlichen und hier schulischen Bereich, damit sich in diesem Bereich muslimische oder sektiererische Strömungen zur Geltung bringen? Verlust abendländischer Orientierung zugunsten welcher anderen? Welche kulturelle Identität kann unseren Kindern unter diesen Voraussetzungen noch vermittelt werden?

Die Empörung über die Kruzifixentscheidung hatte oft genug engstirnige, rückwärtsgewandte, fremdenfeindliche Züge. Zugleich ist sie Ausdruck eines echten Problems. An der Teilnahme muslimischer Schülerinnen am Schwimm-, Turn- und Sportunterricht läßt es sich anschaulich erläutern. Oft genug ist von Lehrern zu hören, daß es einerseits zwar die muslimischen Schülerinnen gibt, die bei der Teilnahme an diesem Unterricht einen echten religiösen Konflikt hätten. Andererseits aber gibt es die muslimischen Schülerinnen, die gerne am Unterricht teilnähmen, die gerne aus der sie als

Mädchen benachteiligenden Enge der familiären islamischen Traditionen ausbrächen und die sich von der Schule, die ihre Teilnahme am Unterricht nicht verlangt, im Stich gelassen fühlen. Würde die Schule die Teilnahme verlangen, dann könnten sie, die Schülerinnen, sich mit ihrem Teilnahmewunsch auch gegenüber den Eltern behaupten. Wenn die Eltern aber darauf verweisen können, daß ihr Elternwunsch von der Schule respektiert wird, haben sie keine Chance, ihren Teilnahmewunsch durchzusetzen. Schützt mit anderen Worten der Staat, der die Schülerin vom Unterricht befreit, tatsächlich deren Religionsfreiheit und nicht vielmehr die Kohärenz, die Tradition, das Ghetto einer Gruppe? Wie verträgt sich das mit der Gleichheit, Rechts- und Chancengleichheit von Mann und Frau, der der säkulare Staat verpflichtet ist? Was ist, um auf das andere obenerwähnte Problem zu kommen, die Aufgabe des säkularen Staats in Sachen religiöser Unterweisung? Verlangt die Achtung der Religionsfreiheit, daß die Koran-Schulen frei von jeder staatlichen Aufsicht und Ingerenz betrieben werden? Darf, muß der Staat aus eigener Initiative islamischen Religionsunterricht in den Schulen einrichten, auch wenn die islamischen Gruppen und Vereine gar nicht darauf dringen?

Staat und Schule, die sich mit diesen Fragen konfrontiert sehen, befinden sich im Schnittpunkt zweier gesellschaftlicher Entwicklungen. Die eine ist die Entwicklung der Säkularisation, des Rückzugs und der Vertreibung des Religiösen aus dem öffentlichen Raum. Die andere ist die Entwicklung zur Multikulturalität. Ob es um Gruppen geht, deren Identität und Kohärenz durch neue Religionen und Sekten gestiftet wird, ob um ethnische Gruppen oder um eine kulturelle Gruppenidentität und -kohärenz, die aus Ethnischem und Religiösem zugleich lebt – die weltweit zu beobachtende Wiederbelebung des Religiösen und die Wanderungsbewegungen des zu Ende gehenden Jahrhunderts führen dazu, daß innerhalb der tradierten westlichen, christlich geprägten, aber säkular gewordenen Kultur neue, andere kulturelle Kerne entstanden sind und entstehen. Den Umgang mit ihnen haben Politik und Recht erst zu lernen. Wieviel Multikulturalität kann und muß sich eine moderne Gesellschaft leisten? Hat der Berliner Stadtteil Kreuzberg eines baldigen Tages zweisprachig zu werden, deutsch und türkisch, und die USA zweisprachig mit Englisch und Spanisch? Muß der Staat zusehen oder einschreiten, wenn Familien mit Kindern sich aus unserer gemeinsamen Welt in Ashrams, Kommunitäten und Gemeinschaften verabschieden, die nach religiösen Normen leben, die mit unseren, auch in der Verfassung enthaltenen Vorstellungen von Freiheit und Gleichheit nichts gemein haben? Sind die USA, die die Melting-Pot-Ideologie zunehmend aufgeben und zunehmend darauf verzichten, die verschiedenen vorgefundenen, eingewanderten und einwandernden Kulturen in die eine angelsächsische, säkulare Kultur einzuschmelzen, und statt dessen eine Pluralität von nebeneinanderlebenden und auseinanderstrebenden Kulturen akzeptieren, auf dem richtigen oder auf dem falschen Weg?

Ihre Antwort finden diese Fragen aus der Entwicklung der Säkularisation, die heute mit der Entwicklung zur Multikulturalität in Konflikt kommt. Es gilt, den historischen Blick weit zurück und über einen großen Zeitraum schweifen zu lassen – unter Verzicht auf jedes Detail und unter Inkaufnahme mancher Oberflächlichkeit. Am Ende dieses *tour d'horizon* wird ein Verständnis von Säkularisation stehen, das eine Antwort auf die Frage erlaubt, wieviel Multikulturalität der auf Freiheit und Gleichheit verpflichtete Verfassungsstaat sich leisten kann, und das auch Hinweise für die anstehenden, eingangs erwähnten Probleme aus dem Bereich der Schule bietet.

## II.

Dem rückwärtsgewandten Blick ist Säkularisation nicht einfach die Entwicklung des Rückzugs der Religion aus Staat und Gesellschaft. Vielmehr ist Säkularisation der Vorgang, dem der Staat seine Entstehung verdankt. In drei Schritten hat sich die Entstehung des Staates als Vorgang der Säkularisation vollzogen.

Den ersten markiert der Investiturstreit, der zwischen Kaiser und Papst mit äußerster Entschiedenheit geführte Kampf um die Ordnung der abendländischen Christenheit. Bis zum Investiturstreit hatte das Heilige Römische Reich seine einheitsstiftende Kraft daraus gezogen, daß es die *res publica christiana* war, eine heilige Ordnung, die alle Lebensbereiche umfaßte und ungeschieden geistlich-religiös und weltlich-politisch war. Kaiser und Papst waren nicht Repräsentanten einerseits der geistlichen, andererseits der weltlichen Ordnung, sondern Inhaber verschiedener Ämter der einen *ecclesia*, die zugleich die *res publica christiana* war. Aufgelöst, aufgekündigt wurde diese Einheitsvorstellung von der Kirche. Die sich zur Wissenschaft bildende Theologie hatte die Trennung von geistlich und weltlich und die

Überlegenheit des Geistlichen über das Weltliche erarbeitet. Die Kirche beanspruchte das Geistliche für sich, verstand allein sich und verfaßte sich auch juristisch als *ecclesia*. Sie wies nicht nur Ansprüche des Kaisers und dessen weltliche Gewalt ab, sondern beanspruchte ihrerseits die Suprematie über den Kaiser und dessen weltliche Gewalt. Sie war zunächst auch erfolgreich. Indem der Papst den Kaiser zum Gang nach Canossa zwang, setzte er die kirchliche Suprematie gegenüber der weltlichen Gewalt durch. Aber der Preis dieses Erfolgs war die Aufkündigung der Einheit, die Trennung von geistlich und weltlich, die mit der Konkurrenz und dem Konflikt zwischen beiden die Möglichkeit eines Sieges in beide Richtungen eröffnete: kirchliche Suprematie über die weltliche Gewalt, aber auch weltliche Suprematie über die kirchliche, das Staatskirchentum.

Diese Möglichkeit wurde im zweiten Säkularisationsschritt im Gefolge der religiös-konfessionellen Bürgerkriege des 16. und 17. Jahrhunderts wirklich. Im religiösen Konflikt zwischen Protestanten und Katholiken, der im Kampf um die Wahrheit keine Kompromisse duldete, war es nach der vom Papst gegen den Kaiser durchgesetzten Verhältnisbestimmung von geistlicher und weltlicher Gewalt die Aufgabe der weltlichen Gewalt, mit ihren Mitteln der Wahrheit zum Sieg zu verhelfen, den Irrtum zu unterdrücken, Häretiker und Ketzer zu bestrafen – Katholiken, Lutheraner und Reformierte waren sich darin alle einig. Der religiöse Konflikt mußte zum politischen Kampf und als solcher gnadenlos werden, wie er als religiöser kompromißlos war. Da nun aber der religiöse Konflikt im europäischen Maßstab politisch nicht zu entscheiden war, mußte die weltliche Gewalt, mußten die Könige und Fürsten, wollten sie nicht als Exekutoren ihrer Religionsparteien das Grauen und Elend des Kriegs einfach hinnehmen und perpetuieren, den Primat der Politik gegenüber der Religion zur Geltung bringen. Die Politik mußte über die Forderungen der streitenden Religionsparteien gestellt, sie mußte von diesen Forderungen emanzipiert werden. Der große Theoretiker dieser Emanzipation ist Thomas Hobbes; er wie auch die französischen Juristen seiner Zeit bildeten einen politischen, wenn man so will formellen und äußeren Begriff des Friedens, der nicht, wie dies der scholastischen Tradition entsprach, auf das Leben in der Wahrheit, sondern auf das Schweigen der Waffen, auf Sicherheit, Ordnung und Ruhe abstellt. Dieser Friede als Ende des *bellum omnium contra omnes* ist nur durch den Staat als souveräne Entscheidungseinheit und Ordnungsmacht herzustellen. Der König ist die neutrale Instanz, die über den streitenden Religionsparteien steht, und nur die Achtung seines Befehls als des obersten Gesetzes kann den Frieden stiften und erhalten. Hobbes weist dem Staat auch die Entscheidung über das religiöse Bekenntnis zu. Dieses Staatskirchentum bedeutete keine Rückkehr zur alten Einheit von geistlich und weltlich, sondern nach der Suprematie der Kirche über den Staat die Suprematie des Staats über die Kirche, die politische Instrumentalisierung der einheitsbildenden Kraft des Religiösen. In einem Staat können nicht zwei Religionen bestehen – das war ein politisches Argument, das selbst religiös indifferenten Aufklärern noch einleuchtete.

Den dritten Säkularisationsschritt markiert die Französische Revolution. Der Staat hört auf, Religion und Kirche zu seiner Sache zu machen; Religion wird Privatsache, Moment und Ausdruck der Freisetzung der bürgerlichen Verkehrs- und Erwerbsgesellschaft überhaupt. Wie das Religiöse, so überläßt der Staat nach dem Merkantilismus auch das Öko- nomische seiner Eigengesetzlichkeit und zieht sich aus der Wohlfahrtspflege auf die Vorsorge für Sicherheit und Ord- nung zurück.

Überhaupt fügt sich Säkularisation einem umfassenderen gesellschaftlichen Entwicklungsprozeß ein, dem Entwick- lungsprozeß gesellschaftlicher Differenzierung. Der mittel- alterliche Ausgangspunkt dieses Entwicklungsprozesses war eine Gesellschaft, die nicht differenziert, sondern seg- mentiert war. Das Reich war aus den Segmenten der Terri- torien und diese waren aus den Segmenten der Grundherr- schaften aufgebaut. Jede Grundherrschaft umfaßte alle gesellschaftlichen Funktionen: Der Grundherr entschied als Gerichtsherr über Leben und Tod, bestellte als Patronats- herr den Priester, organisierte mit und durch Mönche die Ausbildung, die Wirtschaft in der Grundherrschaft war zu- gleich deren gewissermaßen Volks- und seine Hauswirt- schaft, die Kriege waren zugleich seine persönlichen Feind- schaften. Aber es lief nicht nur alles auf seine Person zu, derart, daß er zugleich Richter, Patronatsherr, Kriegsherr, Haupt der Wirtschaft, Oberhaupt sowohl der eigenen Fa- milie als auch der Familie der Hintersassen und dabei als öffentliche und Privatperson nicht zu unterscheiden war. Die für uns verschiedenen Bereiche waren nach damaligem Verständnis einfach ein Bereich; Eheschließung war zu- gleich eine politische und eine wirtschaftliche Entschei- dung, Recht war zugleich religiöse und politische Ordnung, kulturelle Leistungen waren zugleich religiöse, Kriege waren Akte der Wiederherstellung von Recht und der Förderung von Wirtschaft usw. In einer derartigen Welt, in der die politische Ordnung zugleich auch die wirtschaftliche, rechtliche, religiöse und familiäre ist, wobei die segmentäre Einheit durch Grund und Boden zusammengehalten wird, kann sich das Politische als etwas Spezifisches, kann sich der Staat als spezifische, spezifisch politische Ordnungsform noch nicht herausbilden.

Aber dann lösen sich die segmentären Verfestigungen auf. Die sich zur Wissenschaft bildende Theologie differenziert nach geistlich und weltlich und setzt beides und auch Papst und Kaiser in Gegensatz. Gleichzeitig differenziert sich das Ökonomische; Stadt- und Geldwirtschaft treten neben die grundherrliche Landwirtschaft, und damit hängt politische Macht nicht mehr notwendig mit Grund und Boden zusammen. Innere Differenzierung löst äußere aus; die Differenzierung der Ökonomie ermöglicht die Differenzierung der politischen von der Grundherrschaft, und das sich innerlich differenzierende theologische Denken tritt in Differenz zum politischen. In den Religions- und Konfessionskriegen gewinnt die interne Differenzierung des Religiösen derart konflikthafte Formen, daß die religiös-politische lebensweltliche Einheit endgültig gesprengt wird. Bis in das 19. Jahrhundert geht dieser Differenzierungsprozeß weiter. Wie das Religiöse seiner Eigengesetzlichkeit überlassen und nur an der politischen Destruktion gehindert wurde, so wurden auch das Ökonomische und das Kulturelle freigesetzt. Niklas Luhmann, der diesen evolutionären Differenzierungsprozeß zu einem seiner Hauptthemen gemacht hat, vergißt nicht, neben der Ausdifferenzierung von Politik, Religion, Wirtschaft, Kultur und Wissenschaft auch die Ausdifferenzierung von Liebe zu erwähnen; Ehe- und Familienbeziehungen laufen nicht mehr über wirtschaftliche Notwendigkeiten und nach religiösen Ordnungsnormen, sondern über Liebe. Luhmann vergißt auch nicht, vor einem Mißverständnis zu warnen, das dahin ginge, die ausdifferenzierten Systeme Politik, Religion, Wirtschaft, Kultur, Wissenschaft, Familie etc. hätten nichts miteinander zu tun. Sie haben miteinander zu tun. Aber sie sind nicht dasselbe. Sie bilden verschiedene Systeme, bilden gewissermaßen verschiedene Rationalitäten und Sprachen aus, die ineinander übersetzt werden können, aber auch übersetzt werden müssen, damit die Beziehungen zwischen ihnen funktionieren.

Der Staat als spezifisch politische Ordnung ist eine Hervorbringung dieses Säkularisierungs- und Differenzierungsprozesses. Und er ist um so mehr, um so deutlicher und sichtbarer der Staat, je mehr seine politische Ordnung unabhängig von den religiösen, ideologischen und wirtschaftlichen Ordnungen ist, die es in der Gesellschaft um ihn herum gibt. Zu Recht wurde gefragt, ob denn in den totalitären Regimen etwa des Dritten Reichs oder der Sowjetunion noch eigentlich vom Staat die Rede sein könne; er war bloß Instrument der Partei. Ähnlich wurde in südamerikanischen Staaten, in denen die Familien, die die Wirtschaft regierten, auch die Politik bestimmten, gefragt, ob eigentlich von Staat die Rede sein könne. Die eigene Rationalität des Politischen kann ideologisch oder auch ökonomisch so vereinnahmt werden, daß vom Staat zu reden ebenso schwerfällt, wie es früher unter der Dominanz des Religiösen das

Politische und Staatliche in Eigenständigkeit nicht gegeben hat.

Von gesellschaftlicher Segmentierung zu gesellschaftlicher Differenzierung – diese Entwicklung hat nicht nur den modernen Staat hervorgebracht, sondern auch politische Freiheit. Konnte es zunächst religiöse Freiheit überhaupt nicht geben, weil es zur einen, wahren Religion gar keine Alternative gab und der, der von ihr abwich, im Irrtum oder gar im Verbrechen lebte, und war unter dem Prinzip des Staatskirchentums und des *cuius regio, eius religio* Religionsfreiheit nur als Freiheit zum Auswandern und damit Ausscheiden aus der Gesellschaft denkbar, so bedeutet sie unter den Bedingungen der differenzierten Gesellschaft, daß das, was jemand im ausdifferenzierten religiösen Kontext denkt und macht, für die anderen, die politischen, ökonomischen und kulturellen ausdifferenzierten Kontexte der Gesellschaft keine Rolle spielt. Ähnlich bedeutet Freiheit von Kunst und Wissenschaft, daß die kulturellen und wissenschaftlichen gesellschaftlichen Kontexte so ausdifferenziert sind, daß ihre Hervorbringungen die anderen Kontexte der Gesellschaft nicht beeinträchtigen. Rollentheoretisch gewendet: Die Rollen, die jemand als Wissenschaftler, Künstler, Kirchen-, Vereins- und Familienmitglied und Arbeitnehmer spielt, sind unabhängig voneinander; im einen Kontext interessiert nicht, wie jemand sich in einem anderen Kontext darstellt und verhält. Das ist Freiheit, und die Grundrechte mit ihren Freiheitsverbürgungen halten die Differenzierung der verschiedenen gesellschaftlichen Bereiche und Rollen aufrecht. Es ist zugleich die Ermöglichung von gesellschaftlicher Integration bei individueller Verschiedenheit.

Nicht die ganze Person muß in die Gesellschaft »passen«, sondern nur die Rolle, die sie jeweils spielt. Wer im Arbeits- und Wirtschaftsleben mitspielt, mag noch so befremdliche religiöse und politische Positionen haben; als Politiker kann reüssieren, wer als Vater versagt, und der Arbeitslose kann als Mitglied der Freiwilligen Feuerwehr ein integraler Bestandteil der Gesellschaft sein.

Salopp gesagt sind Säkularisierung und Differenzierung Entwicklungen zur Arbeitsteiligkeit. Politik, Wirtschaft, Religion, Kultur und Wissenschaft zugleich zu bewältigen und zu gestalten ist schlicht nicht mehr zu schaffen. Deswegen ist das totalitäre System des Sozialismus zusammengebrochen und geben überforderte Generäle nach einer Weile ihre Militärdiktaturen regelmäßig auf, stellen Demokratie und Freiheit wieder her und geben ihre Macht in die Hände ziviler Politiker zurück. Die Aufrechterhaltung beziehungsweise Wiedergewinnung gesellschaftlicher Differenzierung mit dem, was an politischer Selbständigkeit des Staates und rechtlicher Gewährleistung von Freiheit dazugehört, sind für moderne Gesellschaften lebensnotwendig.

III.

Dies hat auch Bedeutung für die Bestimmung des richtigen Verhältnisses zwischen Säkularisation und Multikulturalität, zu deren Problem der Blick auf die Religion in der Schule geführt hat. Es läßt bei Multikulturalität zwischen zwei Varianten unterscheiden: Multikulturalität als Segmentierung und Multikulturalität als Differenzierung. Multikulturalität als Differenzierung bedeutet, daß es in den gesellschaftlichen Bereichen des Religiösen und Kulturellen neue Formen und Gestalten gibt, eine neue Vielfalt und Farbigkeit, ohne daß dabei die gesellschaftliche Differenzierung als solche in Frage gestellt wäre. Multikulturalität als Segmentierung bedeutet dagegen eine Vielfalt kultureller Neben- und Gegenwelten mit eigenen, ethnisch oder religiös geprägten Erziehungs-, Kultur- und Wirtschaftssystemen und womöglich auch noch politischer Autonomie. Auf eine Kurzformel gebracht: Multikulturalität als Segmentierung bedeutet das Ghetto, Multikulturalität als Differenzierung bedeutet die offene, vielfarbige und -stimmige Gesellschaft. Multikulturalität als Differenzierung geht mit Säkularisation bruchlos zusammen. Multikulturalität als Segmentierung gefährdet gesellschaftliche Differenzierung und zugleich gesellschaftliche Integration.

Nicht erst bei Problemen der Schule, sondern allgemein stellt sich bei der Interpretation verfassungsrechtlicher Freiheit und Gleichheit immer wieder die Frage, wieviel Multikulturalität mit ihnen verbürgt ist. Wie steht es mit dem Schutz der Religionsfreiheit für neue Religionen und Sekten, bei denen wie bei den Rastafaris das gemeinsame Haschischrauchen ein kultisches Ereignis ist oder wie bei den Kindern Gottes der totale Bruch mit Familie, Freunden und Kollegen indoktrinierend gefordert wird? Schützt die Religionsfreiheit die Beschneidung von Frauen? Könnte der Zigeuner-Clan, der zwar einheiratende Frauen aufnimmt, ausheiratende aber ausstößt und aller Anteile am kollektiv verstandenen Vermögen des Clans beraubt, sich auf ein aus dem Gleichheitssatz folgendes Gebot der Respektierung als ethnische Minderheit berufen? Ist es für den Strafrichter relevant, daß ein Mörder mit seiner Tat die Ehre und das Blut der Familie gerettet hat, wie es da, wo er herkommt, üblich ist, oder daß jemand, der eine Frau belästigt oder vergewaltigt hat, sich von ihr nach den Standards der Kultur, aus der er kommt, ermutigt oder herausgefordert fühlen konnte? Die Beispiele ließen sich fortsetzen. Die Antwort auf die in ihnen gestellten Fragen ist, wird der Ertrag der geschilderten Entwicklung normativ fruchtbar gemacht, daran zu orientieren, ob das, was an Multikulturalität begegnet und grundrechtlichen Schutz begehrt, Multikulturalität als Segmentierung oder Multikulturalität als Differenzierung ist. Wo, wie beim Kinder-Gottes- oder beim Zigeuner-Clan-Beispiel, eine Neben- und Gegenwelt etabliert und gesichert werden soll, ist grundrechtlicher Schutz danach nicht angesagt, während er bei dem kultischen Ereignis paßt, das nach unseren Standards befremdet, aber als bloßes kultisches Ereignis die Religions- oder Sektenmitglieder im übrigen nicht in Abstand und Ablehnung zu unserer gemeinsamen Welt bringt. Die Schuldfrage im Mord- und Belästigungs- oder Vergewaltigungsbeispiel hat dagegen mit den Grundrechten und mit grundrechtlichem Schutz von Multikulturalität gar nichts zu tun, sondern einfach mit der Beachtung der Individualität, die bei der Frage der Schuld als eine Frage individueller Schuld immer ansteht. Im Beschneidungsfall spielt Multikulturalität dagegen eine Rolle, und es läßt sich sogar argumentieren, hier gehe es um Multikulturalität qua Differenzierung und nicht qua Segmentierung. Gleichwohl wäre der Schutz der Religionsfreiheit hier mit Rücksicht auf Leib und Leben der Töchter zu versagen –

ein Beleg dafür, daß der Ansatz nicht mehr sein kann und will als ein heuristisches Prinzip.

Dem heuristischen Prinzip kommt auch für die Schule Bedeutung zu. Es setzt auch in der Schule gegen Segmentierung auf Differenzierung und Integration und nimmt die Offenheit, Vielfarbigkeit und -stimmigkeit der Gesellschaft in die Schule hinein. Unproblematisch ist, wenn einige Kinder am Samstag nicht zur Schule kommen, wenn die einen mit dem Kopftuch im Klassenzimmer sitzen und die anderen ohne, wenn die einen beten und die anderen nicht, wenn die einen in den katholischen, die anderen in den protestantischen und die dritten in den muslimischen Religionsunterricht gehen, wenn die einen im knappen Hemdchen und Höschen turnen und die anderen in weitem Sweatshirt, weiter Traininghose und mit Kopftuch. Problematisch ist dagegen, wenn die eigentliche Bildung und Ausbildung in der Neben- und Gegenwelt einer Koran-Schule erfolgt und da so zeitlich intensiv und inhaltlich indoktrinierend, daß die Kinder dem Schulunterricht nur noch ermüdet und ablehnend folgen. Problematisch ist auch die Dispensierung von Fächern; sie sollte auf das Notwendigste beschränkt bleiben, und schon die obenerwähnte, vom Bundesverwaltungsgericht bejahte Ausdehnung der Befreiung vom Schwimm- auf den Turn- und Sportunterricht ging weiter als nötig. Unproblematisch ist schließlich auch das Kreuz oder Kruzifix im Schulraum, wenn es Ausdruck der religiösen Überzeugung der Eltern-, Lehrer- und Schülermehrheit ist, die Minderheit durch Art und Ort seiner Anbringung nicht nachhaltig beeinträchtigt und nicht exklusiv ist, das heißt bei einer anderen, zum Beispiel muslimischen Mehrheit durch deren Symbol ersetzt oder bei einer keine Mehr- und Minderheit kennenden religiösen Pluralität um die anderen religiösen Symbole ergänzt werden kann.

Die angedeuteten Problemlösungen dogmatisch auszuarbeiten ist hier nicht der Ort. Dafür wären die Probleme in ihrem gängigen staatskirchen- und -religionsrechtlichen Kontext ausführlicher zu entfalten, als es hier geschehen kann. Drei Voraussetzungen können und sollen hier aber noch ausgewiesen werden, unter die der hier vertretene Ansatz die dogmatische Ausarbeitung stellt.

Die erste Voraussetzung betrifft die Bedeutung der Grundrechte für die rechtliche Ordnung der staatlichen Anstalten und Einrichtungen. Der hier vertretene Ansatz sieht die staatlichen Anstalten und Einrichtungen da, wo die Erfüllung ihrer Funktion es verträgt, für den Gebrauch grundrechtlicher Freiheit offen. Die umgekehrte Vorstellung, der Gebrauch grundrechtlicher Freiheit müsse mit der zu erfüllenden Funktion nicht nur verträglich, sondern durch sie gedeckt sein und bedürfe, wo er nicht widmungs- und funktionsgemäßer Gebrauch der Anstalt und Einrichtung ist, als Sonderbenutzung einer im freien Ermessen stehenden Gewährung, ist ein Relikt der Impermeabilitätslehre und mit der grundrechtlichen Verbürgung von Freiheit und Verhältnismäßigkeit nicht vereinbar. Die grundrechtliche Freiheit findet erst da ihre Grenze, wo dies um der Erfüllung staatlicher Funktionen willen notwendig ist, und der Staat kann Terrain, in dem der Gebrauch grundrechtlicher Freiheit möglich ist, durch seine Anstalten und Einrichtungen nicht derart besetzen, daß nicht erst die Funktion, sondern schon die Existenz der Anstalt und Einrichtung den Freiheitsgebrauch beschränkt. Deswegen kann und muß Schule der Offenheit, Vielfarbigkeit und -stimmigkeit der Gesellschaft Raum geben. Schule hat ihre staatliche Funktion und ist auch gesellschaftlich als ein Ort des Lehrens und Lernens funktional ausdifferenziert. Aber das ist nicht alles. Schule kennt auch den Gebrauch grundrechtlicher Freiheit und ist damit ein Raum, der nicht nur funktional ausdifferenziert ist, sondern auch die Differenzierungen der Gesellschaft in sich ab- und ausbildet.

Die zweite Voraussetzung betrifft den Schritt, mit dem der Ertrag der Säkularisierungs- und Differenzierungsentwicklung normativ fruchtbar gemacht wurde. Wurde damit aus Sein Sollen abgeleitet, aus Faktischem Normatives? Wurde erkenntnis- und wissenschaftstheoretisch gesündigt, methodisch gefehlt?

Daß sich in juristischen Kontexten soziologische oder historische wie auch naturwissenschaftliche oder technische Analysen begegnen können und daß Rechtswissenschaft und -praxis in einer Formulierung von Gerd Roellecke »die analytisch gewonnenen Einsichten instrumentalisieren kann«, versteht sich. In der Vergewisserung darüber, womit das Recht zu tun hat und was es leisten kann und soll, wie zu regelnde oder geregelte Sachbereiche geworden und beschaffen und welches die Bedingungen und Folgen der Regelungen sind, wird aus dem Sein kein Sollen und aus dem Faktischen nichts Normatives abgeleitet. Der methodische Zweifel, zu dem der Schritt Anlaß geben mag, ist subtiler. Roellecke hat Luhmanns Unterscheidung zwischen dogmatischer und soziologischer Betrachtungsweise aufgegriffen, wonach der Dogmatiker »die Normen und die Rechte in ihrem gemeinten Sinn interpretiert, sie also so erläutert, wie der Handelnde sie verstehen soll; während der Soziologe das Erwarten und Handeln an ›inkongruenten Perspektiven‹, an nicht notwendig mitbedachten Strukturen der Sozialordnung mißt, dem Erleben des Handelnden also sehr viel distanzierter gegenübersteht. Die Soziologie hat den weiteren Horizont. Sie kann die Dogmatik in ihrer sozialen Funktion zum soziologischen Thema machen und sie insofern kritisch beurteilen, während das Umgekehrte nicht möglich ist.« Das klingt, als seien Dogmatik und Soziologie zu inkongruent, als daß dogmatische Konstruktion von soziologischer Analyse einen fruchtbaren Gebrauch machen könnte – es klingt so bei Luhmann und auch bei Roellecke. Zugleich hat Roellecke sich aber durch Luhmanns Verdikt im vielfältigen Gebrauch von Luhmanns Analysen nicht irritieren und nicht einmal zu dessen Rechtfertigung oder Erläuterung provozieren lassen. Mit gutem Grund. Denn in den Sinn, den die Normen für die Handelnden gewinnen, gehen die zunächst nicht mitbedachten Funktionen und Strukturen, sind sie erst einmal bedacht, unvermeidlich mit ein. Perspektivische Inkongruenz ist immer vorläufig. Und der allfällige Vorsprung ist gering; auch Soziologie faßt nur ihre Zeit in Gedanken.

Die dritte Voraussetzung betrifft den Vorrang, den der hier vertretene Ansatz den Verfassungsprinzipien des Grundgesetzes vor den sich multikulturell stellenden Erwartungen und Anforderungen gibt. Er fragt, wie von unseren Traditionen und Vorstellungen von Freiheit und Gleichheit her mit den sich stellenden Problemen einer multikulturell werdenden Gesellschaft umzugehen ist, nicht danach, wie die sich in dieser multikulturell werdenden Gesellschaft meldenden Erwartungen und Anforderungen unsere Tradition verändern und unsere Vorstellungen bestimmen sollen. Natürlich fordern neue Probleme auch ein neues Verständnis der eigenen Traditionen und eine Weiterentwicklung der eigenen Vorstellungen. Gleichwohl ist das eine der Maßstab und das andere das Problem, das mit dem Maßstab bewältigt werden will – dieses Verhältnis umzukehren würde die staatlich verfaßte Freiheit und Gleichheit preisgeben.

# Das Dilemma der Kunstfreiheit

*Über den Prozeß um »Christus am Kreuz mit Gasmaske«*
*von George Grosz (gemeinsam mit Wilhelm Schlink)*

## I.

Am 10. Dezember 1928 steht George Grosz wegen der Zeichnung Nr. 10 aus der Mappe »Hintergrund« vor dem Schöffengericht Charlottenburg. Mit ihrer Verbreitung soll er, so die Anklage des Staatsanwalts, sich der Gotteslästerung schuldig gemacht haben.

Der Vorsitzende ist gründlich. Er geht mit Grosz durch, was die Zeichnung zeigt: die linke Hand Christi mit dem Strick, die rechte mit Strick und Nagel, die Schrift »INRI«, den Heiligenschein, die Gasmaske mit der Brille, die Kommißstiefel. »Das Kreuz steht etwas schräg, wie wenn es hinstürzt, und darunter stehen die Worte: ›Maul halten und weiter dienen!‹ Was soll das zum Ausdruck bringen? Hier kann es doch keinem Menschen entgehen, daß gläubige Christen durch eine solche Darstellung schwer verletzt werden.«

Grosz ist vorsichtig. Er steht nicht zum erstenmal vor Gericht. 1921 war er wegen der Mappe »Gott mit uns« zu 300, 1924 wegen der Mappe »Ecce homo« zu 6000 Reichsmark Geldstrafe verurteilt worden. Offiziere und Ganoven, Zuhälter und alte Herren, Schieber und Dirnen, Spießer mit glattrasiertem Schädel und feistem Nacken – Grosz hat die Herrschenden als Verbrecherbande und Hurenhaus ge- zeichnet und dafür die Quittung bekommen. Aber auch den Künstlern und Literaten, die mit ihm sympathisierten, hatte er es nicht recht gemacht. »Die Verteidigung war im großen und ganzen darauf gerichtet, bei Grosz als Spaß hinzustel- len, was bitterster und bester Ernst ist«, hatte Tucholsky 1921 in der *Weltbühne* gerügt. »Sie rettete Grosz den Kragen und war vernichtend für ihn und seine Freunde. So sieht eure Verteidigung aus? Ihr habt es nicht so gemeint?«

Grosz will sich diesmal weder auf einen Spaß heraus- noch um Kopf und Kragen reden. Am liebsten würde er sich den Fragen des Gerichts entziehen: »Ich kann mich über diese Blätter aus bestimmten inneren Gründen heraus nicht äußern, denn meine Sprache ist ja die Sprache des Zeichners, meine Gedanken setze ich mit dem Stift in diese graphischen Manifestationen um, wie sie hier vorliegen. Darin habe ich alles gesagt, was ich auch gedanklich zu sagen habe.«

Der Künstler beruft sich auf die Autonomie seiner Bild- sprache und verweigert deren Übersetzung in einen juristi- schen Tatbestand. Seitdem es Inquisitionsprozesse um Kunst gibt, erklärt die Kunst Gerichte für unzuständig. Schon Paolo Veronese hatte dem venezianischen Inquisitionstribunal, das in dem großen Abendmahlsbild für ss. Giovanni e Paolo pro- testantische Tendenzen witterte, den Standpunkt des Künst- lers klargemacht: »Wir Maler erlauben uns bekanntlich die- selben Freiheiten wie jeder Dichter und Narr. Bei vielen Gestalten kann ich mich leider nicht mehr daran erinnern, warum ich sie auf dem Gemälde mit erscheinen ließ.«

Mit solchen Beliebigkeiten will sich ein Gericht nicht zu- friedengeben. Es ist zur Wahrheitsfindung verpflichtet, und der Künstler soll zu ihr beitragen. So bequemt sich Grosz schließlich zu einer Interpretation des Blattes: »Ich stellte mir vor, daß Christus zwischen den Schützengräben herumgeht und verkündet: Liebet euch untereinander. Ich dachte mir: in demselben Moment würde man ihn packen, ihm eine Gasmaske geben und Militärstiefel anziehen, also kurz, würde ihn überhaupt nicht verstehen.« – Vorsitzender: »Soll ›Maul halten und weiter dienen‹ ein Wort sein, das an ihn gerichtet wird, oder eins, das er spricht?« – Grosz: »Das wird an ihn gerichtet.«

Das Gericht hält die Frage, ob das Wort an ihn gerichtet ist oder ob er es spricht, für entscheidend. Das eine Mal sei Christus Opfer, das andere Mal Symbol von Kriegsführung und -hetze. Ihn derart zu ironisieren greife die Christusverehrung an und sei Gotteslästerung. Grosz habe ihn derart ironisiert: »Nach der ganzen Anlage der Zeichnung müssen die Worte der Unterschrift ›Maul halten und weiter dienen‹ nicht als an Christus gerichtet, sondern als *von ihm gesprochen* aufgefaßt werden. Christus, für seine Lehre ans Kreuz geschlagen, hat für die Menschheit im Kriege, mit dessen Symbolen Gasmaske und Kommißstiefel man ihn bekleidet hat, trotz seines eigenen Opfers auch nur den Trost und die Worte ›Maul halten und weiter dienen‹.«

II.

Heute gilt gemeinhin Grosz' eigene Deutung der Lithographie als die zutreffende, die des Gerichts, die zur erstinstanzlichen Verurteilung des Künstlers führte, als ein eklatantes Mißverständnis. Die historische Distanz sollte uns besonnener urteilen lassen. Wir dürfen uns nicht darauf verlassen, Grosz' Deutung des Blattes sei allein schon deswegen die wahre, weil sie vom Autor stammt. Fälle, in denen ein belastender Umstand durch eine entlastende Umdeutung des Künstlers entschärft wurde, sind keineswegs selten. Veronese und seine Auftraggeber unterliefen die Kritik der Inquisition, indem sie »Das letzte Abendmahl« umtauften in »Christus im Hause des Levi«; so nahmen sie den ungewohnten Nebenszenen das Anstößige. Fritz von Uhde gab seinem Gemälde »Joseph und Maria auf dem Weg nach Bethlehem«, das im Bayerischen Landtag als »Rinnsteinkunst« heftig abgelehnt wurde, 1890 den Titel »Schwerer Gang«; als profanes Bild entzog er es dem Vorwurf, die religiöse Bildnorm verletzt zu haben. Tat Grosz ein Gleiches? Gab er seinem Blatt wider besseres Wissen eine unverfängliche Deutung, indem er es einer künstlerischen Gattung und Richtung zuordnete, von der es sich in Wirklichkeit weit entfernt hatte?

Der Erste Weltkrieg hatte deutschen Künstlern das Christusbild, und zwar das Bild des Leidenden wie das des Trösters, erneut zur Aufgabe werden lassen. Lovis Corinths »Roter Christus« von 1922 faßte die Leidensfähigkeit des Menschensohns in gnadenloser Verzerrung, wie sie seit Grünewald nicht mehr gesehen worden war. Der Schmerzensmann wurde zu einem Wahrzeichen des Pazifismus der Nachkriegszeit. Karl Schmidt-Rottluffs großer Holzschnitt »Ist euch nicht Kristus erschienen« von 1918 formulierte diesen Aufschrei gegen den Krieg im Christusbild des Expressionismus: Die Pupillen sind wie Geschützscharten eines

Bunkers, die Wimpern wie Stacheldraht, und die ausgemergelte Physiognomie ist die einer Trichterlandschaft. Die eigenwillige Orthographie des Namens »Kristus« spricht Krieg und Kreuz zugleich an; mit der Zahl 1918 auf der Stirn trägt Christus sein unmißverständliches Stigma der Gegenwart.

Als sein eigner Interpret bringt Grosz sein Blatt »Christus mit der Gasmaske« in den Zusammenhang dieser pazifistischen Tendenzkunst. Er sieht Christus zwischen den Schützengräben herumgehen und verkünden: »Liebet euch untereinander.« Durch diese Worte sind Gedanken an Satire und politisches Manifest in den Hintergrund gerückt. Im Vordergrund steht die Ohnmacht Christi gegenüber dem Krieg; als Menschensohn wird er nicht erkannt, sein Evangelium wird nicht gehört. Aber bei genauem Zusehen trägt die Lithographie diese Deutung nur bedingt. Zwar zeichnet Grosz den Gekreuzigten im Bilde des halbtoten Grabenkämpfers – und umgekehrt. Aber dies geschieht nicht mit dem Ziel, den Stellvertretungsgedanken im Erlösungswerk Christi deutlich zu machen. Nach seinem Platz in der Serie »Hintergrund« ist »Maul halten und weiter dienen« zuallererst ein antiklerikales Bildpamphlet.

Das Blatt zeigt uns nicht einen passiv leidenden Christus, sondern einen trotz Nägeln und Fesseln scharf agierenden. Seine Linke hebt das Kreuz in der Geste, in der Geistliche Waffen und Soldaten gesegnet und Prediger im Mittelalter zum Kreuzzug aufgerufen haben. Es ist das gleiche Kreuz, das auf einem anderen Blatt der Folge ein Armeepfarrer kokett auf der Nase jongliert. Aus dem Gekreuzigten wird ein Anstifter und Verführer zum Krieg – das liest sich im Bild wie als Text von links nach rechts: von der konventionell angenagelten Hand über den Kopf des Grabenkämpfers mit der Gasmaske und den wie ein Saturnnebel schwebenden, ironisierten Nimbus bis zum Kreuz in der Linken, unter dessen Zeichen zum Krieg aufgerufen wird. Der Text »Maul halten und weiter dienen« steht dieser Bildsequenz parallel und unterstreicht sie.

Grosz mußte nicht geradezu lügen, wenn er zu Protokoll gab, das Motto werde nicht von Christus gesprochen. Aber es wird vom Bild des Gekreuzigten gesprochen, das ein doppeltes ist: der erniedrigte Christus am Kreuz, der von der Kirche als Zeichen mißbraucht wird, zugleich aber das Zeichen des Mißbrauchs selbst, das den Krieg predigt und den Menschen im Krieg verschleißt.

Das Gericht, das auf einem Entweder-Oder bestand, hat diese Ambivalenz nicht gewürdigt. Es sah nur den vom Künstler verschwiegenen zweiten Aspekt und mit diesem den Tatbestand der Gotteslästerung gegeben. Grosz war lebensklug genug, als Angeklagter seine Anklage gegen eine den Namen Christi mißbrauchende Kirche und deren Verbündeten, das Militär, herunterzuspielen. Seine Verteidigungsstrategie hatte in letzter Instanz Erfolg, aber seine rettende Deutung hatte zur Folge, daß »Maul halten und weiter dienen« bis heute als ein relativ harmloses Blatt gilt.

III.

Wie würde die Justiz heute mit Grosz verfahren? Wie bewältigt sie heute die Probleme, die sich im damaligen Prozeß stellten?

Wenn heute die Strafrechtswissenschaft dem Gotteslästerungsparagraphen die kriminalpolitische Bedeutung abspricht, bei Gotteslästerung eine rechtliche Reaktion entbehrlich und soziale Reaktionen für ausreichend hält, trägt sie den gewandelten Auffassungen über Gott, Kirche, Glaube und Religion und auch den Wandlungen des Gotteslästerungsparagraphen Rechnung; er pönalisiert heute nicht mehr, daß jemand in »öffentlichen beschimpfenden Äußerungen Gott lästert und dadurch ein Ärgernis gibt«, sondern daß jemand »den Inhalt des religiösen oder weltanschaulichen Bekenntnisses anderer in einer Weise beschimpft, die geeignet ist, den öffentlichen Frieden zu stören«. Schutzgut des Gotteslästerungsparagraphen ist nicht mehr Gott selbst, sind auch nicht mehr die religiösen Empfindungen der Menschen, sondern ist das friedliche Zusammenleben von Menschen verschiedener Bekenntnisse und Anschauungen.

Die Reformbestrebungen, denen wir die neue Fassung des Gotteslästerungsparagraphen in den fünfziger und sechziger Jahren verdanken, reichen zurück bis in die zwanziger und dreißiger Jahre. Sie reagierten damals auch auf den Grosz-Prozeß. Nachdem das Schöffengericht Charlottenburg Grosz verurteilt hatte, sprach das Landgericht Berlin ihn in zweiter Instanz frei. Das Reichsgericht hob den Freispruch in dritter Instanz auf und verwies die Sache an die Strafkammer zurück, die Grosz erneut freisprach. Dabei mochte eine Rolle gespielt haben, daß ein als Sachverständiger vernommener Vertreter der Kirche geäußert hatte, es sei »die Kirche an einem Urteil eines weltlichen Richters über diese Dinge viel weniger interessiert als der Staat«. Der zeitgenössische Strafrechtswissenschaftler, der dies berichtet, fährt fort: »Nicht ohne Bitterkeit fragt man sich da: Warum denn der ganze Aufwand an Mühe und Scharfsinn? Vier Instanzen ringen in eifrigem Bemühen um eine richtige Urteilsfindung mit dem Ergebnis, daß bei der vierten Verhandlung der Staat das Désintéressement der Kirche entgegennehmen muß. Eine geradezu tragische Rolle der Staatsorgane in diesem Prozeß!«

Der Schutz Gottes und auch der Schutz religiöser Empfindungen durch die Staatsorgane und das Strafrecht hatten sich schon beim Grosz-Prozeß eigentlich überlebt. Schon bei ihm ging es wohl weniger um die Lästerung Gottes als um die des Militärs, um die Pönalisierung einer Militärlästerung unter dem Mantel der Pönalisierung einer Gotteslästerung. Die Äußerung des Vertreters der Kirche zog den Mantel weg – für die Staatsorgane nicht tragisch, aber peinlich.

Für die Wandlungen in der juristischen Beurteilung des Konflikts zwischen Kunstfreiheit und Gotteslästerung sind aber ebenso bedeutsam, sogar bedeutsamer die Wandlungen im Verständnis der Kunstfreiheit. In der Weimarer Reichsverfassung war die Kunstfreiheit ohne sogenannten Gesetzesvorbehalt gewährleistet, das heißt, ohne daß Schranken und Eingriffe durch Gesetz oder auf Grund Gesetzes vorgesehen waren. Aber da eine schrankenlose Freiheit nicht akzeptabel erschien, setzten sich Rechtsprechung und Rechtswissenschaft über den Wortlaut der Gewährleistung hinweg, interpretierten die Kunstfreiheit, als sei sie von einem Gesetzesvorbehalt begleitet, und rechtfertigten doch Schranken und Eingriffe, unter anderem solche durch beziehungsweise auf Grund von Staatsschutz-, Beleidigungs- und Gotteslästerungsparagraphen. Erst unter dem Grundgesetz und unter der Rechtsprechung des Bundesverfassungsgerichts wurde die wieder vorbehaltlose Gewährleistung der Kunstfreiheit ernster genommen. »Die Grenzen der Kunstfreiheitsgarantie sind nur von der Verfassung selbst zu bestimmen« – damit stellt das Bundesverfassungsgericht klar, daß die Kunstfreiheit nicht mehr interpretiert werden kann, als sei sie von einem Gesetzesvorbehalt begleitet und als könnten Schranken und Eingriffe durch Gesetz oder auf Grund des Gesetzes vorgenommen werden.

IV.

Aber darum wird schrankenlose Freiheit nicht akzeptabler. Soll der Künstler nach Belieben den öffentlichen Frieden stören, den Staat verunglimpfen, andere beleidigen und sich über die entsprechenden Gesetze einfach hinwegsetzen dürfen? Es liegt nahe, dieses Problem dadurch zu lösen, daß Kunst eng definiert und auch die Kunstfreiheit entsprechend eng verstanden wird. »Das ist doch keine Kunst«, heißt es dann, »das ist nur ein übles, beleidigendes Machwerk.« Wenn Beleidigungen, Verunglimpfungen des Staates und Störungen des öffentlichen Friedens nicht unter den Begriff der Kunst fallen und daher auch nicht zur Betätigung der Kunstfreiheit gehören können, sind Beleidigungs-, Staatsschutz- und Gotteslästerungsparagraphen mit der vorbehaltlosen Gewährleistung der Kunstfreiheit problemlos vereinbar. So drängt die Vorbehaltlosigkeit der Kunstfreiheit zur Beschäftigung des Verfassungsrechts mit dem Kunstbegriff.

Das Bundesverfassungsgericht hat, gefolgt von der Verfassungsrechtswissenschaft, drei Kunstbegriffe entwickelt. Der erste, als material bezeichnete Kunstbegriff hält für »das Wesentliche der künstlerischen Betätigung die freie schöpferische Gestaltung, in der Eindrücke, Erfahrungen, Erlebnisse des Künstlers durch das Medium einer bestimmten Formensprache zu unmittelbarer Anschauung gebracht werden«. Der zweite, formal genannte Kunstbegriff stellt darauf ab, ob ein Werk einem bestimmten, geläufigen Kunstwerktyp (Malen, Bildhauern, Dichten, Theaterspielen usw.) zugeordnet werden kann. Beide Kunstbegriffe haben das gleiche Defizit: Sie schreiben, mal bildungsbürgerlich-idealistisch, mal äußerlich, Kunst fest. Daher hat das Bundesverfassungsgericht zu einem dritten Kunstbegriff gefunden, der »das kennzeichnende Merkmal einer künstlerischen Äußerung darin sieht, daß es wegen der Mannigfaltigkeit ihres Aussagegehalts möglich ist, der Darstellung im Wege einer fortgesetzten Interpretation immer weiter reichende Bedeutungen zu entnehmen, so daß sich eine praktisch unerschöpfliche, vielstufige Informationsvermittlung ergibt«.

Dieser dritte, gewissermaßen offene Kunstbegriff erledigt das Problem der Vorbehaltlosigkeit der Kunstfreiheit auf verblüffend einfache Weise: Kunstfreiheit ist ohne Vorbehalt gewährleistet, weil sie des Vorbehalts kaum bedarf. Weil Kunst so vielfältig interpretierbar ist, entbehrt sie weithin der eindeutigen Aussage- und Stoßrichtung, die sie mit anderen Rechten, Gütern und Interessen in Konflikt bringen und einzuschränken verlangen würde. Gewiß, von der Position eines anderen Rechts, Guts oder Interesses aus mag ein Kunstwerk als Angriff empfunden werden. Aber ein Angriff ist es so lange nicht, als es auch anders interpretiert werden kann und nicht als Angriff empfunden werden muß. So lange ist die Kunstfreiheit nicht wirklich, sondern nur scheinbar im Konflikt mit dem anderen Recht, Gut oder Interesse und muß nicht eingeschränkt werden.

Daraus folgt in der Rechtsprechung des Bundesverfassungsgerichts die Maxime, der rechtlichen Würdigung eines Kunstwerks von mehreren möglichen Interpretationen diejenige zugrunde zu legen, in der das Kunstwerk fremde Rechte nicht beeinträchtigt. Da es in dieser einen Interpretation erlaubt ist, ist auch das Herstellen und Darbieten des Kunstwerks erlaubtes Verhalten; die ebenfalls möglichen, unter Umständen anstößigen und konfliktträchtigen weiteren Interpretationen sind unter dem Schutz der Kunstfreiheit hinzunehmen.

Für einen heutigen Fall Grosz würde danach, wie Grosz seine Zeichnung gemeint hat, nicht mehr gefragt werden. Entscheidend wäre, ob unter den Interpretationen der Zeichnung auch eine ist, in der die Zeichnung den Tatbestand des Gotteslästerungsparagraphen nicht erfüllt – gleichgültig, ob sie eben so von Grosz gemeint ist. Entsprechendes gilt bei der Satire, durch die der Staat sich verunglimpft sieht, und bei der Karikatur, durch die sich jemand beleidigt fühlt.

»Ich bin ja gar nicht gemeint«, kann sich der Beleidigte sagen oder auch: »Es ist gar nicht so gemeint.« Was er ernst und persönlich genommen hat, soll er als Spaß nehmen oder als unpersönliche Metaphorik und Symbolik. Tucholsky hatte diesen Ausweg aus dem Konflikt zwischen Kunst und anderen Rechten, Gütern und Interessen nach dem ersten Grosz-Prozeß abgelehnt. Spaß, was bitterster und bester Ernst ist? Das mag dem Künstler den Kragen retten und ist für ihn doch vernichtend. Damit liegt der Kern des Problems offen. Ist der Kunstbegriff des Bundesverfassungsgerichts der Begriff einer Kunst ohne Ernst, ohne Biß, ohne Stachel? Wird derart Kunst trivialisiert und bagatellisiert, Kunstfreiheit zur Narrenfreiheit?

In der Tat: indem das Kunstwerk nicht mehr als im Schaffensakt ein für allemal festgelegt begriffen wird, sondern sich »im Wege einer fortgesetzten Interpretation« immer wieder neu als Kunstwerk erweist, indem die Interpretationspflicht der Gerichte durch die Interpretationsoffenheit des Kunstwerks abgelöst ist, kommt mit der Pflicht, die wahre Interpretation zu ermitteln, auch der Streit widersprüchlicher Interpretationen abhanden. Selbst wenn Grosz in letzter Instanz wegen Gotteslästerung verurteilt worden wäre, wäre dem Blatt »Maul halten und weiter dienen« interpretatorisch Genüge geschehen. Was die Richter oder Künstler, was Sachverständige, Journalisten und Literaten an Deutungen, Kritik und Glossen aufboten, war Interpretationsvielfalt von hohem Range.

Was die Kunst unserer Tage an Freiheit gewonnen hat,

hat die Gesellschaft an Auseinandersetzung mit Kunst und durch Kunst verloren. Das hätten Paolo Veronese und Fritz von Uhde vielleicht begrüßt: Sie wollten malen und nicht kämpfen. Aber wo Kunst malen und kämpfen will, erreicht sie kaum noch ihren Gegner und findet kaum noch ein Publikum. Der Graphiker Klaus Staeck, der sich als Satiriker in der Nachfolge von John Heartfield und George Grosz sieht, schimpfte seine Künstlerkollegen, daß »sie sich vor den zentralen Fragen drücken«. Aber er selbst, der mit seinen Plakaten in zentralen Fragen provozieren und kämpfen wollte, stellte nicht ohne Resignation fest, daß er in 38 Prozessen wegen keines einzigen seiner Plakate verurteilt oder soll man sagen: einer Verurteilung würdig befunden wurde.

Um die Bildsatire ist es still geworden. Der Zugriff auf die politische und soziale Lebenswirklichkeit, der die Bildsatire trägt und treibt, steht derzeit nicht im Mittelpunkt des Künstlerinteresses und der Publikumserwartung. Als darstellungswürdig gelten die großen Weltmythen, die Stellung unserer Erde im Kosmos und die Existenz des Menschen zwischen Müll und All – die Themen der Kunst sind heute global geworden. Und nicht erst heute leben wir in der Kunst, aber auch in Film und Design mit einer Überfülle bildlicher Verfremdung, in der die Verfremdung der Bildsatire untergeht. Was bitterster und bester Ernst sein will, kommt kaum mehr als Spaß an.

# Die überforderte Menschenwürde

## I.

In Artikel 1 verheißt das Grundgesetz die Erfüllung einer Sehnsucht. Es ist die Sehnsucht nach der Gewißheit, daß der Mensch entgegen aller historischen Erfahrung letztlich nicht zerstört werden kann. 1949 wurde die Unantastbarkeit der Menschenwürde gegen die Entrechtung und Vernichtung des Menschen durch den Totalitarismus gesetzt. In den sechziger und siebziger Jahren wurde sie beschworen, wenn der Überwachungsstaat zu drohen schien – halbherzig beschworen, wie der Überwachungsstaat auch nur halbherzig befürchtet wurde. Gelegentlich nahm die Rechtsprechung auf sie Bezug, um die Rolle des Beschuldigten im Strafverfahren, die Haftsituation von Strafgefangenen und die Sicherung des Existenzminimums zu verbessern. Zu keiner Zeit wurde die Unantastbarkeit der Menschenwürde mit solcher Leidenschaft diskutiert wie heute, wo sie gegen das zerstörerische Potential der Bioforschung und -technik berufen wird und vor einer häßlichen neuen Welt retten soll, in der der Mensch als Embryo zum Rohstoff gemacht, als Fötus nach Belieben abgetrieben, bei Behinderung möglichst früh aussortiert und im Alter durch Hilfe zum Sterben entsorgt wird.

Dabei hat die neue Welt schon begonnen. Wie bei allen wichtigen wissenschaftlichen Entdeckungen und technischen Erfindungen hat auch bei der Bioforschung und -technik die ethische, politische und rechtliche Diskussion erst eingesetzt, als die Entwicklung schon vorangeschritten war. Ob der Mensch vom Geschöpf zum Schöpfer werden dürfe, wurde erst diskutiert, als schon Kinder heranwuchsen, die in der Petrischale nur dank eines Akts menschlicher Schöpfung entstanden waren. Daß Behinderung eines Kindes als Schicksal akzeptiert werden müsse, wurde erst gefordert, als es schon kein Schicksal mehr war, weil es zunächst beim Fötus pränatal- und dann beim Embryo präimplantationsdiagnostisch festgestellt werden konnte. Zwar kann, was biotechnisch machbar ist, gesetzlich verboten werden. Aber das Verbot hat nicht die Evidenz des Schicksals, sondern nur die eines politischen Kompromisses. Es ist veränderbar und aufhebbar.

Die Diskussion geht denn auch weiter. Die Probleme bleiben kompliziert, schwierig und kontrovers, und mit ihnen bleibt die Sehnsucht lebendig. Als Sehnsucht danach, daß die neue Welt gar nicht erst beginnt, kommt sie zu spät. So wird sie zur Sehnsucht nach einer unverrückbaren, unbezweifelbaren, unantastbaren Gewißheit, an der die Diskussion festen Halt findet.

## II.

Die Garantie der Menschenwürde erscheint doppelt gewiß. Bevor sie positiv-rechtliche Garantie wurde, war sie naturrechtliches Gebot. Eine Antastung der Menschenwürde ist vor allem anderen eine Auflehnung gegen die naturrechtliche Tradition, die auch die Hinweise gibt, wann von einer Antastung der Menschenwürde zu reden ist. Anerkennung hat die sogenannte Objektformel gefunden, nach der die Würde angetastet wird, wenn der Mensch zum Objekt, zum Mittel gemacht und nicht mehr um seiner selbst willen als Subjekt und Zweck respektiert wird.

Zur naturrechtlichen kommt die positiv-rechtliche Gewißheit. Die Garantie der Menschenwürde ist als Fundamental- und absolute Norm ausgewiesen, unaufhebbar und unbeschränkbar. Während die anderen Grundrechte um staatlicher und individueller Interessen willen beschränkt werden dürfen und müssen, ist die Garantie der Menschenwürde allen relativierenden Beschränkungen entzogen. Das gilt in allen Lebensphasen und -situationen, unabhängig von Fähigkeiten und Leistungen und unabhängig auch von der Fähigkeit zur Identitätsbildung und -darstellung. Es gilt schon vor der Geburt und wirkt noch über den Tod hinaus. Wenn der Mensch bereits mit der Zeugung entsteht, kommt ihm mit der Zeugung Würde und das Recht auf Leben zu. Dann soll für einen Schutz des ungeborenen Lebens nach Maßgabe von relativierenden Differenzierungen, Abstufungen und Abwägungen kein Raum sein.

Günter Dürig, Kommentator des Grundgesetzes aus dem Geist des Aufbruchs aus Nationalsozialismus, Krieg und Zerstörung, hat diese Position in den fünfziger Jahren wissenschaftlich begründet. Zu ihr bekennen sich das Bundesverfassungsgericht und der Gesetzgeber. Das Bundesverfassungsgericht betont in seiner Rechtsprechung zum Schwangerschaftsabbruch, das Lebensrecht des Ungeborenen sei »das elementare und unveräußerliche Recht, das von der Würde des Menschen ausgeht«, bei ihm würden sich »jegliche Differenzierungen der Schutzverpflichtung mit Blick auf Alter und Entwicklungsstand verbieten«. Der Gesetzgeber meint, seine Beschränkungen der künstlichen Fortpflanzung und der Embryonenforschung, seine Verbote der Präimplantationsdiagnostik und des Klonens der absoluten Garantie der Menschenwürde zu schulden; mit den verbotenen Techniken würde menschliches Leben zum Objekt gemacht. Auch in der rechtswissenschaftlichen Literatur überwiegen die Bekenntnisse zum absoluten, nicht abstufbaren und nicht abwägbaren Schutz der Menschenwürde, auch der des Ungeborenen.

### III.

Aber weder der Schutz, zu dem der Gesetzgeber sich verpflichtet sieht, noch der, zu dem das Bundesverfassungsgericht ihn verpflichtet, ist absolut. Von der Verschmelzung von Ei- und Samenzelle bis zur Geburt nimmt er Stufe um Stufe, Abwägung um Abwägung zu, allerdings mit merkwürdigen Lücken und Brüchen.

Die in der Petrischale künstlich befruchtete Eizelle ist besonders geschützt; bei ihr ist alles verboten, was nicht zur Einpflanzung führt und damit zur Schwangerschaft führen kann. Die natürlich befruchtete Eizelle ist dagegen gar nicht geschützt; sie darf durch Benutzung einer Spirale an der Einnistung gehindert, abgetötet und ausgeschieden werden. Nach der Einnistung darf das ungeborene Leben bis zur 12. Woche abgetötet werden, wenn die Schwangere die

Schwangerschaft als schwere, außergewöhnliche und unzumutbare Belastung empfindet, und bis zur 22. Woche, wenn nach ärztlicher Erkenntnis ihr Leben oder ihre körperliche oder seelische Gesundheit gefährdet ist, unter anderem durch die Belastung der Schwangerschaft mit einem vermutlich behinderten Kind. Daß die Pränataldiagnostik zur Feststellung einer Behinderung anders als die Präimplantationsdiagnostik zur Feststellung der Behinderung des Embryos zulässig ist, ist ungereimt, weil der Abbruch der Schwangerschaft für die Frau viel belastender ist als die Entscheidung gegen die Einpflanzung des Embryos. Auch auf die objektive Belastung der auf eine künstliche Befruchtung angewiesenen Frau durch hormonelle Stimulierung und Entnahme der Eizellen wird wenig Rücksicht genommen. Damit keine Embryonen entstehen, die nicht eingepflanzt werden können und abgetötet werden müssen, dürfen jeweils nur drei Eizellen befruchtet und muß der belastende Prozeß oft mehrmals wiederholt werden. Ist die Frau erst einmal schwanger, dann darf mit Rücksicht auf die subjektive Belastung abgetötet werden.

Auch wenn die Ungereimtheiten dieses Regelungsgefüges korrigiert werden – ohne »Differenzierungen der Schutzverpflichtung mit Blick auf Alter und Entwicklungsstand«, ohne Abstufungen und Abwägungen kommt es nicht aus. Auf Differenzierungen zu verzichten, das Lebensrecht des Ungeborenen wirklich »unveräußerlich« zu stellen würde verlangen, den Schwangerschaftsabbruch nur um der Rettung des Lebens der Mutter willen zuzulassen – eine in der Breite der Gesellschaft offenkundig inakzeptable Position. Daß sie denn auch gar nicht öffentlich vertreten wird, ist verständlich. Nicht verständlich ist dagegen der hohe moralische Ton, den die gängige Menschenwürderhetorik anschlägt, als gelte es die Verteidigung sittlicher und rechtlicher Prinzipientreue gegen deren Preisgabe. Denn ebenso zerstörerisch wie die Preisgabe eines Prinzips ist dessen Aushöhlung dadurch, daß aus ihm Forderungen entwickelt werden, die nicht eingelöst werden können.

IV.

Die Abstufungen und Abwägungen des Regelungsgefüges widerlegen nicht nur die gängige Menschenwürderhetorik. Sie deuten auch an, wie die vom Grundgesetz garantierte Menschenwürde richtig zu verstehen ist. Sie ist unantastbar, und daß sich damit ein abgestuftes, abgewogenes Zumessen von mehr oder weniger oder auch keiner Würde nicht vereinbaren läßt, liegt auf der Hand. Die Alternative ist aber nicht, daß Würde und Würdeschutz immer dasselbe bedeuten: vor der Geburt und nach der Geburt, beim Ungeborenen, das nur mit der Schwangeren existieren kann, und bei dem, das auch ohne sie lebensfähig ist, beim Ungeborenen, von dem die Schwangere noch nichts merkt, und bei dem, das sie spürt und mit dem sie kommuniziert, beim Ungeborenen im Labor, das noch des äußeren Zutuns bedarf, damit es wachsen kann, und bei dem im Körper der Frau, das dessen nicht bedarf.

Nach der Geburt versteht sich von selbst, daß Würde in verschiedenen Lebensphasen und -situationen Verschiedenes bedeutet. Würde verlangt Respekt vor der Autonomie des einzelnen; dieser darf sein Leben selbst gestalten, er darf sich sogar gefährden und zerstören und muß sich nicht gefallen lassen, daß der Staat besser weiß, was für ihn gut ist. Aber in der Kindheit und bei Unfähigkeit, die eigenen Angelegenheiten zu besorgen, ermächtigt der Staat Eltern und Betreuer zu ebendem Paternalismus, der ihm sonst verwehrt ist. Das heißt nicht, daß das Kind weniger Würde hätte als der Erwachsene. Aber seine Würde verlangt anderes als die des Erwachsenen, statt des distanzierten Respekts die liebevolle Einmischung. Auch beim Umgang des Arztes mit dem Kranken verlangt dessen Würde Verschiedenes, wenn es sich um ein Kind und wenn es sich um einen Erwachsenen handelt, wenn um jemanden, der jung ist und wieder gesund werden wird, und wenn um einen alten Menschen, der sterben will. Wie sollte Würde vor der Geburt dasselbe bedeuten wie nach der Geburt und beim Embryo im Labor wie beim Fötus, der schon bald auf die Welt kommen wird!

Den verschiedenen Lebensphasen und -situationen des Ungeborenen gerecht zu werden ist nicht einfach. So knüpft die gängige Menschenwürderhetorik an das an, was stets dasselbe bleibt: das Leben. Die Würde des Ungeborenen schützen heiße, sein Leben absolut zu schützen, es nicht zum Objekt zu machen, es nicht zu opfern. Wieder wird die Situation vor der Geburt in einer Weise vereinfacht, die ihr nicht angemessen ist und die an der Situation nach der Geburt ihr Ungenügen sofort offenbart. Gewiß, niemand soll zum Objekt gemacht werden. Aber das schließt nicht aus, daß der Staat den Bürger mit der Steuererhebung zum Objekt seiner Geldbeschaffung und mit dem Wehrdienst zum Objekt seiner Verteidigung macht. Es schließt nicht aus, daß er auf den Straßen einen Verkehr fördert, dessen Preis verläßlich und zahlreich tödliche Unfälle sind. Es schließt nicht den Polizei- oder Feuerwehreinsatz aus, bei dem Polizisten und Feuerwehrmänner erwartbar zu Tode kommen. Es schließt auch nicht aus, daß ein Offizier die einen auf einen verlorenen Posten befiehlt, damit sie den Rückzug der anderen sichern, das heißt, daß er die einen opfert, um die anderen zu retten. Vielleicht opfert er die, die verwundet sind und bei denen er befürchten muß, sie ohnehin nicht mehr hinter die Linien und ins Lazarett retten zu können.

Dabei wird denen, die geopfert werden, die Würde nicht genommen. Es findet auch keine Abwägung ihrer Würde gegen die derer statt, die geschont oder gerettet werden. Gerade daß nicht abgewogen, sondern gleich behandelt wird, rechtfertigt das Opfer. Wenn ein Opfer in einer Situation erforderlich ist und alle treffen kann, muß es den, den es trifft, ohne Ansehen der Person treffen. Jeder Polizist oder Feuerwehrmann kann in das einsturzgefährdete Haus geschickt, jeder Soldat auf den verlorenen Posten befohlen werden, und wenn der Befehl die trifft, deren Rettung ohnehin gefährdet ist, ergeht er doch so lange ohne Ansehen der Person, als er jeden treffen kann, der die Voraussetzung erfüllt. Wird ein Opfer derart nach Maßgabe der Gleichheit verlangt, kann ein solidarischer Konsens, das Opfer zu bringen, vorausgesetzt werden. Dann darf das Opfer auch durchgesetzt werden. Nicht das Opfer schlechthin wird durch die Menschenwürde ausgeschlossen, sondern das unnötige und das ungleich auferlegte Opfer. Warum sollte es beim Embryo anders sein?

v.

So gewiß es ist, daß die Menschenwürde nicht angetastet
werden darf – es ist keine Gewißheit, aus der sich die Antwort auf die Frage nach dem richtigen Umgang mit Embryonen ableiten läßt. Beim Umgang mit Embryonen wie beim
Umgang mit Menschen überhaupt wirft die Garantie der
Menschenwürde Fragen auf, schließt manche Antworten
aus und läßt viele offen. Was ist Würde in verschiedenen
Lebensphasen und -situationen? Wann wird der Mensch so
zum Objekt gemacht, daß es seine Würde antastet? Wann
sind Opfer erforderlich und wann gerechtfertigt? Welches
sind die Bedingungen des solidarischen Konsenses?

Die Gewißheiten, nach denen die Gesellschaft sich sehnt,
damit sie wie ein Tabu vor dem Furchtbaren schützen, sind
nicht auf der Abstraktionshöhe zu gewinnen, auf der die
Menschenwürde garantiert ist. Sie wachsen zwar aus dem
Gefühl für die Würde des Menschen, aus dem auch die
Garantie lebt. Aber sie sind Antworten auf konkrete Fragen,
einfach und einprägsam, vom Recht nicht erzeugt, sondern
lediglich bekräftigt. Daß eine Antwort auf eine konkrete
Frage eine solche Gewißheit ist, zeigt sich daran, daß die
Gesellschaft sie nicht immer wieder neu diskutieren muß
noch will.

Unsere Gesellschaft hat nicht viele solcher Gewißheiten.
Eine ist die Ablehnung der Folter, und der schwerste Schlag
für die Garantie der Menschenwürde im zu Ende gehenden
Jahr war entgegen vielen Stimmen weder, daß im traditionel-
len Standardkommentar zum Grundgesetz die Dürigsche
Kommentierung von Art. 1 GG durch eine neue, für Ab-

stufungen und Abwägungen offene Kommentierung abgelöst wurde, noch daß die Bundesjustizministerin Brigitte Zypries in einem Vortrag die Diskussion um den Embryonenschutz fortgeführt hat. Es war vielmehr die Leichtigkeit, mit der die Diskussion um die Zulassung der Folter eröffnet und geführt wurde. Der Vizepräsident der Frankfurter Polizei hatte dem Entführer eines Kindes, der dessen Versteck nicht preisgab, Folter angedroht, und schon begannen Politiker und Juristen die Ablehnung der Folter in Frage zu stellen, nicht zuletzt solche, die nachdrücklich den absoluten Würde- und Lebensschutz des Ungeborenen fordern. Muß nicht die Würde des Entführers gegen die des entführten Kindes abgewogen werden? Muß nicht auch die Würde von Terroristen abgewogen werden gegen die Würde der Bürger, die von den terroristischen Anschlägen bedroht werden? Das Ergebnis der Abwägung kann nicht zweifelhaft sein. Und da der Staat das Leben des entführten Kindes oder der bedrohten Bürger nicht nur schützen darf, sondern schützen muß, gilt dann weiter, daß er sogar foltern muß, wenn andere Mittel versagen. Rechtsstaatlich foltern, unter verhältnismäßiger Zuordnung von Bedrohungspotential und Folterintensität, vielleicht auf richterliche Anordnung, unter ärztlicher Aufsicht und im Beisein eines Geistlichen für den Fall, daß der Gefolterte plötzlich stirbt.

In der Logik der Abwägung liegt, daß sie alles und auch jedes Tabu verflüssigt und verflüchtigt. Eine Menschenwürdegewißheit festhalten heißt, sie der Logik der Abwägung zu entziehen. Vielleicht kann, wer aus guter Absicht und mit gutem Erfolg gefoltert hat, begnadigt werden. Aber darüber, ob Folter als Verletzung der Menschenwürde rechtswidrig ist, ist nicht zu diskutieren, wenn nicht die Gewißheit verlorengehen soll.

Bei welchen Problemen eine Gesellschaft sich der Logik der Abwägung verweigert, ist selbst nichts, was abwägend ermittelt und gesteuert werden kann. Es ist eine sittliche und rechtliche Haltung. Sie kann zwar nicht gelingen, wenn eine Problemlösung brüchig und kontrovers ist, verlangt aber andererseits mehr als Stimmigkeit und Konsens. Sie setzt das Wissen voraus, daß Menschenwürdegewißheiten ein kostbares Gut sind. Werden die alten Menschenwürdegewißheiten leichthin preisgegeben, wachsen auch keine neuen.

Einige zeichnen sich beim Umgang mit Embryonen durchaus ab. Nicht die Ungereimtheiten des gegenwärtigen Regelungsgefüges. Die Frage, wie es rechtlich zu beurteilen ist, wenn in der Präimplantationsdiagnostik ein Embryo der Einpflanzung nichtbehinderter Geschwisterembryos geopfert wird, ist durch das Embryonenschutzgesetz nicht so beantwortet worden, daß daraus eine Gewißheit wachsen könnte; der Gesichtspunkt des solidarischen Opfers rechtfertigt eine andere Antwort. Ebensowenig gewißheitsfähig sind die Belastungen, die das Embryonenschutzgesetz der Frau aufbürdet; sie sind auf die Belastungen abzustimmen, die die Regelung des Schwangerschaftsabbruchs ihr zumutet. Das wird dann bedeuten, daß mehr Embryonen entstehen, als implantiert werden können, und erneut die Frage aufwerfen, ob nicht auch hier der Gesichtspunkt des solidarischen Opfers statt des ewigen Einfrierens oder geheimen Wegwerfens den Beitrag zur medizinischen Forschung rechtfertigen kann. Hier muß und wird die Diskussion weitergehen.

Aber die Ablehnung der Verbindung menschlicher und tierischer Ei- und Samenzellen, die Ablehnung des reproduktiven Klonens, die Ablehnung der präimplantationsdiagnostisch ermöglichten Freiheit zur Wahl des Geschlechts des Kindes und die Ablehnung jeden Drucks darauf, über Präimplantations- oder Pränataldiagnostik die Geburt behinderter Kinder zu verhindern, haben die Chance, zu Menschenwürdegewißheiten zu wachsen, die nicht mehr diskutiert werden. Es sind die konkreten Gewißheiten, mit denen sich die Sehnsucht nach dem festen Halt bescheiden muß.

# Der Preis der Gerechtigkeit

1.

In den letzten Jahren auf dem Gymnasium hatte ich Herrn P. zum Lehrer. Er war klein und lebhaft, unterrichtete Englisch und Turnen, erwähnte gerne seine Teilnahme an den Olympischen Spielen in Berlin und am Feldzug in Afrika und erzählte oft, wie er in der Gefangenschaft von den Wachmannschaften Englisch gelernt hatte – uns zum Ansporn, jede Gelegenheit zum Lernen zu nutzen. Er war ein engagierter Lehrer, dem ich die Liebe zur englischen Sprache verdanke.

Als wir erstmals Zeugnisse bekamen, für die er Noten gegeben hatte, war ich empört. Er hatte meine schriftlichen englischen Arbeiten stets mit Zwei bewertet, ich war ihm auch mündlich keine Antwort schuldig geblieben – warum hatte ich in Englisch nur eine Drei? »Schlink«, sagte er, »solange du dir in Turnen keine Mühe gibst, gibt es auch in Englisch nur eine Drei.«

Das würde ein Lehrer heute nicht mehr wagen. Der Schüler oder die Eltern würden sich beim Rektor beschweren und notfalls beim Verwaltungsgericht klagen. Die einschlägigen Gesetze, Verordnungen und Richtlinien regeln, wie Noten zu geben sind, und lassen für Querberücksichtigungen im Schlechten wie im Guten keinen Raum. Manchmal werden die Regelungsfülle und -dichte und das enge Korsett, das sie der Leitung einer Schule und Klasse anlegen, beklagt. Aber ihr Ergebnis ist, daß es in der Schule gerechter zugeht.

Das gilt auch für die meisten anderen Lebensbereiche. Bei der beruflichen Ausbildung, in Arbeits- und Dienstverhältnissen, bei Kauf und Miete, in Ehe und Familie, bei Planungen und Genehmigungen, beim Bau des eigenen Hauses und bei der Modernisierung und Computerisierung der Verwaltung war die Verrechtlichung der letzten Jahrzehnte zugleich eine Vergerechtlichung – ein Begriff, der nicht schön klingen mag, aber der Substantivierung des Worts »rechtlich« die Substantivierung des alten Worts »gerechtlich« passend an die Seite stellt.

Besonders eindrucksvoll ist die Verrechtlichung und Vergerechtlichung des Sozialen. Das 19. Jahrhundert hatte im Gefolge der Industrialisierung die soziale Frage entdeckt und an die Stelle staatlicher Armenpolizei und kirchlicher Mildtätigkeit eine utilitaristische Sozialpolitik gesetzt, die die arbeitende Klasse leistungsfähig, leistungswillig und politisch ruhig halten sollte. Das 20. Jahrhundert hat die utilitaristische Sozialpolitik zu einer Politik der sozialen Gerechtigkeit weiterentwickelt. Das begann unter der alten Maxime der austeilenden Gerechtigkeit; indem deren Forderung, gesellschaftliche Leistung angemessen zu belohnen, ernstgenommen und allgemein gefaßt wurde, war nicht mehr nur in dem, was Offiziere und Beamte, Kaufleute und Fabrikherren tun, die gesellschaftliche Leistung anzuerkennen, sondern auch in der Arbeit in der Fabrik, im Bergwerk und auf der Baustelle. Fortgeführt und vollendet wurde die

Verrechtlichung und Vergerechtlichung des Sozialen unter einer neuen Maxime der sozialen Gerechtigkeit, die nicht mehr nach Leistung, sondern nach Bedürftigkeit zuzuteilen verlangt. Bei Bedürftigkeit gibt es nun nicht nur Versicherungsschutz nach Maßgabe von Leistung und Beitrag und, wo der Versicherungsschutz versagt, die Hoffnung auf Barmherzigkeit, sondern einen Anspruch auf Hilfe. Die Solidarität der Gemeinschaft gründet nicht mehr darauf, daß alle leisten, sondern daß alle bedürftig sind – es ist die Solidarität, die in den Niederlagen des Ersten und Zweiten Weltkriegs, in Inflation, Wirtschaftskrise und Währungsreform, unter den Bomben, bei der Vertreibung und auf der Flucht gelernt wurde. Da der Anspruch auf Hilfe bei Bedürftigkeit grundrechtlich in der Würde des Menschen fundiert ist und da Bedürftigkeit in jeder Lebenssituation droht, muß das Recht auch für jede Lebenssituation Vorsorge treffen.

## II.

Die Verrechtlichung und Vergerechtlichung erfaßt nicht nur mehr und mehr Lebensbereiche, wirkt nicht nur in der Fläche, sondern auch in die Tiefe. Ebenfalls in den letzten Jahrzehnten wurden, Problem um Problem, tradierte rechtliche Lösungen durch differenziertere und kompliziertere Lösungen ersetzt. Die schwache rechtliche Bindung und gerichtliche Kontrolle von Gnaden- und ähnlichen Hoheitsakten, das freie Ermessen der Verwaltung, die Orientierung des Polizei- und Ordnungsrechts allein an objektiven Befunden, die Stellung des Beamten im Dienst als eines bloßen

Funktions- und nicht auch Grundrechtsträgers, das grundrechtliche Verhältnis zwischen Staat und Bürger als Verhältnis von Eingriff und Abwehr, das Notwehrrecht ohne Rücksicht auf den Grundsatz der Verhältnismäßigkeit – der Friedhof der schlichten Lösungen rechtlicher Probleme ist groß, und die angeführten Grabstätten sind nur einige unter vielen. Auch hier schaffen die neuen Lösungen mehr Gerechtigkeit. Bei der Notwehr kommt neben dem Angegriffenen auch der Angreifer zu seinem Recht, die Grundrechte wehren nicht nur Eingriffe des Staats in die Freiheit des Bürgers ab, sondern schützen den Bürger auch in seiner Bedürftigkeit, seiner Abhängigkeit von gesellschaftlichen und wirtschaftlichen Mächten und seinen Konflikten mit anderen Bürgern, der Beamte darf sich auch im Dienst auf die Grundrechte berufen, der Polizist wird mit seiner subjektiven Sicht der Dinge anerkannt, Staat und Verwaltung müssen sich gegenüber dem Bürger mehr verantworten, und auch die Gnade wird gerecht zugemessen.

Der jüngste, bisher allerdings erfolglose Versuch einer tieferen Verrechtlichung und Vergerechtlichung wurde zur Folter unternommen. Nach dem Ende des Dritten Reichs wurde die menschliche Würde im Grundgesetz als unantastbar anerkannt, und damit stand fest, daß Folter schlechterdings verboten ist. Angesichts krimineller und politischer Terrorerfahrungen und -phantasien wird das Verbot zunehmend in Frage gestellt. Wie, wenn ein Erpresser das Leben von Tausenden mit einer Bombe bedroht? Wenn nur er weiß, wo die Bombe zu finden und wie sie zu entschärfen ist? Wenn er gefaßt wird, aber nicht redet? Wenn nur Folter ihn zum Reden zu bringen verspricht? Müssen nicht auch hier an die Stelle des schlichten Verbots Differenzierungen nach Schadenshöhe, Schadenswahrscheinlichkeit und Folterintensität treten und prozedurale Vorkehrungen für die Folterentscheidung und -durchführung getroffen werden, vielleicht mit dem Erfordernis richterlicher statt polizeilicher Entscheidung, ärztlicher statt polizeilicher Durchführung und für den Fall eines plötzlichen Todes der Anwesenheit eines Geistlichen? Gefordert wird die neue Lösung des alten Problems auch hier um der Gerechtigkeit willen; es gelte, nicht nur den Täter, sondern auch die Opfer zu sehen und das Recht vor dem Unrecht, die Unschuldigen vor dem Schuldigen, die Menschenwürde der Opfer vor der Menschenwürde des Täters zu schützen.

Auch weltweit ist der Verrechtlichungs- und Vergerechtlichungstrend mächtig, und auch weltweit wirkt er sowohl in der Fläche als auch in die Tiefe. Das Völkerrecht wächst; die Fülle und Dichte seiner Regelungen für das Verhältnis der Staaten zueinander nimmt zu, und überdies regelt es mehr und mehr nicht allein das Verhältnis der Staaten zueinander, sondern auch ihr Verhalten gegenüber ihren Völkern, besonders deren Minderheiten, und im Völkerstrafrecht sogar das Verhalten einzelner. Bei der Durchsetzung von Rechten einzelner ist das Völkerrecht noch vorsichtig. Aber der einzelne, der völkerrechtlich in die Pflicht genommen und vor internationale Strafgerichte gestellt wird, wird schließlich auch ins Recht gesetzt werden. Auch der rechtliche und gerechte Zugriff auf die Vergangenheit nimmt zu, obgleich behutsam. Die entsprechenden Forderungen werden lauter, und wenn fremde Arbeiter, die von deutschen Unternehmen ausgebeutet wurden, und Juden, deren Erbteil von Schweizer Banken verheimlicht und vereinnahmt wurde, Entschädigung bekommen, sind ähnliche Ansprüche des Volks der Hereros gegen Deutschland jedenfalls nicht mehr abwegig.

III.

Manchmal stimmt im Fortgang der Verrechtlichung und Vergerechtlichung alles zusammen: Die Gesellschaft verlangt mehr Recht und Gerechtigkeit, der Staat schafft mehr rechtliche und gerechte Regelungen, und in der Wirklichkeit setzen sich Recht und Gerechtigkeit tatsächlich durch. Oft läuft die Entwicklung aber auch mit Verzögerungen und Verwerfungen. Es kann lange dauern, bis eine Forderung in einer Regelung resultiert, bis die Regelung sich in der Wirklichkeit tatsächlich durchsetzt und bis das Ergebnis dem Rechts- und Gerechtigkeitsverlangen der Menschen entspricht. Aber bei diesen Verzögerungen und Verwerfungen stützen sich die Elemente wechselseitig. Das gesellschaftliche Verlangen trägt das staatliche Bemühen um entsprechende Regelungen, und die Regelungs- und Durchsetzungserfolge halten das Verlangen lebendig. Selbst wo die Welt nicht gerechter wird, wächst doch die Gewißheit, wie es in ihr gerechter zugehen müßte.

Das gilt auch für Länder, in denen von der Durchsetzung von Recht und Gerechtigkeit nicht die Rede sein kann. Ganz allein ist das Verlangen danach auch in diesen Ländern nicht. Es wird gestützt von den Vereinten Nationen, staatlichen und nichtstaatlichen Organisationen und der öffentlichen

Meinung in anderen Ländern. Auf diese anderen Länder richtet es sich denn auch oft.

Ein Beispiel ist Afrika. Zwar sind die meisten Länder Afrikas von der eigenen Durchsetzung von Recht und Gerechtigkeit weit entfernt. Aber sie sind sensibel für das Unrecht, das ihnen durch den Kolonialismus geschah und das sie heute dadurch fortgesetzt sehen, daß die reichen Länder ihnen nicht die Schulden erlassen und nicht mehr für ihre ökonomische Entwicklung, für ihre Gesundheit und für ihre Sicherheit tun. Durch fremde Analysen und Aktionen finden sie sich in dieser Sicht wieder und wieder bestätigt. Das verbessert ihre Situation nicht und befördert auch ihr eigenes Bemühen um eine Verbesserung der Situation nicht. Aber es stabilisiert die normative Wahrnehmung der Situation und das Verlangen nach Recht und Gerechtigkeit.

Ein weiteres Beispiel ist Palästina. Daß Vertreibung und Besetzung, die Siedlungen und die Verwüstung von Wirtschaft und Infrastruktur unrecht sind, steht nicht nur für die Palästinenser selbst fest, sondern wird ihnen auch von anderen Ländern und in den Resolutionen der Vereinten Nationen bestätigt. Das führt nicht zur Beseitigung des Unrechts und Verwirklichung von Gerechtigkeit. Es führt auch nicht zu mehr Recht und Gerechtigkeit unter den Palästinensern selbst. Aber es hält die Wahrnehmung der eigenen Situation in den Kategorien von Recht und Gerechtigkeit lebendig.

Für andere unterdrückte, vertriebene, bedrohte Völker, Ethnien und Minderheiten gilt ähnliches. Fast immer können sie für ihre Empörung gegen das Unrecht, das ihnen widerfährt, und für ihr Verlangen nach Gerechtigkeit auf

Bestätigung der organisierten und nichtorganisierten Weltöffentlichkeit durch Resolutionen, Aufrufe und Hilfen rechnen. Fast nie wird dadurch das Unrecht beseitigt und Gerechtigkeit verwirklicht. Aber gelegentlich tut sich etwas. In
Mazedonien wurde der ethnische Bürgerkrieg verhindert
und im Kosovo die ethnische Vertreibung beendet – warum
nicht überall, wo ähnliches droht? Internationale Organisationen besiegen einige Krankheiten – warum nicht auch
andere? Warum unterbindet die Staatengemeinschaft nicht,
daß Frauen zur Prostitution und Kinder zum Dienst als Soldaten gepreßt werden? Das Verlangen nach Gerechtigkeit
hat gerade oft genug Erfolg, um immer wieder neue Kraft
zu schöpfen. Es ist wie mit dem amerikanischen Traum, in
dem der Tellerwäscher zum Millionär wird; die wenigen
Tellerwäscher, die es geschafft haben, reichen gerade, damit
der Traum von der öffentlichen Meinung gepflegt und vom
einzelnen geträumt werden kann.

Die Welt wird normativer wahrgenommen, von der deutschen und von der globalen Gesellschaft. Die normative
Wahrnehmung geht weit. Was früher als Naturereignis,
Gunst oder Schlag des Schicksals, Gottes Fügung, Glück
oder Pech jedem Rechts- und Gerechtigkeitsurteil entzogen
war und einfach hingenommen wurde, wird heute geregelt,
und wenn ein negatives Ereignis nicht in seiner Entstehung
verhindert werden kann, kann es in seinen Folgen korrigiert
oder kompensiert werden. Daß schwache Begabung gefördert, Behinderung erleichtert, Krankheit behandelt, Kinder-
losigkeit behoben, in allen Gefahr- und Notlagen Rettung
organisiert und bei Hochwasser und Mißernte Entschädigung geleistet wird, ist nicht mehr nur eine Hoffnung, die

erfüllt oder enttäuscht werden mag, sondern eine normative Erwartung. Ebenso werden weltweit Dürren und Fluten, Hunger und Krankheit, Kriege und Bürgerkriege, Unterdrückung und Ausbeutung nicht mehr als Schicksal hingenommen, sondern als Unrecht angeklagt, das verhindert, korrigiert, sanktioniert und kompensiert werden soll. Die normative Erwartung kann sich letztlich auf alles richten. Das Projekt, die Welt gerechter zu machen, hat keine natürlichen Grenzen.

## IV.

Daß die Welt normativ wahrgenommen wird, erschwert ihre empirische Wahrnehmung. Normative und empirische Wahrnehmungen konkurrieren miteinander und können einander ausschließen.

Frühe Kulturen haben die natürlichen Zusammenhänge, die wir empirisch-kausal erfassen, normativ erfaßt. Schlechte und gute Ernten waren ihnen nicht Folgen des Wetters, sondern Strafen für normwidriges und Belohnung für normgemäßes Verhalten. War die Natur zu verläßlich, um als Sanktion für menschliches Verhalten gedeutet zu werden, wurde sie selbst in Gehorsam gegenüber göttlichem Gebot gesehen; Sonne und Mond halten bei Heraklit ihre Bahn ein, weil sie anders von den Erinnyen zurechtgewiesen würden. Die Ablösung der normativen durch die empirisch-kausale Erfassung der Natur geschah schrittweise; wurde der kausale Zusammenhang zwischen Ernte und Wetter verstanden, konnte immer noch das Wetter als Sanktion statt als atmosphärische Konstellation erscheinen, und große Natur- und gesellschaftliche Katastrophen, Erdbeben und Vulkanausbrüche, Seuchen und Kriege wurden als Gottes Strafe noch gesehen, als die Naturwissenschaften schon ihren Siegeszug angetreten hatten.

Auch nachdem sie ihn vollendet haben, bedarf es keines religiösen Glaubens, um in uns betreffenden Geschehnissen einen übermenschlichen Willen walten zu sehen. Verschwörungstheorien handeln zwar von Menschen, schließen diese aber zu verschwörerischen Mächten mit übermenschlichem Willen und übermenschlicher Kraft zusammen: die Juden, die Jesuiten, das Kapital, die Geheimdienste, der militärisch-industrielle Komplex. Sie variieren den Willen Gottes ins Negative; während es Gott zu gehorchen gilt, gilt es, sich gegen die Verschwörer aufzulehnen. Unverändert geht es um Belohnung und Bestrafung, um Belohnung für die, die sich auflehnen, und Bestrafung für die, die sich fügen. Unverändert geht es auch um Immunisierung gegenüber der empirisch-kausalen Wahrnehmung der Welt. Verschwörungstheorien werden in der Gewißheit des Wirkens der verschwörerischen Mächte durch den Hinweis auf empirische Befunde ebensowenig irritiert wie der Glaube in seiner Gewißheit des Waltens eines göttlichen Willens. Die Befunde sind nur Belege dafür, wie raffiniert die verschwörerischen Mächte wirken, beziehungsweise wie unergründlich die Weisheit des göttlichen Waltens ist.

Mit der empirisch-kausalen Erfassung der Welt konkurriert die normative aber nicht nur in der skizzierten, lange vergangenen oder wenig rationalen Weise. Sie konkurriert mit ihr auch um Aufmerksamkeit, um die Kapazität der theoretischen und praktischen Beschäftigung mit der Welt. Was ist im Blick auf eine gesellschaftliche Situation, ein gesellschaftliches Problem, einen gesellschaftlichen Konflikt die erste, spontane Reaktion: ein Mehr-wissen-Wollen oder ein Beurteilen, vielleicht sogar Verurteilen? Was leitet die tiefere diskursive Beschäftigung mit der Situation: die *quaestio facti* oder die *quaestio iuris*? Wie kommen dabei die Medien ins Spiel: mit Tatsachen und Analysen oder mit Wertungen? Wie werden Konsense gewonnen: durch Einigung darüber, wie sich die Situation tatsächlich verhält oder wie sie normativ einzuschätzen ist?

Mal so und mal so, mag man antworten und die beiden Ansätze statt in einem Konkurrenz- in einem komplementären Verhältnis sehen wollen. In der Tat spricht erkenntnis- und wissenschaftstheoretisch nichts dagegen, bei ein und demselben Geschehen nebeneinander die Seins- und die Sollens-Frage, die *quaestio facti* und die *quaestio iuris*, zu stellen. Aber dominiert der normative Ansatz erst einmal, bleibt für den anderen Ansatz nur noch ein beschränktes Feld. Wird im politischen Geschehen zwischen zwei Ländern in erster Linie erlittenes beziehungsweise zugefügtes Unrecht gesehen, dann gerät das tatsächliche komplexe Gefüge der beiderseitigen Interessen, Positionen und Aktionen aus dem Blick. Es interessiert nicht nur nicht; darüber zu sprechen kann taktlos werden. Angetanes Unrecht kann so augenfällig, Bilder und Berichte vom Leid vertriebener, gequälter, verstümmelter, vergewaltigter und ermordeter Frauen, Männer und Kinder können so furchtbar sein, daß sie die Beschäftigung damit, wie die, denen das Unrecht geschieht, den Konflikt mitbegonnen und -geschürt haben, nicht zulassen. Bei gesellschaftlichem Geschehen innerhalb eines Landes ist es nicht anders. Bei offenkundigen Fällen sozialer Not durch Arbeitslosigkeit, Behinderung, mangelnde Begabung oder lange Krankheit kann das soziale Unrecht so stark empfunden werden, daß Fragen nach den Ursachen, der Vermeidbarkeit, dem eigenen Anteil daran und dem eigenen Ausweg daraus unpassend werden. Dieses Ausblenden empirischer Wahrnehmung ist nicht nur das Resultat des normativen Ansatzes, sondern stabilisiert ihn auch.

V.

Bei der Konkurrenz empirisch-kausaler und normativer Erfassung der Welt geht es aber nicht nur darum, daß man die Zeit und Kraft, die man aufs Be- und Verurteilen verwendet, nicht zugleich an Tatsachen und Analysen wenden kann. Es geht um verschiedene Mentalitäten.

Empirisch-kausale Erwartungen sind faktische Erwartungen, an Fakten bewährt und durch Fakten widerlegbar; verhält sich etwas nicht so, wie es einer faktischen Erwartung entspräche, wird die Erwartung korrigiert. Es wird gelernt. Normative Erwartungen sind kontrafaktische Erwartungen; handelt jemand nicht so, wie es normativ von ihm erwartet wird, wird die normative Erwartung nicht korrigiert, sondern beibehalten und vielleicht sogar gestärkt, weil das Zuwiderhandeln gezeigt hat, wie wichtig die Norm und ihre Einhaltung sind. Wo normative Erwartungen maßgeblich sind, muß nicht gelernt, sondern darf insistiert werden, insistiert auf der Existenz der Norm und darauf, daß sie eingehalten und ihre

Verletzung sanktioniert wird. Wer im Kriegs- oder Bürgerkriegsgeschehen in erster Linie das zugefügte Unrecht sieht, kann auf der Entschädigung der Opfer und Bestrafung der Täter insistieren, ohne weiter nach der Entstehung und den Umständen des Konflikts zu fragen. Selbst wenn er weiterfragt, kann die Frage sich auf die Entstehung unter dem Aspekt der Schuld und auf die Umstände als entweder mildernd oder erschwerend beziehen und beschränken. Das Netz, in dem die Welt so eingefangen wird, bleibt normativ.

Mentalitäten sind Erwartungsgefüge. Verschiedene Mentalitäten vereinen verschiedene Erwartungen dazu, wie der Gang der Welt ist, wie das Geschehen des Alltags und wie außergewöhnliche Ereignisse zu interpretieren sind, wie die Menschen, mit denen man lebt, sich verhalten und einem begegnen und wer man selbst ist. Neben diesen verschiedenen Erwartungsinhalten gibt es auch verschiedene Erwartungsmodi, den Modus der faktischen, lernbereiten und den der kontrafaktischen, lernunwilligen Erwartung. Auch diese verschiedenen Erwartungen konstituieren verschiedene Mentalitäten, und mit der Verrechtlichung und Vergerechtlichung sind die normativen Erwartungen und ist eine entsprechende normative Mentalität gewachsen.

Aber mit der Erwartung einer gerechteren Welt ist die Welt noch nicht gerechter geworden. Sie ist, wie sie ist. Dies zu sehen, es zu lernen, geht gegen das Prinzip der normativen Mentalität und fällt ihr entsprechend schwer.

Selten wird dies so deutlich wie in einer Niederlage. Eine Niederlage lernbereit als Tatsache zu nehmen und als Grundlage und Voraussetzung alles Weiteren zu akzeptieren gelingt heute nicht mehr. Niederlagen werden heute lernunwillig als Unrecht empfunden.

Historisch waren die Kulturen der Niederlage jahrhundertelang Kulturen der Lernbereitschaft. Noch das Preußen von 1807 und das Frankreich von 1871 waren lernbereit; ohne auf eine spätere Revanche zu verzichten, akzeptierten sie die Niederlage als Tatsache. Weil sie sie als Tatsache akzeptierten, konnten sie sie als Herausforderung sehen; sie hatten über die Unterlegenheit ihres Militärs, ihres Bildungssystems und ihrer Infrastruktur keine Illusionen, machten sich an die Arbeit und konnten das Niveau des überlegenen Gegners ein- oder sogar überholen. Anders die Staaten der Konföderation von 1865 und Deutschland nach 1918. Sie bestanden darauf, eigentlich sei ihre Sache gerechter, seien ihre Opfer größer und ihre Soldaten tapferer gewesen, eigentlich hätten sie gewinnen oder sich immerhin behaupten müssen. Wie hätten sie mit dieser Mentalität die Herausforderung annehmen sollen, die in ihrer wie in jeder Niederlage lag? Besonders trostlos ist die Kultur der Niederlage, die die Palästinenser entwickelt haben und mit der sie sich um jede Chance eines neuen Anfangs und Aufstiegs bringen. Sie geriet nicht zuletzt darum so trostlos, weil die Welt die Palästinenser im lernunwilligen Insistieren auf dem ihnen zugefügten Unrecht nachdrücklich unterstützt hat. Zwar kann man auch alleine vertrotzt und verstockt auf seinem Recht beharren. Wenn einen aber die organisierte und nichtorganisierte Weltöffentlichkeit darin bestärkt, hat man gar keine andere Wahl.

Die Veränderung im Umgang mit der Niederlage wurde
von der Verrechtlichung und Vergerechtlichung des Völkerrechts getragen. Am Ausgang des 18. Jahrhunderts waren
Krieg und Eroberung noch selbstverständliche Bestandteile
der Politik, im 19. Jahrhundert begann sich dies zu wandeln,
und seit dem Ende des Ersten Weltkriegs erfolgen territoriale Veränderungen, jedenfalls theoretisch, nur noch, um
dem Selbstbestimmungsrecht der Völker Rechnung zu tragen. Was den Preußen nach 1807 und den Franzosen nach
1871 noch gelang, gelang den Deutschen nach 1918 auch
darum nicht mehr, weil sie Wilsons selbstbestimmungsrechtlichen Versprechungen geglaubt hatten und sich, als sie
nicht gehalten wurden, betrogen fühlten. Schon die Staaten
der Konföderation fühlten sich mit ihrer Niederlage um ihre
Selbstbestimmung betrogen; für sie wie für die Staaten der
Union war das Recht staatlicher Selbstbestimmung seit der
Revolution eine *raison d'être*, lange bevor andere Völker
sich darauf zu berufen begannen. Daß Deutschland die Niederlage von 1945 akzeptiert hat, scheint sich in die skizzierte
Entwicklung nicht einzufügen. Aber Deutschland hatte so
offenkundig Unrecht begangen, daß das Insistieren auf seinem Recht nicht nur für die anderen, sondern auch für die
Deutschen selbst keine Glaubwürdigkeit hatte. Außerdem
gibt es nach totalen Niederlagen eine totale Erschöpfung, in
der man sich gegen die gegebene Situation nicht mehr auflehnen, sondern sie nur noch hinnehmen kann.

Was für die Staaten und Gesellschaften als Ganzes gilt, gilt ähnlich für den einzelnen. Die medizinhistorische Forschung erklärt die epidemische Verbreitung der traumatischen Neurose vom *railway spine* früher Eisenbahnunfälle bis zum *shell shock* des Ersten Weltkriegs damit, daß zunächst für die Eisenbahngesellschaften Entschädigungspflichten begründet, dann auch für andere Unfälle Haftpflicht und Unfallversicherungen eingeführt wurden und schließlich das traumatische Erstarren oder Zittern wie ein somatisches Trauma den Anspruch auf Lazarett oder Heimat verhieß. Was frühere Generationen recht und schlecht zu bewältigen gelernt hatten, konnte nun zu lernen verweigert werden; andere waren rechtlich verpflichtet, es zu korrigieren oder zu kompensieren.

Die Verrechtlichung und Vergerechtlichung des Sozialen birgt das Problem, daß der einzelne seine selbst-, fremd- oder auch von niemandem verschuldeten Niederlagen nicht als solche sehen und auch nicht als Herausforderung nehmen kann. Wenn lange Arbeitslosigkeit berufliches und lange Arbeitsunfähigkeit gesundheitliches Scheitern bedeutet und Not eine mißlungene Lebensplanung und -gestaltung anzeigt, kann doch die entsprechende Einsicht durch das Einfordern rechtlicher Korrekturen und Kompensationen ebenso verdrängt werden, wie das Bewußtsein der Niederlage in einem Volk hinter rechtlichem Verletzt- und Gekränktsein zurücktreten kann. Aus schwacher Begabung kann Verletzung des Rechts auf Chancengleichheit werden, aus der Ruinierung der eigenen Gesundheit Vorenthaltung von Rechten auf Therapie und Rehabilitation, aus einer verfehlten Ausbildungs- und Berufswahl Verletzung des Rechts auf Arbeit und aus einer Leistungsunfähigkeit oder -willigkeit, die in Abhängigkeit von fremder Hilfe führt, eine Frage der Menschenwürde.

Das alles sagt nichts gegen die Einrichtungen des modernen Rechts- und Sozialstaats. Es sagt auch nicht, daß es davon zu viele gibt oder daß sie, was sie gewähren, zu häufig oder zu reichlich gewähren. Erst recht sagt es nicht, daß die heutigen verwöhnten Menschen wieder die Härte und Schwere des Lebens spüren und dadurch zu freien, starken Menschen werden müßten. Derartige konservative Töne sind nur Ausdruck einer eskapistischen Sehnsucht. Begabungsförderung, Therapie- und Rehabilitationsangebote, Arbeitslosengeld und Sozialhilfe sind Legitimationsgrundlagen der modernen Gesellschaft. Ebenso spricht der hier erhobene Befund nicht gegen die gewachsene Sensibilität der organisierten und nichtorganisierten Weltöffentlichkeit für Recht und Unrecht. Es geht hier nicht um eine Kritik am Fortgang der Verrechtlichung und Vergerechtlichung, sondern um die Analyse der Folgen.

VIII.

Es hat seinen Grund, daß auf Niederlagen besonders lernunwillig reagiert wird. Keine kollektive Niederlage ist mit dem Leid, das sie den einzelnen aufbürdet, völlig gerecht. Stets gibt es viele Zivilisten, die Leib und Leben, Haus und Hof, berufliche Stellung oder finanzielle Sicherheit verloren haben und denen dadurch Unrecht geschehen ist. Sogar die meisten Soldaten erfahren ihr Leid in der Niederlage nicht als Strafe, sondern als zu beklagendes und anzuklagendes Unrecht. Bei individuellen Niederlagen gilt ähnlich, daß sie sich nur selten einfach auf ein Versagen des Betroffenen verrechnen lassen, und selbst wenn – stets gibt es andere, die ebenso versagt haben, aber nicht ebenso betroffen sind. Weil sie als Unrecht abgelehnt wird, kann die Niederlage bei normativer Mentalität keine Bereitschaft zum Lernen wecken. Denn Lernen setzt die Akzeptanz der Wirklichkeit voraus.

Die Niederlage ist die Stunde der Opfer. In der heutigen Opferkultur, in der tendenziell das Opfer recht und der Sieger unrecht hat, hat sie einen positiven Platz. Es ist freilich nicht der zentrale Platz. Diesen nehmen die Opfer ein, die nicht einmal kämpfen konnten und also auch keine Niederlage erlitten haben. Die Opferkultur lebt aus der Erinnerung an Ketzer- und Hexenverfolgungen, Sklaverei, den türkischen Genozid an den Armeniern, die Killing-Fields Stalins und Pol Pots und, alles andere überragend, den Holocaust. Daß der Status des Opfers ein Status des Unrechts ist, ist hier so evident, daß es auch auf die überschießt, die gekämpft und verloren, vielleicht sogar sich ins Unrecht gesetzt und die Kämpfe begonnen haben. Sind sie erst einmal Opfer geworden, gesteht die heutige Opferkultur auch ihnen das Gefühl des verletzten Rechts zu.

Opferkulturen sind Erinnerungskulturen. Weil sie sich aus vergangenem Unrecht legitimieren, dürfen sie es nicht vergessen, soll nicht die Legitimation aufs Spiel gesetzt werden. Am lebendigsten hält die Opferkultur die Erinnerung an das vergangene Unrecht, wenn sie ihm für die Gegenwart

Relevanz unter Rechts- und Gerechtigkeitsfragestellungen geben kann: Geschieht, was geschehen kann, um das vergangene Unrecht zu strafen, es den Opfern zu entschädigen und an ihren Nachkommen gutzumachen? Die heutige Opferkultur ist eine verselbständigte Ausformung der gekennzeichneten Tendenz zur Verrechtlichung und Vergerechtlichung.

Sie ist auch den Gefahren dieser Tendenz ausgesetzt. Die Fixierung auf die Vergangenheit zieht Energien von der Beschäftigung mit der Gegenwart ab, und rückwärtsgewandte Rechts- und Gerechtigkeitsfragestellungen können den Blick für die Zukunftsoffenheit der Gegenwart und deren Aufgaben und Chancen verstellen. Die Fixierung auf vergangenes Unrecht kann auch in der traumatischen Vergangenheit festhalten; Enttraumatisierung bedeutet erinnern *und* vergessen können.

Das Ruhenlassen, das Erinnern und Vergessen gleichermaßen einschließt, gelang einer Mentalität, die nicht nur Recht und Unrecht, sondern Schicksal, Gottes Fügung, Glück und Pech kannte, leichter. An vergangenem Schicksal kann nachträglich nichts mehr geändert werden; sich an ihm abzuarbeiten und abzuquälen ist müßig und töricht. Vergangenes Schicksal kann erinnert und betrauert, kann aber auch vergessen werden und erhält schließlich seinen Platz in der kollektiven oder individuellen Biographie, der manchmal aufgesucht, dann aber auch wieder unbeachtet gelassen wird. Das Leben geht weiter.

Opferkulturen sind noch einer weiteren Gefahr ausgesetzt. In Siegerkulturen waltet eine Dialektik, nach der der Unterlegene, der an seiner Niederlage leidet, sie überwinden will. Er lernt, holt den Sieger, der keinen Anlaß zum Lernen sieht, ein, überholt ihn und besiegt ihn. In Opferkulturen muß der Sieger lernen; weil das Leid, das sein Sieg zur Folge hatte, ihn ins Unrecht gesetzt hat, muß er das nächste Mal noch geschickter vorgehen, noch bessere Strategien und Taktiken entwickeln, noch smartere Waffen einsetzen und die Informationen noch strikter kontrollieren. Opferkulturen haben die Tendenz, den Status der Opfer zu perpetuieren.

IX.

Die Verrechtlichung und Vergerechtlichung hat nicht nur die Spannung zwischen Recht und Wirklichkeit zu Lasten der Wirklichkeit aufgelöst, sondern auch die zwischen Recht und Nützlichkeit zu Lasten der Nützlichkeit und die zwischen Recht und Sittlichkeit zu Lasten der Sittlichkeit. Nützlichkeit wird zum Aspekt von Recht und Gerechtigkeit. In der heutigen Diskussion um die Reform der Sozial- und Steuersysteme kann die Forderung nach mehr Einfachheit, Verständlichkeit und Verläßlichkeit nicht mit deren Nützlichkeit für den Staat und den einzelnen argumentieren, sondern muß einfachere, verständlichere und verläßlichere Systeme als die einzig gerechten präsentieren. Anders hat sie gegen die komplizierten Gerechtigkeitsdifferenzierungen der überkommenen Systeme keine Chance. Volkswirtschaftslehre muß sich, wenn sie öffentlich gehört werden will, als Gerechtigkeitswissenschaft zu erkennen geben.

Die Umsetzung von Sittlichkeits- oder moralischen Forderungen in Forderungen des Rechts liegt immer nahe –

rechtlich zu tolerieren, was moralisch zu verurteilen ist, tut sich die Gesellschaft schwer. Der Verrechtlichungs- und Vergerechtlichungstrend gibt der Moralisierung des Rechts institutionelle Gestalt. Das bundesverfassungsgerichtliche und verfassungsrechtswissenschaftliche Verständnis der Grundrechte als Werte oder Prinzipien, das die Rekonstruktion jedes moralischen und politischen Problems als eines Grundrechtsproblems erlaubt, die Zentrierung der schulischen Erziehungs- und Bildungsziele in der freiheitlichen demokratischen Ordnung des Grundgesetzes, die Transformation von nationalem Patriotismus in Verfassungspatriotismus, die Stilisierung der politischen Kultur zur Grundrechtskultur – es sind institutionelle Ausdrucksformen einer moralisch gesättigten Verrechtlichung und Vergerechtlichung.

Aber das Recht verleibt sich nicht nur das Moralische ein; das Moralische drängt auch ins Recht. Der moralische Zugriff auf die Welt, der heute nicht nur die Lebenswelt, sondern die ganze Welt erreicht, ermächtigt und überfordert die moralische Verantwortung gleichermaßen. Mit der Verrechtlichung des Moralischen wird das moralisch engagierte Individuum entlastet; es kann seine Verantwortung für die Welt an das Recht delegieren.

Was moralisch geboten ist, soll auch rechtlich geboten sein. Ein Auseinanderfallen wird unerträglich. Die Verurteilung brutaler Diktatoren kann nicht mehr der Geschichte, die ihrer Folter- und Henkersknechte nicht mehr der öffentlichen Verachtung und die von Politikern mit schmutzigen Händen nicht mehr dem demokratischen Prozeß überlassen werden, sie muß rechtlich und gerichtlich erfolgen. Bei schlimmen Vergangenheiten genügt nicht mehr der verurteilende moralische Konsens, er muß die Gestalt gerichtlicher Urteile gewinnen. Auch umgekehrt soll das Recht nicht verurteilen, was moralisch respektiert wird. Der Versuch der Verrechtlichung und Vergerechtlichung der Folter nährt sich nicht zuletzt aus moralischem Verständnis für den Polizisten, der in verzweifelter Lage eine verzweifelte Entscheidung trifft. Daß das moralische Verständnis eine rechtliche Verurteilung nicht ausschließt und allenfalls bei der Strafzumessung oder für eine Begnadigung Gewicht haben kann, ist anstößig.

## X.

Die Systemtheorie kennt unter den Systemen, aus denen die Gesellschaft sich konstituiert, ein jeweils führendes. Nicht daß dieses System die anderen Systeme hierarchisch beherrschen würde. Aber es zeichnet den anderen Systemen ihre Möglichkeit vor; auf die Probleme, deren Lösung das führende System dient, müssen die anderen Systeme ihre Probleme beziehen, an seiner Rationalität, Logik und Sprache müssen sie ihre Rationalität, Logik und Sprache orientieren. Den Grund für die führende Rolle eines Systems findet die Systemtheorie in dessen größerer Komplexität, mit der es der Komplexität der Welt besser gewachsen ist. Für die zweite Hälfte des 20. Jahrhunderts schreibt die Systemtheorie die führende Rolle, die lange der Politik gehört habe, der Wirtschaft zu; die Probleme, die die Entwicklung der Gesellschaft bestimmten und primär zu lösen seien,

seien die Probleme der Wirtschaft geworden. Es zeichne sich aber ab, daß im 21. Jahrhundert die Wissenschaft die Wirtschaft in der führenden Rolle ablösen werde; sie entwickle eine größere Komplexität und stärkere Dynamik als die anderen Systeme und gebe diesen mehr und mehr die Probleme und auch die Rationalität der Problemlösungen vor.

Die gesellschaftliche Entwicklung ist anders verlaufen. Die Wissenschaft hat die Autonomie, die Voraussetzung für die Prognose ihrer wachsenden Komplexität und Dynamik war, nicht bewahren können. Zwar wurde die Selbststeuerung über Wahrheit nicht von einer Fremdsteuerung über Recht abgelöst, sie muß sich aber immer mehr am Recht ausrichten. Nichts spricht dafür, daß die Wissenschaft die menschliche Integrität früher weniger bedroht hat und daß Forscher ihre Ziele und Methoden früher ethisch verantwortlicher gewählt, ihre Ergebnisse weniger gefälscht und bei ihren Abrechnungen weniger geschummelt haben. Es interessierte früher nur nicht. Heute interessiert es; die entsprechenden universitären und staatlichen Kontrollen und Sanktionen nehmen drastisch zu.

Auch die Verfahren, in denen über den Zugang zur Wissenschaft und die Zuteilung ihrer Ressourcen entschieden wird, werden, möglichst nach quantifizierbaren Kriterien, verrechtlicht und, indem Privilegien abgeschafft werden und Gleichheit hergestellt wird, vergerechtlicht. Das wissenschaftsspezifische Kommunikations- und Steuerungsmedium Wahrheit bezieht sich erst auf die Ergebnisse, nicht schon auf die unter Umständen langen und teuren Bemühungen und verlangt gesellschaftliche Vorleistungen, die sich ebenso als Fehl- wie als gute Investitionen erweisen können. Indem die Gesellschaft die Selbststeuerung der Wissenschaft über Wahrheit durch eine Fremdsteuerung über Recht eingrenzt, die statt an die Ergebnisse an die Bemühungen anknüpft, hat sie ihre riskanten Vorleistungen zu Leistungserfolgen umdefiniert, die sich in Examens- und Promotionszahlen, Publikations- und Zitierhäufigkeiten, Hörerzustimmung, Mitarbeiterzufriedenheit, Frauenförderung und eingeworbenen Geldern berechnen lassen.

Die Systemtheorie hat bei ihrer Prognose der führenden Rolle der Wissenschaft die Riskantheit des Mediums Wahrheit unterschätzt. Zwar werden auch in Wirtschaft, Kunst, Religion und Familie Vorleistungen erbracht, deren Ertrag ungewiß ist. Aber wenn die Vorleistung zur Fehlinvestition wird, wenn die Anlage sich nicht amortisiert, das Gemälde nicht gelingt, der Glaube enttäuscht oder die Ehe geschieden wird, treffen die Verluste den einzelnen. Bei der Wissenschaft treffen sie die Gesellschaft. Unterschätzt hat die Systemtheorie auch den Gewinn, den die Gesellschaft aus symbolischen Problemlösungen zieht. Die an den Bemühungen statt an den Ergebnissen ansetzende Steuerung ist symbolisch; sie versorgt die Gesellschaft nicht mit besserer Wissenschaft, aber mit deren Illusion. Unterschätzt hat die Systemtheorie bei ihrer Prognose schließlich das Recht.


## XI.


Die Kapazität des Rechts zur Bewältigung der Komplexität der Welt ist so groß, daß das Recht die Wirtschaft als führendes System ablösen konnte. Sie ist zum einen groß, weil das Recht sich auf alles beziehen läßt. Jedes Verhalten und jeder Zustand in Politik und Wirtschaft, Kunst, Religion und Familie kann als recht oder unrecht oder auch, um den Anschluß an die Normativität von Moral und Ethik zu wahren, als gut oder böse qualifiziert werden. Sind normative Qualifizierungen eines Zustands schwierig, weil er naturgegeben oder -bedingt, ein Ergebnis des Zufalls und keinem Urheber zuzurechnen ist, bleiben doch normative Qualifizierungen des Verhaltens, das an den Zustand anschließt und mit ihm umgeht. So weit wie die normativen Qualifizierungen greifen die anderen systemspezifischen Kommunikationsmedien nicht steuernd aus. Religiöses Verhalten wirtschaftlich oder familiäres politisch zu qualifizieren macht nur ausnahmsweise Sinn, und obwohl Kunst in den Dienst von Politik und Religion gestellt und als Ware gekauft und verkauft werden kann, hat sie doch, anders als das Recht, im politischen, religiösen und wirtschaftlichen System keine Steuerungsfunktion.

Die Kapazität des Rechts zur Bewältigung der Komplexität der Welt ist zum anderen groß, weil Normativität kontrafaktisch ist und lernunwillig durchgehalten wird. Komplexität wird auch dadurch bewältigt, daß man die Augen vor ihr verschließt. Eben weil Lernunwilligkeit ein Moment des Augen-Verschließens enthält, taugen Recht und Gerechtigkeit zur Bewältigung der Welt. Das kann gröber oder feiner funktionieren und von der Beschimpfung einer fremden politischen Wirklichkeit als Reich der Finsternis oder Schurkenstaat bis zur Schaffung internationaler Strafgerichtsbarkeit gehen, von der Erfassung ökonomischer und sozialer Veränderungen durch Stilisierung der Beteiligten zu Tätern oder Opfern bis zur Schaffung rechtlicher Formen für bislang formloses Zusammenleben. Stets erlauben die normativen Qualifizierungen, wichtige Befunde auszublenden: die tatsächliche Beschaffenheit der fremden politischen Wirklichkeit, die Bedingungen, unter denen die strafrechtlich verfolgten Taten möglich wurden, das Ausmaß der ökonomischen und sozialen Veränderungen und die Bedürfnisse, die sich in der Formlosigkeit zur Geltung bringen. Stets steckt daher in den normativen Qualifizierungen etwas Illusionäres.

Daß das Recht im System der Systeme die führende Rolle angetreten hat, ist auch ein Erbe des Natur- oder Vernunftrechts. Die Entwicklung der Verrechtlichung und Vergerechtlichung kann und konnte so erfolgreich sein, weil sie sich als Entwicklung der Anerkennung und Durchsetzung von Recht und Gerechtigkeit verstand und versteht. In natur- und vernunftrechtlicher Tradition sieht sie die Menschen mit Rechten begabt, die es nur noch anzuerkennen und durchzusetzen gilt. Recht und Gerechtigkeit werden nicht geschaffen, sondern sind immer schon da und können und müssen nur noch zu allseitiger Geltung gebracht werden. Die allseitige Geltung ist auch schon angelegt – innerstaatlich in Verwaltung und Justiz, weltweit in den großen, mächtigen Staaten und staatlichen und nichtstaatlichen internationalen Organisationen, die alle Recht und Gerechtigkeit in der Welt zu ihrem Programm erklärt haben.

Zu den schon erwähnten Problemen der Verrechtlichung kommt damit ein weiteres. Denn die Erwartung, Recht und Gerechtigkeit seien immer schon da und ihre Anerkennung und Durchsetzung immer schon angelegt, ist wieder illu-

sionär und verkennt, daß Recht und Gerechtigkeit zuallererst geschaffen werden müssen und daß dies eine vor-
aussetzungsreiche und mühevolle Aufgabe ist. Manchmal
erledigen andere Staaten oder Organisationen sie für ein
Land, und vielleicht wird diese Erfahrung dem Land ein Anstoß zur eigenen Erledigung. Die Erwartung, die anderen
würden es tun, kann die eigene Erledigung, auf die letztlich
alles ankommt, aber auch hintanstellen. Ob den Ländern,
deren staatliche Verbrechen durch die internationale Strafgerichtsbarkeit abgeurteilt werden, damit ein Dienst erwiesen wird, muß sich erst noch zeigen.

## XII.

Gegenstand der vorliegenden Überlegungen ist eine Be-
standsaufnahme. Aber der Wechsel vom empirischen zum
normativen Paradigma bei der Wahrnehmung der Welt und
beim Verhalten in ihr bringt auch einen Wandel der Warnung mit sich, die dem empirischen Paradigma inhärent war.
   Unter dem empirischen Paradigma galt es, bei der Wahrnehmung der Welt und beim Verhalten in ihr Recht und
Gerechtigkeit gegen die Wirklichkeit zu behaupten. Die
Diskussion um den vor rund hundert Jahren geläufig gewordenen Begriff der Normativität des Faktischen hat
immer wieder warnend darauf beharrt, daß die Wirklichkeit
sein mag wie auch immer, noch so etabliert, traditionsgesät-
tigt und veränderungsresistent – sie ist darum noch lange
nicht recht und gerecht. Zumal als die autoritären und totalitären Systeme auf der organischen Gestalt der Gesell-

schaft, der Überlegenheit von Rasse oder Klasse oder einfach ihrer Stärke und Macht bestanden, waren nicht nur die Tatsachen richtigzustellen, sondern war auch unabhängig von und entgegen allem Faktischen auf Recht und Gerechtigkeit zu beharren. Wir haben den bewundern gelernt, der sich durch Widrigkeiten und Niederlagen in seinem Festhalten an Recht und Gerechtigkeit nicht hat irremachen lassen. Angesichts von Resignation vor übermächtiger, ungerechter Wirklichkeit galt es den warnenden Zuruf: Aber es ist nicht gerecht!

In einer verrechtlichten und vergerechtlichten Welt gilt es den gegenteiligen Zuruf: Aber es ist nicht so! Ihr Palästinenser habt gekämpft und verloren, ihr Afrikaner tut nicht, was ihr für eine Verbesserung eurer Lage tun könntet, du Arbeitsloser hast den falschen Beruf gewählt oder lebst am falschen Ort, du Sozialhilfeempfänger hast dein Leben schlecht geplant oder gestaltet, ihr, die ihr euch mit dem Lernen und Arbeiten schwertut, schafft eben nur mit größerer Anstrengung, was andere mit geringerer schaffen. Im empirischen Paradigma war einer Fixierung auf die Wirklichkeit das Aber des Rechts und der Gerechtigkeit entgegenzuhalten. Im normativen Paradigma hat es sich erledigt, weil die Wahrnehmung der Wirklichkeit mit der Wahrnehmung von Recht und Gerechtigkeit beginnt. Im normativen Paradigma ist gegen eine verrechtlichte und vergerechtlichte Wahrnehmung das Aber der Wirklichkeit zu stellen.

Vermutlich hätte mein Lehrer, hätte ich auf dem normativen Paradigma und meinem Recht auf eine gerechte Englischnote bestanden, auch seinerseits insistiert und mir unbefangen vorgehalten, daß er keine andere Möglichkeit sähe, mich ans Turnen zu kriegen. Ich gäbe mir im Turnen keine Mühe, weil ich ein arroganter Schnösel sei und meinte, mir aussuchen zu können, wo ich mich anstrengen müsse und wo nicht. Es sei an der Zeit, daß ich mich auch da anstrengte und lernte, wo mir nicht danach sei. Ums Lernen gehe es und nicht um die Gerechtigkeit. Vielleicht hätte er mir unbefangen gesagt, daß die Aufgabe der Schule auch sei, auf die Ungerechtigkeit des Lebens vorzubereiten.

Ich habe die Lektion gelernt, mir im Turnen Mühe gegeben und beim nächsten Zeugnis in Englisch und Turnen eine Zwei bekommen. Ich neide den heutigen Schülern die gerechteren Noten nicht. Trotz der Herrschaft des normativen Paradigmas müssen auch sie lernen, was ich in der Schule gelernt habe – auf andere Weise, in anderem Kontext, zu späterer Zeit. Je später sie es lernen, desto schwieriger und schmerzhafter wird es. Ebenso schneiden Reformen um so schärfer und tiefer ein, je länger die Gesellschaft sich weigert, die Veränderungen der Wirklichkeit zur Kenntnis zu nehmen. Unter der Herrschaft des normativen Paradigmas werden die Rechnungen später präsentiert, sind dann aber höher.

Daß die Sensibilität für Recht und Gerechtigkeit gewachsen ist, ist kein Schaden. Der Schaden liegt in der Absolutheit, mit der das normative Paradigma die Verwirklichung von Recht und Gerechtigkeit der Verwirklichung anderer Ziele verordnet. Manchmal können Unrecht und Ungerechtigkeit politisch, wirtschaftlich oder pädagogisch sinnvoll und sittlich vertretbar sein, und in der Liebe geht es ohnehin nicht fair zu. Immer ist die Wirklichkeit so, wie sie ist. Immer gilt es, sie richtig zu sehen und ernst zu nehmen, ob man sie mit gutem Grund lieber anders, besser, gerechter hätte oder nicht. Immer ist die Entscheidung, auf die Gerechtigkeit gegen die Wirklichkeit oder auf diese gegen jene zu setzen, eine zu verantwortende Entscheidung, die ihren Preis hat. Daß das normative Paradigma den Preis entfallen lasse, ist nur ein schöner Schein.

# An der Grenze des Rechts

## I.

Am 18. Juni 2004 hat der Bundestag das Luftsicherheitsgesetz beschlossen. Es will die Lehre aus dem 11. September 2001 ziehen und ermächtigt die Bundeswehr zum Abschuß von Passagierflugzeugen, wenn befürchtet werden muß, daß Terroristen sie in ihre Gewalt gebracht haben und zum Beispiel in ein Hochhaus, eine chemische Fabrik oder ein Kernkraftwerk steuern werden. Der Bundespräsident hat lange gezögert, das Gesetz auszufertigen und zu verkünden. Am 12. Januar 2005 hat er es schließlich getan – voller Bedenken.

Die Logik des Gesetzes ist klar: Um eine größere Zahl von Leben zu retten, soll eine kleinere Zahl von Leben geopfert werden. Aber nicht nur das Leben der Passagiere wird geopfert; zum bloßen Mittel der Abschuß- und Rettungsaktion gemacht, werden die Passagiere nach traditionellem, herrschendem Verständnis von Artikel 1 Grundgesetz auch ihrer Würde beraubt. Daß dieselbe Logik nicht nur das Abschießen von Passagierflugzeugen rechtfertigen würde, liegt auf der Hand. Der Bus mit Kindern, den Terroristen mit Sprengstoff beladen haben und in eine volle Kirche, ein volles Konzerthaus, ein volles Kaufhaus lenken, der mit Sprengstoff beladene Zug, mit dem sie in einen Kopfbahnhof rasen, über dem ein Hochhaus mit Hunderten Büros und Wohnungen steht, die Geiseln, die sie als Schutzschild benutzen, um dahinter eine Bombe zu zünden – immer bleibt, wenn Leben und Würde der relativ wenigen Kinder, Reisenden und Geiseln gegen die relativ vielen Leben derer verrechnet werden, die vom Anschlag bedroht sind, nur eines: den Bus oder Zug vor dem Ziel zur Explosion bringen, die Kinder oder Reisenden in die Luft jagen, die Geiseln erschießen. Mit ähnlichen Szenarien und derselben Logik wird auch für die Zulässigkeit der Folter gestritten. Wenn befürchtet werden muß, daß ein Terrorist eine Bombe gelegt hat, die Hunderte oder Tausende bedroht, und wenn er zwar gefaßt wurde, aber nicht sagt, wie die Bombe zu lokalisieren und zu entschärfen sei, soll mit seiner Folter die Würde eines Menschen geopfert werden, um Würde und Leben vieler zu retten.

Das Luftsicherheitsgesetz ist ein Gesetz zur Gefahrenabwehr. Die Passagiere, die abgeschossen werden sollen, sind nicht etwa ohnehin dem Tod geweiht. Die Bundeswehr kann nicht wissen, ob die Passagiere den Terrorakt nicht vielleicht verhindern können, welche Folgen der Terrorakt tatsächlich haben wird, ob er überhaupt zielführend und erfolgversprechend geplant ist. Sie kann nur, wie das Luftsicherheitsgesetz formuliert, »nach den Umständen davon ausgehen«, sie hat nur Anhaltspunkte, eine Vermutung, einen Verdacht – wie soll sie auch mehr haben. In den Fällen des geraubten Busses oder Zugs oder der benutzten Geiseln wäre es nicht anders. Auch wo die Zulässigkeit der Folter gefordert wird, wird sie zur Gefahrenabwehr gefordert. Wenn die Gefahr besteht, daß einer weiß, aber nicht sagt, was das Leben vieler retten könnte, soll die Polizei ihn foltern dürfen. Zwar ist zu hoffen, daß nur gefoltert wird, wer tatsächlich das Leben der vielen bedroht und die Gefahr durch seine Aussage abwenden kann. Aber nicht einmal ein entsprechendes Geständnis wäre verläßlich. Auch hier müßte die Polizei sich mit Anhaltspunkten, einer Vermutung, einem Verdacht begnügen. Gewißheit ist erst im nachhinein zu haben. Die Logik des Abschießens von Flugzeugen nach dem Luftsicherheitsgesetz wie auch des Abschießens von Bussen, Zügen, Geiseln und schließlich der Folter kann daher so präzisiert werden: Um der Hoffnung willen, eine größere Zahl von Leben zu retten, sollen Leben und Würde einer kleineren Zahl von Menschen geopfert werden.

II.

Diese Logik ist neu. Das Grundgesetz folgt einer anderen Logik, nach der jede Antastung und erst recht jede Preisgabe der Würde des Menschen verboten sind und nach der Leben nicht gegen Leben verrechnet werden darf. Das Bundesverfassungsgericht hat die alte Logik so formuliert: »Der Schutz des einzelnen Lebens darf nicht deswegen aufgegeben werden, weil das an sich achtenswerte Ziel verfolgt wird, andere Leben zu retten. Jedes menschliche Leben… ist als solches gleich wertvoll und kann deshalb keiner irgendwie gearteten unterschiedlichen Bewertung oder gar zahlenmäßigen Abwägung unterworfen werden.« Mit dieser Verpflichtung auf Lebens- und Würdeschutz, unter der das Deutschland des Grundgesetzes angetreten und auf die es gegründet ist, bricht die neue Logik radikal.

169

Kein Verrechnen von Leben gegen Leben – im Recht der Gefahrenabwehr ist dieses Verbot seit dem 19. Jahrhundert selbstverständlich. Zwar kann für die Abwehr einer Gefahr auch in die Pflicht genommen werden, wer für die Gefahr nicht verantwortlich ist. Die Polizei kann das Allradauto requirieren, um die Schwangere über die verschneiten Straßen ins Tal und ins Krankenhaus zu fahren, und sie kann vom Bergführer, der den Weg auch im Nebel findet, verlangen, daß er die im Nebel verirrte Gruppe von Wanderern zur Hütte bringt. Aber ihre Grenze findet die Inpflichtnahme dessen, der für die Gefahr nicht verantwortlich ist, dann, wenn sie ihn selbst erheblich gefährden würde. Nur wer für eine Gefahr verantwortlich ist, kann, wenn die Abwehr der Gefahr es verlangt, getötet werden. Der tödliche Schuß auf den Geiselnehmer oder den Terroristen, der gerade töten will, ist gerechtfertigt; der auf das Opfer des Geiselnehmers oder Terroristen nicht.

Das Bundesverfassungsgericht hat das Verrechnungsverbot nicht im Zusammenhang des Rechts der Gefahrenabwehr formuliert. In diesem Zusammenhang war es bis zur Diskussion um die Folter und zum Beschluß des Luftsicherheitsgesetzes nie in Frage gestellt. Das Bundesverfassungsgericht hat das Verrechnen beim Umgang mit ungeborenem Leben verboten. Ihm war vorgetragen worden, wenn der Schwangerschaftsabbruch illegal bleibe, möge zwar das eine und andere ungeborene Leben gerettet werden, es würde aber das Leben der Schwangeren gefährdet, die in der Illegalität beim Kurpfuscher abtreiben ließen, und laut Statistik sei die Zahl der gefährdeten Schwangeren größer als die der geretteten Kinder. Heute wird in der Diskussion um Stammzellen- und Embryonenforschung ähnlich die Hoffnung auf die künftige Heilung tödlicher Krankheiten gegen die Forderung nach dem heutigen Schutz des werdenden Lebens gehalten. Damit hat sich das Bundesverfassungsgericht noch nicht befaßt. Aber die Verfechter des Schutzes insistieren auf genau der Logik, die das Bundesverfassungsgericht zum Schwangerschaftsabbruch formuliert hat: kein Verrechnen von Leben gegen Leben, kein Opfer von Leben um der Hoffnung willen, eine größere Zahl von Leben zu retten.

Im Bundestag wurde in den Debatten zum Embryonenschutzgesetz mit großem Ernst gegen das Verrechnen von Leben gegen Leben gestritten und am grundgesetzlichen Lebens- und Würdeschutz festgehalten. Die Medien haben die Debatten als große Stunden des Parlaments gefeiert.

III.

Die Debatten um das Luftsicherheitsgesetz waren keine großen Stunden des Parlaments. Hinter den kompetenzrechtlichen Problemen, die sich beim Luftsicherheitsgesetz stellen und an denen es sich, genau und richtig besehen, auch als verfassungswidrig erweist, traten die materiell-rechtlichen Probleme des Lebens- und Würdeschutzes zurück. CDU und CSU wollten die kompetenzrechtlichen Probleme durch eine Verfassungsänderung lösen, die die Kompetenzen der Bundeswehr erheblich erweitert hätte. Hätten SPD und Grüne sich auf die Verfassungsänderung eingelassen, hätten sie zumindest einem Kompromiß zustimmen müssen, der zwar nicht die von der CDU und CSU geforderte, aber immer noch eine beträchtliche Erweiterung der Kompetenzen der Bundeswehr bedeutet hätte. Um dies zu vermeiden, redete die SPD die kompetenzrechtlichen Probleme des Luftsicherheitsgesetzes klein. Die Grünen hielten mit und überspielten ihr spürbar schlechtes Gewissen mit der aberwitzigen Überlegung, eigentlich ermächtige das Luftsicherheitsgesetz gar nicht zum Abschuß, sondern regele nur, daß, wenn die Bundeswehr abschießen wolle, der Verteidigungsminister über den Abschuß entscheiden müsse. Die FDP sprach die Probleme des Lebens- und Würdeschutzes an, reichte sie aber an den Ausschuß und die dort anzuhörenden Sachverständigen weiter, deren Auswahl dann für eine kursorische Behandlung sorgte.

Aber der Anfang, den das Luftsicherheitsgesetz mit dem Verrechnen von Leben gegen Leben, mit der Preisgabe von Würde für Leben macht, hat weitreichende Konsequenzen. Auf dem Weg, den das Luftsicherheitsgesetz einschlägt, darf dann auch über Folter und über Stammzellen- und Embryonenforschung neu und radikal anders nachgedacht werden. Hat der Bundestag nicht gesehen, daß der grundgesetzliche Lebens- und Würdeschutz nicht teilbar ist und nicht beim Embryonenschutzgesetz hochgehalten und beim Luftsicherheitsgesetz vernachlässigt werden kann? Hat es ihn nicht interessiert? Auch der Nationale Ethikrat zeigte sich nicht interessiert. Gewiß, er wurde als Forum für die ethischen Fragen der Lebenswissenschaften gegründet, und wenn die Lebenswissenschaften naturalistisch hinreichend verkürzt werden, kommen nur Stammzellen und Embryonen in ihren Blick. Aber der Nationale Ethikrat bestimmt

seine Aufgaben selbst, er muß sie nicht naturalistisch ver-
kürzen und sollte in der Lage sein zu sehen, welche Bedeutung die gesetzliche Ermächtigung zum Verrechnen von
Leben gegen Leben und zur Preisgabe von Würde gegen
Leben im Luftsicherheitsgesetz für den Schutz von Stammzellen und Embryonen hat. Wie kann er sich mit Bioban-
ken und biotechnologischen Patenten beschäftigen, während
der ethische Konsens, von dem seine Arbeit lebt, wegrutscht!

IV.

Beide, der Bundestag, der sich's mit dem Luftsicherheitsgesetz leichtmacht, und der Nationale Ethikrat, der sich gar
nicht erst mit ihm beschäftigt, passen allerdings in ein grö-
ßeres Bild. Auch die Verfassungsrechtswissenschaft hat es
sich mit dem Luftsicherheitsgesetz nicht schwergemacht,
und in der Beschäftigung mit der Folter zeigt sie wie auch
die Strafrechtswissenschaft eine erstaunliche Bereitschaft,
angesichts der neuen Lagen und Gefahren den Lebens- und
Würdeschutz abwägend, vergleichend, verrechnend zu relativieren. Daß Folter mit der Unantastbarkeit der Menschenwürde unvereinbar und verboten ist, ist immer noch die, wie
Juristen es nennen, herrschende Meinung. Aber daß das
Verbot nicht schlechterdings gelten dürfe und daß es Ausnahmen geben müsse, ist im vergangenen Jahr zur beachtli-
chen und wachsenden Minderheitsmeinung geworden. Der
Konsens, daß Leben und Würde nicht verrechnet werden
können, bricht nicht nur in der Politik, sondern auch in der
Wissenschaft weg und in den Medien ohnehin.

Alles wegen des 11. Septembers 2001? Wegen des Falls Daschner? Weil daraus die Lehren gezogen werden müssen? Tatsächlich lehrt der 11. September 2001 etwas anderes. Als die Passagiere des vierten Flugzeugs, das die Terroristen in ihre Gewalt gebracht hatten, über ihre Handys erfuhren, was mit den anderen drei Flugzeugen geschehen war, nahmen sie ihr Geschick in ihre Hände, kämpften und retteten zwar nicht ihr Leben, verhinderten aber den Anschlag der Terroristen. Auch der Fall Daschner lehrt die Notwendigkeit und Legitimität von Folter gerade nicht. Die Androhung von Folter war nicht die Ultima ratio; die vernehmenden Polizisten sahen andere Möglichkeiten, den Entführer Gäfgen zum Reden zu bringen, und wollten sie nutzen. Daß Daschner sich zur Androhung von Folter entschlossen hatte, machte ihn für die anderen Möglichkeiten blind.

Die Logik des Verrechnens von Leben gegen Leben ist die Logik des Kriegs. In der Schlacht das schwache Zentrum opfern, um über die starken Flügel zu siegen, im Feldzug die eine Schlacht drangeben, um eine andere, wichtigere zu gewinnen – es heißt Leben verrechnen. Die Vertreter der neuen Logik, die das Leben von Flugzeugpassagieren gegen das Leben der potentiellen Opfer des terroristischen Anschlags oder die Würde eines Gefolterten gegen die der Bedrohten verrechnen, schlagen denn auch gern einen kriegerisch anmutenden Ton an: Staat und Bürger sind in Gefahr, es muß gehandelt, es muß entschieden, es muß gekämpft werden, Härte ist unvermeidlich, Opfer sind unvermeidlich, es muß auch gedacht und gefordert werden, was sonst zu denken und zu fordern zynisch wäre. Woher dieser Ton?

Wird in einer Welt, die nach dem Ende des Kalten Kriegs kollidierende Kulturen, aufbegehrende Fundamentalisten, globalen Terror, Aufstände, Bürgerkriege und Kriege erlebt und wieder auf Kampf gestimmt ist, der immer noch friedliche, immer noch behütete deutsche Alltag als zu leicht und zu klein empfunden? Oder gibt es in Gesellschaften ein Bedürfnis nach einem positiven Verhältnis zum Kriegerischen, das wir Deutsche uns zu lange haben versagen müssen? Oder gibt es unter Juristen ein Bedürfnis, nicht immer nur die langweilige Normallage, sondern manchmal auch den aufregenden Ausnahmezustand zu denken? Jedenfalls ist bei den Vertretern der neuen Logik die Freude daran zu spüren, endlich wieder einmal groß und schwer denken zu dürfen.

v.

Aber wenn wirklich das Passagierflugzeug auf ein Hochhaus steuert und vom Jagdflugzeug gerade noch abgeschossen werden kann? Wenn wirklich einer festgenommen wird, dessen Aussage die letzte Hoffnung ist, die Bombe zu lokalisieren und zu entschärfen?

In den Debatten des Bundestags zum Luftsicherheitsgesetz wurde wieder und wieder argumentiert, die Verantwortung dürfe nicht dem Piloten des Jagdflugzeugs aufgebürdet werden; der Bundestag müsse sie übernehmen und dem Verteidigungsminister zuweisen. Aber diese Argumentation überzeugt nicht. Die Verantwortung liegt unausweichlich bei dem, in dessen Hand das Geschehen liegt. Der

Pilot hat sie, und sie kann ihm nicht abgenommen werden. Wenn er davon ausgeht, daß das Passagierflugzeug ins Hochhaus rasen wird, hilft ihm nicht, daß der Verteidigungsminister den Befehl zum Abschuß nicht gegeben hat, und wenn er umgekehrt von der Möglichkeit ausgeht, das Passagierflugzeug werde nicht ins Hochhaus rasen, hilft ihm der Befehl zum Abschuß nicht. Die unschuldigen Leben, die er vernichtet, werden sein Gewissen quälen, ob der Verteidigungsminister ihm die Vernichtung befohlen hat oder nicht. Auch das Gewissen des Polizisten, der einen Menschen gefoltert hat, wird nicht dadurch erleichtert, daß das Gesetz die Folter erlaubt und der Vorgesetzte sie befohlen hat, wie auch das gesetzliche Verbot der Folter sein Gewissen nicht von der Qual befreit, durch das Unterlassen von Folter Leben nicht gerettet zu haben, die er durch ihren Einsatz vielleicht hätte retten können. Wer meint, daß ein Gesetz und ein Befehl den Konflikt, die Entscheidung und die Qual des Gewissens ersparen könnten, denkt vom Menschen denn doch zu gering.

Vom Gesetz denkt er umgekehrt zu hoch. Das Gesetz kann nicht immer wiedergeben, was moralisch richtig ist, und es kann dies schon gar nicht, wenn, was moralisch richtig ist, problematisch ist. Gute Gesetze reduzieren den Konflikt zwischen Gesetz und Moral, sie können ihn aber nicht ausschließen. Auch wenn unsere Gesellschaft mehr und mehr Lebensbereiche und -aspekte vergesetzlicht und verrechtlicht hat, haben Gesetz und Recht ihre Grenze. An ihr ist das Verhalten zwar gesetzlich geregelt, steht aber auch noch unter anderen Anforderungen, die den Anforderungen des Rechts zuwiderlaufen können. An ihr kann es geschehen, daß das Recht aus einer Not, der das Gesetz nicht Rechnung trägt, oder um einer Liebe, eines religiösen Glaubens, einer moralischen Überzeugung oder einer großen Sache willen verletzt wird. Dann mag der Rechtsbruch Verständnis finden, vielleicht sogar Sympathie, vielleicht sogar moralischen Respekt. Der Richter mag milde bestrafen, und der Bundespräsident mag begnadigen. Aber das Verhalten bleibt Rechtsbruch.

So bleibt der Abschuß des Passagierflugzeugs, zu dem das Luftsicherheitsgesetz ermächtigt, ebenso Verletzung von Leben und Würde wie die Folter. Der Pilot oder Polizist, der sich gleichwohl dazu entschließt, mag Verständnis finden und auf eine milde Bestrafung oder Begnadigung hoffen. Aber das Verständnis ist kein Grund, die Grenze des Rechts dahin zu verschieben, wo Leben und Würde quantifiziert, verrechnet und nach Kalkül geopfert werden, wo das Fundament preisgegeben wird, auf dem das Deutschland des Grundgesetzes angetreten und auf das es gegründet ist.

Vielleicht steht hinter dem Beschluß des Luftsicherheitsgesetzes und der Forderung nach Aufhebung des Folterverbots sogar der Traum, die Welt so verrechtlichen zu können, daß es die Grenze des Rechts gar nicht mehr gibt. Aber sie läßt sich nicht aufheben, sondern nur verschieben. Unter der Geltung des Luftsicherheitsgesetzes gerät zwar nicht mehr der Pilot mit dem Recht in Konflikt, den der Gedanke an die Opfer des Anschlags zum Abschuß drängt, wohl aber der andere, den der Gedanke an die Passagiere vom Abschuß abhält. Ebenso stünde, wenn das Folterverbot aufgehoben würde, zwar nicht mehr der Polizist an der Grenze des Rechts, der meint, foltern zu müssen, wohl aber der andere, der meint, nicht foltern zu dürfen. Was ist mit solchen Verschiebungen überhaupt gewonnen?

Situationen, in denen die Anforderungen des Rechts mit den Anforderungen des Herzens, Glaubens oder Gewissens in Konflikt geraten, lassen sich nicht völlig vermeiden. Die Gesellschaft kann nicht darauf verzichten, im Recht die Regeln des gesellschaftlichen Zusammenlebens fest- und durchzusetzen. Der einzelne kann nicht darauf verzichten, seinem Herzen, Glauben oder Gewissen ausnahmsweise mehr zu gehorchen als dem Recht. Damit ist die Möglichkeit des Konflikts eröffnet. Das Recht gäbe sich auf, wenn es dem einzelnen den Konflikt ersparen, wenn es im Konflikt vor dem einzelnen zurückweichen würde. Es muß vom einzelnen verlangen, den Konflikt auszuhalten und eine Entscheidung zu treffen und zu verantworten. Es verwehrt ihm nicht die Hoffnung auf Verständnis, Milde oder Gnade. Aber es besteht darauf, daß er das Recht gebrochen und eine Sanktion zu gewärtigen hat. Das kann zu tragischen Ergebnissen führen. An der Grenze des Rechts haben die Konflikte und hat auch die Tragik ihren Ort. Sie gehören zu unserem Menschsein, und wir müssen mit ihnen leben.

Begegnungen beim Schreiben

# Schlage die Trommel und fürchte dich nicht!

*Rede anläßlich der Verleihung der Ehrengabe der*
*Heinrich-Heine-Gesellschaft*

I.

Als ich jung war, schieden sich an Heine noch die Geister. In der Schule, dem humanistischen Kurfürst-Friedrich-Gymnasium in Heidelberg, wurde er nicht eigentlich behandelt, kam aber angelegentlich vor: als gefälliger, sentimentaler Dichter und als leichtfertiger Kritiker, der aus Paris gut über Deutschland reden hatte, gut schlecht über Deutschland reden hatte. Seine Literatur galt als Salonliteratur, das Pendant zur Kaffeehausmusik, und er war im Vergleich mit Schiller und Goethe, was Liszt im Vergleich mit Mozart und Beethoven war. Der einzige Schulfreund, der Heine kannte und liebte, war ein Linker, gegen die Atombombe, für den Verzicht auf die Ostgebiete, für die Anerkennung der SBZ/DDR und dafür, im Kommunismus etwas genuin Anderes, Besseres als im Nationalsozialismus zu sehen.

Das waren die fünfziger und frühen sechziger Jahre. Aus den späten sechziger Jahren erinnere ich mich an die Auseinandersetzung um das Ob und Wie eines Heine-Denkmals in Düsseldorf und an die um die Benennung der Düsseldorfer Universität nach Heine. In beiden Auseinandersetzungen wurde die Ablehnung Heines oft hinter einer falschen Sorge um sein richtiges Andenken versteckt: Hätte nicht Heine selbst die Ehrung durch ein Denkmal als überholt und verzopft abgelehnt, hätte nicht er selbst sich darüber lustig gemacht, als Patron einer Universität herzuhalten wie weiland der Fürst? Aber daneben gab es weiter die offene Ablehnung Heines als des Salonliteraten und vaterlandslosen Gesellen. Auch als ich die Platte »Jazz und Heine« entdeckte und meinen Freunden vorspielte, gab es den einen und anderen, der die Nase rümpfte. Heine? Jazz? Jazz und Heine? Ich selbst habe damals nicht nur die Platte, sondern durch sie sowohl Jazz als auch Heine entdeckt. Attila Zoller machte den Jazz, und Gert Westphal las Heine – so eindrucksvoll, daß ich bis heute manche Heine-Gedichte nicht lesen kann, ohne Westphals Stimme zu hören, und manche beim Zuhören, vom Zuhören, überhaupt auswendig gelernt habe.

Daß sich an Heine die Geister schieden, ist die verhaltene Formulierung eines Befunds, den Jost Hermand in seiner Arbeit über den frühen Heine so beschreibt: »Die Spießer wurden durch Heine noch philisterhafter, die Nationalisten noch chauvinistischer und antisemitischer, die Klerikalen noch frömmelnder.« Die Beschreibung gilt den Spießern, Nationalisten und Klerikalen unter Heines Zeitgenossen, trifft aber auch noch die Reaktionen in den fünfziger und sechziger Jahren. Auch in ihnen spitzten sich Spießertum, Nationalismus und Klerikalismus zu. Und sie trifft ebenso liberales, aufklärerisches und emanzipatorisches Engagement – wie die Spießer durch Heine noch philisterhafter wurden, wurden die, die freien Sinns waren, noch freiheitssehnsüchtiger und freiheitsbegeisterter und die, die jung genug waren, rebellisch.

Heines Biograph Wolfgang Hädecke ist durch diesen Befund irritiert. Heine, der sein Publikum nicht plump und grob agitieren, sondern aufrütteln und aktivieren wollte, hat so viel Abwehr, Wut und Skandal erregt? Hat die Spießer, Nationalisten und Klerikalen radikalisiert? Hat Reaktion und Restauration befördert, obwohl er die alten Mächte bekämpfen wollte? Aber schnell wischt der Biograph die Irritation weg. Das alles war, so schreibt er, »nicht Schuld des Dichters und seines großangelegten politisch-literarischen Emanzipationskampfes, sondern die Folge der deutschen Rückständigkeit«.

## II.

Aber so einfach ist die Irritation nicht erledigt. Denn die deutsche Rückständigkeit ist ja nichts, was Heine unversehens dazwischengekommen wäre. Heine wußte um sie. Von ihr ging er aus, und auf sie zielte er. Wenn er die rückständigen Deutschen emanzipatorisch aufrütteln und aktivieren wollte, sie unter seinem Einfluß aber nur noch rückständiger wurden, ist sein Emanzipationskampf doch wohl gescheitert. Daß ein Patient, den der Arzt heilen will, nicht gesünder, sondern kränker wird, muß nicht die Schuld des Arztes sein, sondern kann seine Ursache auch in der Krankheit haben. Es kommt darauf an, auf den Arzt, den Patienten und die Krankheit. Aber wenn uns nachdrücklich versichert wird, wie von Heines Biographen, der Arzt kenne die Krankheit, und wenn wir keinen Grund zur Annahme haben, die Krankheit sei von sich aus heftiger geworden, dann liegt nahe, eine Verschlechterung des Zustands des Patienten dem Arzt anzulasten. Wenn er nicht die falsche Diagnose gestellt hat, hat er eine falsche Therapie gewählt – jedenfalls ist sein Kampf um die Gesundheit des Patienten gescheitert.

Ist es ein Trost, daß Heine nicht der einzige ist, der in dieser Weise gescheitert ist? Daß es von Georg Büchner bis Kurt Tucholsky, von Karl Kraus bis Hans Magnus Enzensberger keinem rückständigen Leser bei der Lektüre plötzlich wie Schuppen von den Augen gefallen ist, so daß er von Rückstand auf Fortschritt umgeschwenkt ist? Daß von Honoré Daumier bis George Grosz und von John Heartfield bis Klaus Staeck kein Betrachter ihrer Bilder emanzipiert und aufgeklärt, sondern bestenfalls radikalisiert wurde in dem, was er ohnehin politisch glaubte? Daß auch aus Theater und Film von Sergej Eisenstein bis Costas Gavras und von Bertolt Brecht bis Claus Peymann die Zuschauer so herauskommen, wie sie hineingegangen sind, allenfalls verärgert, weil ihnen die Richtung nicht paßt, oder zufrieden, weil sie in der Befürwortung der Richtung bestätigt und bestärkt wurden?

Ja, wenn das, was politische Kunst will, das Missionieren ist, steht es schlecht um sie. Daß wir, wenn wir die genannten Schriftsteller und Maler, Theater- und Filmemacher mögen, uns nach dem Genuß ihrer Kunst politisch gut fühlen, gut im Teilen der Verachtung, Empörung, Belustigung oder Begeisterung des Künstlers, darf uns nicht glauben machen, die Kunst bewirke bei allen dieses gute politische Gefühl. Bei denen, die die Künstler und deren politische Richtung ablehnen, bewirken sie Kränkung statt Verachtung, Ärger statt Empörung, Trotz statt Belustigung und Zorn statt Begeisterung. Auch diese politischen Gefühle können genossen werden. Aber die Künstler werden sie schwerlich als missionarischen Erfolg verbuchen wollen.

## III.

Ich bin sicher, daß Heine sich dieser Ambivalenz der Wirkung seiner Schriften bewußt war. Er war in der Einschätzung der gesellschaftlichen und politischen Verhältnisse so nüchtern, missionarischem, revolutionärem Überschwang so abhold, so sensibel für schlechte Wirkungen guter Absichten und so empfindlich, wenn ihm Ablehnung begegnete, wirkliche oder vermeintliche, daß ich mir schlechterdings nicht vorstellen kann, er habe gemeint, seine Schriften bekehrten deren Leser vom Rückstand zum Fortschritt. Aber was hat er gemeint? Was hat er gewollt? Was waren die Strategie und die Taktik seines politisch-literarischen Emanzipationskampfs?

Als politischer Schriftsteller begegnet uns Heine in dreierlei Gestalt. Zum einen kämpfte er in konkreten Auseinandersetzungen mit konkreten Gegnern. Die Auseinandersetzungen mit August Graf von Platen und Ludwig Börne sind die literarisch ergiebigsten und bekanntesten; daneben und danach gab es noch viele andere, von der mit Wolfgang Menzel bis zu der mit Georg Herwegh und von der mit Giacomo Meyerbeer bis zu der mit Franz Liszt, oft aus gescheiterten und enttäuschten Freundschaften hervorgegangen, oft mit literarischem Niederschlag in Gestalt des Gedichts. Diese

Auseinandersetzungen waren stets auch Vergewisserungen über die eigene politische und literarische Position, und die Schrift gegen Börne ist auch ein Traktat über den Unterschied zwischen Dichter und Tagesschriftsteller, zwischen einerseits dem Blick auf das Ganze und in die Weite, der Verpflichtung für die Zukunft des Menschen und der Gesellschaft und andererseits dem tagespolitischen Eifer, der sich in Parteigezänk und im Erreichen und Verfehlen kurzfristiger Ziele erschöpft. So weisen die Auseinandersetzungen über sich hinaus, auch wenn sie eine Fülle tagespolitischer Bezüge enthalten, mal klug und mal platt, mal spritzig und witzig und mal von frivoler Effekt- und Pointenhascherei und pedantischer Gehässigkeit, und auch, wenn sich ihre affektive Energie aus den konkreten persönlichen Gegnerschaften speiste.

In anderen Schriften treten die tagespolitischen Bezüge und die konkreten Gegnerschaften zurück. In ihnen begegnet der politische Schriftsteller als politisch-ökonomisch-philosophischer Theoretiker, in Nähe zu Marx als Beobachter der industriellen Revolution, der internationalen Finanz, der kapitalistischen Wirtschaft und der Sprünge und Brüche, die die ökonomische Dynamik in den politischen Verhältnissen verursacht, und zugleich in Nähe zu Nietzsche als Künstler eines neuen, freien Menschen, frei von der Körperfeindlichkeit und Sündengläubigkeit des Christentums, Hellene statt Nazarener, entfaltungsstolz, lebensheiter, göttlich. Dabei muß die Theorie nicht theoretisch, sondern kann auch poetisch präsentiert werden.

Ein neues Lied, ein besseres Lied,
O Freunde, will ich Euch dichten!
Wir wollen hier auf Erden schon
Das Himmelreich errichten.

Wir wollen auf Erden glücklich seyn
Und wollen nicht mehr darben;
Verschlemmen soll nicht der faule Bauch
Was fleißige Hände erwarben.

Es wächst hienieden Brod genug
Für alle Menschenkinder,
Auch Rosen und Myrten, Schönheit und Lust,
Und Zuckererbsen nicht minder.

Schließlich begegnet uns der politische Schriftsteller Heine
als düsterer Visionär. Zwar sah er das ausgebeutete, revolutionäre Proletariat die Zukunft und das Recht auf seiner
Seite haben. Aber er sah es auch als wilde Horde von Dämonen, Ratten, Krokodilen und ihre Führer als kalte, mit-
leidlose, rücksichtslose, tyrannische Doktrinäre, die in
gleichmacherischem Wahn Schönheit und Wahrheit, Kunst
und Wissenschaft zerstören. Neben dieser Ahnung des
kommunistischen Wütens steht die des nationalistischen,
eines Wütens als Folge verspäteter politischer Emanzipation: »wenn Ihr es einst krachen hört, wie es noch niemals
in der Weltgeschichte gekracht hat, so wißt, der deutsche
Donner hat endlich sein Ziel erreicht. Bey diesem Geräu-
sche werden die Adler aus der Luft todt niederfallen, und die
Löwen in der fernsten Wüste Afrikas werden die Schwänze

einkneifen und sich in ihren königlichen Höhlen verkriechen. Es wird ein Stück aufgeführt werden in Deutschland, wogegen die französische Revoluzion nur wie eine harmlose Idylle erscheinen möchte.«

Politischer Schriftsteller in dreierlei Gestalt – so begegnet uns Heine, und die drei Gestalten ragen ineinander, die tagespolitischen Auseinandersetzungen in die politisch-ökonomisch-philosophische Theorie und diese in die apokalyptische Vision. Sie fügen sich zusammen, aber nicht zur Taktik und Strategie eines politisch-literarischen Emanzipationskampfs. Für den Kampf fehlt das Ziel, fehlen die Bundesgenossen oder auch nur die Suche nach ihnen und das Werben um sie, fehlt die Planung des Einsatzes der Kräfte für den Sieg in der Schlacht und die des Einsatzes der Schlachten für den Sieg im Krieg. Es gibt nicht einmal ein durchgängiges Engagement für die Erniedrigten und Beleidigten; manchmal schlug sich Heine für sie, manchmal aber war er auch so sehr Ästhet, daß er sich ihnen nicht solidarisch fühlen konnte, und so sehr Individualist, daß er vor ihrem egalitären, revolutionären Wüten Angst hatte. Er war nicht auf politisch-literarische Gradlinigkeit aus, sondern konnte sich manchmal auf die eine und manchmal auf eine andere Weise äußern. Seine Prosa und mehr noch seine Poesie sind entschlossen subjektiv. Wenn Zielstrebigkeit und Gradlinigkeit, taktisches und strategisches Kalkül, das Bemühen um Objektivität und vielleicht auch noch Einsatz für die Erniedrigten und Beleidigten den politischen Schriftsteller machen, dann war Heine keiner. Macht nichts, mag man sagen und dem negativen Befund sogar eine positive Seite abgewinnen: Die Irritation darüber, daß Heine den Rückstand bekämpfen wollte, ihn aber befördert hat, löst sich auf; wo kein politisch-literarischer Emanzipationskampf ist, da kann es auch keine Enttäuschung über anti-emanzipatorische Radikalisierung geben.

IV.

Aber Heine *war* ein politischer Schriftsteller. Ihn lesen und das wissen ist eins. Die Irritation und die anschließenden Überlegungen laufen nicht darauf hinaus, daß Heine kein politischer Schriftsteller war. Sie laufen auch nicht darauf hinaus, daß er ein gescheiterter politischer Schriftsteller war. Sie lehren vielmehr, den Begriff des politischen Schriftstellers besser zu fassen.

»Philosophie«, so schreibt der von Heine verehrte Georg Wilhelm Friedrich Hegel, »ist ihre Zeit in Gedanken erfaßt. Es ist ebenso töricht zu wähnen, irgendeine Philosophie gehe über ihre gegenwärtige Welt hinaus, als, ein Individuum überspringe seine Zeit.« Auch Literatur ist ihre Zeit in Gedanken erfaßt, genauer in Geschichten, in langen und in kurzen, in Stücken, in Gedichten. Keine Literatur geht über ihre Welt hinaus, und kein Schriftsteller überspringt seine Zeit. Nicht daß dieses Verhaftetsein in Welt und Zeit und in deren politischen Verhältnissen jede Literatur zur politischen Literatur und jeden Schriftsteller zum politischen Schriftsteller machen würde. Dazu bedarf es der Wahrnehmung der politischen Verhältnisse und des Bewußtseins von ihnen; die politische Literatur und der politische Schriftsteller sind sich ihrer bewußt, zielen auf sie und machen sie bewußt. Aber das ist auch alles.

Denn »um noch über das Belehren, wie die Welt sein soll, ein Wort zu verlieren, so kommt dazu ohnehin die Literatur immer zu spät. Als der Gedanke der Welt erscheint sie erst in der Zeit, nachdem die Wirklichkeit ihren Bildungsprozeß vollendet und sie fertig gemacht hat«. Auch das ist Hegel; ich habe nur »Literatur« an die Stelle von »Philosophie« gesetzt. Es erklärt den irritierenden Befund, daß Heines Schriften die Rückständigen nicht belehrt haben, sondern nur noch rückständiger haben werden lassen und insofern, als kämpferisch-emanzipatorische Belehrung verstanden oder vielmehr mißverstanden, gescheitert sind.

Zugleich haben sie die Fortschrittlichen noch fortschrittlicher werden lassen. Daß Literatur zum Belehren, wie die Welt sein soll, zu spät kommt, und daß sie erst in die Welt tritt, wenn die Wirklichkeit vollendet ist, heißt nicht, daß sie rückwärtsgewandt wäre. Es heißt, daß sie nicht mehr kann, als uns der Wirklichkeit zu vergewissern, der Welt und der Zeit und unseres Ortes darin. Da unsere Orte verschieden sind, vergewissert sie uns auch verschieden, den Spießer seines Spießertums, den Nationalisten seines Nationalismus, den Frömmelnden seiner Frömmelei und den Freiheitsliebenden seiner Freiheit. Sie vergewissert und radikalisiert uns, denn wo wir gewisser sind, sind wir auch radikaler.

Statt von Radikalität läßt sich auch von Authentizität reden. Je authentischer Literatur ihre Zeit in Gedanken, Geschichten, Stücken und Gedichten faßt, desto authentischer macht sie auch den Leser in dem, was er in seiner Zeit ist. Dabei meint Authentizität der Literatur nicht Getreulichkeit des Abbildens und nicht Tauglichkeit als zuverlässige historische Quelle; darin ist die Literatur aus dem zweiten Glied allemal besser als die aus dem ersten. Sie meint das Erfassen der Zeit unter ihrer abbildbaren Oberfläche – bis hin zum Erfassen dessen, was in der Zeit erst angelegt ist und nur visionär geahnt werden kann. In seinen düsteren politischen Visionen begegnet uns Heine als politischer Schriftsteller besonders groß.

## v.

Ich komme zum Schluß. Die Beschäftigung mit Heine, zu der mir die heutige Einladung und Ehrung Gelegenheit gegeben haben, habe ich zum Versuch genutzt, mehr Klarheit darüber zu gewinnen, was es mit dem Politischen bei der Literatur und beim Schriftsteller auf sich hat. Denn ich werde es gefragt: Verstehen Sie sich als politischen Schriftsteller? Warum haben Sie sich nicht wie viele andere Schriftsteller zum Kosovo-Konflikt geäußert? Warum äußern Sie sich nicht überhaupt mehr zur Politik? Was denken Sie über die politische Verantwortung des Schriftstellers? Hat Günter Grass recht, der die Schriftsteller verpflichtet sieht, die Partei der Erniedrigten und Beleidigten zu ergreifen? Hat Nadine Gordimer recht, die ihn verpflichtet sieht, in Opposition zu den Herrschenden zu stehen? Und weil ich weder zum Literaturbetrieb gehöre noch Literaturwissenschaft studiert habe und mit der Gewißheit über derartige Fragen also weder lebe noch gar aufgewachsen bin, habe ich die Gelegenheit ergriffen, mich an Heine zu wenden.

Die Zeit in Gedanken erfassen, in Geschichten, Stücken,

Gedichten – es führt in die Distanz zu den Herrschenden, weil Herrschen die Welt und die Zeit in einer Weise reduziert, auf die sich Literatur nicht verstehen kann. Die Zeit in Gedanken erfassen – es schließt den Blick auf die Erniedrigten und Beleidigten, die Vernachlässigten und Vergessenen ein, die der Zeit und der Welt ebenso zugehören wie die Sichtbaren und Erfolgreichen. Es schließt die Scheu vor dem Unzeitgemäßen, Unweltgemäßen, Anstößigen aus, das doch Teil unserer Zeit und Welt ist. Es gibt ein Ethos der Distanz, der distanzierten, sorgfältigen, furchtlosen, ganzheitlichen Wahrnehmung, das für mich das eigentliche politische Ethos des Schriftstellers und des Intellektuellen überhaupt ist. Es schließt nicht aus, daß Schriftsteller sich immer wieder politisch äußern und sagen, was anders verkannt, verdrängt und vergessen wird. Aber politisch belehren, missionieren und agitieren? Sagen, was Politiker ebenso sagen? Betreiben, was politisch ohnehin betrieben wird? Auch insoweit gibt es eine politische Verantwortung, aber es ist keine besondere Verantwortung des Schriftstellers, sondern die allgemeine des Bürgers, und natürlich ist der Schriftsteller auch Bürger – wie jeder andere. Und natürlich kann der Schriftsteller literarisch-politisch zu missionieren und zu agitieren versuchen, aber für den Leser tritt es wieder in Literatur und Politik auseinander: in gute oder schlechte Literatur und in bejahte oder abgelehnte Politik.

Genug. Genug Ordnung in Gedanken gebracht, die keine Ordnung brauchen, jedenfalls keine wissenschaftliche und büchergelehrte tiefsinnige. Denn sie bleiben nicht Gedanken, sondern werden Geschichten, Stücke, Gedichte.

Schlage die Trommel und fürchte dich nicht,
Und küsse die Marketenderinn!
Das ist die ganze Wissenschaft,
Das ist der Bücher tiefster Sinn.

# Ein Teil der Welt

*Rede anläßlich der Verleihung des Hans-Fallada-Preises*

Wenn ich über Hans Fallada zu reden hätte, würde ich es unter dem Motto tun: Hans Fallada oder das Scheitern des Versuchs, in Frieden mit der Welt zu leben. Es ist Falladas Scheitern und das seiner Romangestalten. Es tritt ein, ob der Versuch bescheiden oder kühner unternommen wird, einem überholten oder zeitgemäßen Lebensentwurf folgt, sich den politischen Verhältnissen stellt oder sie nicht zur Kenntnis und schon gar nicht als Herausforderung nimmt. Das hat Fallada den Vorwurf des unpolitischen Schriftstellers eingetragen, und in der Tat interessiert ihn die Politik nicht als solche und nicht als Herausforderung, Aufgabe, Mitte des Lebens des einzelnen. Sie ist einfach ein Teil der Welt, in und mit der der einzelne zurechtkommen muß. Wie das Wetter kann sie freundlich oder bedrohlich sein. Man kann so verzweifelt sein, daß man ins Gewitter hinausläuft und sich vom Blitz erschlagen läßt. Aber besser stellt man sich, wenn es regnet, unter. Und am besten scheint die Sonne.

Ist das unpolitisch? Es will nicht politisieren. Es ist keine Literatur des politischen Programms und Fanals. Und es ist doch eine Literatur, in der politische Verhältnisse und Mentalitäten, auch politische Möglichkeiten und Unmöglichkeiten ganz präsent sind. Was also ist ein politischer Schriftsteller und was politische Literatur? Geht es um das Politische als Programm oder um die Präsenz des Politischen? Genügt es, wenn das Politische sich im Individuellen spiegelt und bricht, oder muß das individuelle Leben ein bewußt, wenn auch nicht unbedingt gewollt politisches sein? Und was ist das Politische: das Einmalige, Unverwechselbare, vielleicht sogar Unvergleichbare einer politisch-historischen Situation oder das, was in den verschiedenen politisch-historischen Situationen als Grundkonstellation und -problem wiederkehrt? Oder beides?

Beides, so lautet die Antwort, und beides auch, was die Alternativen Fanal oder Präsenz, Brechung des Politischen im Individuellen oder bewußt politisch individuelle Existenz angeht. Beides nicht nur, weil die politischen Temperamente von Schriftstellern und damit auch die politischen Prägungen ihrer Arbeiten unterschiedlich und vielfältig sind. Das Politische selbst ist von unterschiedlicher und vielfältiger Gestalt. Und politisch-historische Situationen gewinnen unterschiedliche und vielfältige Bedeutung. Sie gewinnen wechselnde Bedeutung nicht zuletzt im Wechsel der Generationen.

Was den literarischen Umgang mit der politisch-historischen Situation des Dritten Reichs und des Holocaust angeht, so ist es nicht zu früh, zwei Abschnitte zu unterscheiden, entsprechend den zwei Generationen zunächst der Väter und Täter und dann ihrer Söhne und Töchter. Bei der ersten Generation geht es um Verdrängung und Offenlegung, um Offenlegung als Bewältigung, bei der zweiten darum, sich zur ersten ins Verhältnis zu setzen, in ein wieder offenlegendes, aber auch anklagendes und verurteilendes Verhältnis und um diese Verhältnisbestimmung als Be-

wältigung. Die Literatur der zweiten Generation ist auf freilich vorsichtige Weise literarischer als die der ersten; sie ist
es auch insofern, als sie auf wieder vorsichtige Weise stärker
fiktional ist, während die der ersten fast völlig dokumen-
tarisch ist. Was wird mit der dritten Generation, der Generation der Enkel und Enkelinnen? Welche Literatur erreicht
sie? Welche Literatur wird sie selbst produzieren?

Was die Literatur der ersten und der zweiten Generation bei allen Unterschieden verbindet, ist, daß es sich um
Schuld-Literatur handelt. Obwohl die Vorstellung einer
kollektiven Schuld oft vage ist und religiöser und philo-
sophischer Spekulation überläßt, wie die Schuld von jemandem, der ein Verbrechen begangen hat, zur Schuld auch
eines anderen wird, der das Verbrechen nicht begangen hat,
wie die Schuld der Väter zur Schuld der Kinder wird, war
beziehungsweise ist kollektive Schuld für die meisten Angehörigen der ersten wie auch der zweiten Generation eine
Wirklichkeit: individuell erlebt, erlitten, verborgen und verdrängt wie jede andere Schuld.

Es war die Schuld derer, die die Verbrechen des Dritten
Reichs begangen haben, wie auch derer, die zugesehen haben
und nicht eingeschritten sind oder überhaupt weggeschaut
haben. Die Rechtsgeschichte lehrt uns, wie Schuld sogar die
verstrickt, die nicht einmal Zeugen der Verbrechen waren. In
den frühen Stammeskulturen hatte, wenn ein Angehöriger
einer Gemeinschaft gegenüber einem Angehörigen einer
anderen Gemeinschaft ein Verbrechen beging, seine Gemeinschaft die Wahl, ihn auszustoßen oder bei sich zu
behalten. Behielt sie ihn bei sich, gewährte sie ihm Solidarität, dann teilte sie auch seine Schuld, übernahm gegenüber

der anderen Gemeinschaft Verantwortung und Haftung. Solidargemeinschaft ist auch Schuldgemeinschaft. Ähnlich haben die Deutschen, die die Täter der ersten Generation nicht ausgestoßen, sondern als Mitbürger, Politiker, Administratoren, Richter, Professoren, Lehrer und Eltern akzeptiert haben, an deren Schuld teilgehabt. Darum ging es 1968: Die zweite Generation realisierte, wie verstrickt sie in die Schuld der ersten war, und versuchte, sich aus der Verstrickung zu befreien – wenigstens durch ein moralisches Anklagen, Verurteilen und Ausstoßen der Täter, Mittäter und Zuschauer der ersten Generation.

Gerade weil kollektive Schuld nichts Spekulatives ist, sondern ihre empirischen und normativen Bedingungen hat und verschiedene Menschen und Generationen durch das verbindet, was sie tun und lassen, kann der Schuldzusammenhang enden. Anders als die erste und die zweite Generation steht die dritte nicht vor der Wahl, Solidarität mit den Tätern der ersten Generation zu üben oder zu verweigern. Mit den Politikern, Lehrern und Eltern der ersten Generation, die die Verbrechen begangen, mitbegangen oder geschehen lassen haben, ist sie persönlich nicht mehr oder kaum noch verstrickt. Es gibt die erste und die zweite, aber es gibt keine dritte Schuld. Das breite Spektrum von echter Betroffenheit über taktvolle Höflichkeit, Zurückhaltung, Gleichgültigkeit, Ablehnung bis zum Flirt mit faschistischen Versatzstücken, dem wir bei der dritten Generation begegnen, hat entscheidend mit dem Ende des Schuldzusammenhangs zu tun.

Und doch gibt es ein Vermächtnis der Furchtbarkeiten des Dritten Reichs auch für die dritte und die folgenden Generationen. Was Menschen einander antun und einander schuldig bleiben können, wie sie, ohne Monster zu sein, die furchtbarsten Verbrechen begehen können, wie politische und gesellschaftliche Institutionen versagen und wie eine moralische Kultur zusammenbrechen kann, schließlich auch wie man sich zu denen verhält, die die furchtbarsten Verbrechen begangen haben – diese Fragen sind für die nächsten Generationen nicht weniger drängend als für die erste und zweite. Aber der individuelle Zugang zu ihnen ist bei der dritten und bei den folgenden Generationen, anders als bei der ersten und zweiten, nicht durch eine zugleich kollektiv und individuell erfahrene Schuld, in die man als Deutscher eben verstrickt ist, immer schon gestiftet. Er wird vielmehr immer wieder neu hergestellt werden müssen. Literatur, die dazu beitragen wird, wird politische Literatur sein, aber anders als die der ersten und zweiten Generation mit dem Dritten Reich noch ein Stück individualistischer umgehen – und zugleich universeller, da mit dem deutschen Schuldzusammenhang auch die Evidenz der partikularen deutschen politisch-historischen Situation verlorengeht.

Ob die dritte Generation Fallada als politischen Schriftsteller wieder entdecken und erleben wird, als einen, der den individuellen Zugang zum Dritten Reich erschließt, in seinem Werk und auch in den Hilflosigkeiten und der Standschwäche seines Lebens?

Vielleicht. Er birgt viel mehr, als sein gängiges öffentliches, auch sein gängiges literaturwissenschaftliches Bild verspricht. Dieses Bild hat falsche niedliche Züge. Ich will gestehen, daß ich, als ich hörte, daß ich einen Fallada-Preis bekomme, zunächst ein bißchen ratlos war. Kleiner

Schlink – was nun? Was habe ich mit Fallada zu tun? Der Preis ist mir in der Vorbereitung auf den heutigen Abend Anlaß zu einer Begegnung und Beschäftigung mit ihm geworden, über die ich froh bin. Ich freue mich, diesen, gerade diesen Preis zu bekommen.

# Der Geist der Erzählung

*Laudatio auf Imre Kertész*

Auschwitz ist zum Mythos geworden. Imre Kertész hat beschrieben, warum Auschwitz zum universellen Gleichnis wurde, das das Zeichen der Unvergänglichkeit trägt: In Auschwitz ist die Grenze zwischen Gut und Böse ganz klar; was in Auschwitz geschah, ist in allen Einzelheiten bekannt, nichts kann hinweggenommen, nichts hinzugefügt werden; die Katastrophe von Auschwitz hat lebenswichtige zivilisatorische Organe verletzt und Wunden gerissen, die nicht völlig verheilt sind und wieder aufbrechen können.

Zugleich ist Auschwitz zum Kitsch geworden. Auch das hat Kertész beschrieben: Auschwitz wird verkitscht, wenn getan wird, als gehe die Humanität letztlich unbeschädigt aus Auschwitz hervor, wenn der Zusammenhang zwischen den Deformationen der Zivilisation und der Möglichkeit des Holocaust verkannt wird, wenn über Auschwitz geredet wird, ohne daß über den modernen Totalitarismus geredet wird, und wenn Auschwitz für eine Sache allein der Deutschen und Juden gehalten wird; dazu gibt es den sozusagen handfesten Auschwitz-Kitsch, Holocaust-Sentimentalitäten, Holocaust-Stereotype, Holocaust-Tabus, Holocaust-Zeremonien und das Holocaust-Mahnmal mit Holocaust-Park und Holocaust-Kinderspielplatz. Mythen sind nicht dagegen gefeit, verkitscht zu werden, sie sind vielmehr besonders gefährdet. Einfachheit – hier die Klarheit der Grenze zwischen Gut und Böse –, Unantastbarkeit – hier die Bekanntheit des Geschehens, von dem nichts hinwegge- nommen und dem nichts hinzugefügt werden kann – und Unauslöschbarkeit der Erinnerung – hier weil die Wunden nicht völlig verheilt sind und wieder aufbrechen können – machen ebenso wie gute Mythen auch guten Kitsch.

Das Erinnern allein garantiert keine Erlösung. Auch die Angst der Opfer des Holocaust vor dem Vergessen hat Kertész beschrieben, eine Angst, die über das Bangen um Leben und Tod und das Verlangen nach dem Walten der Ge- rechtigkeit hinausging, eine Angst von metaphysischer, reli- giöser Qualität. Wir wissen heute, daß diese Angst sich nicht erfüllt hat und daß die Geschichte des 20. Jahrhunderts nicht mehr geschrieben werden kann, ohne daß über den Holocaust geschrieben wird. Wir wissen zugleich, wie hilf- los, wie wenig erlösend das Erinnern sein kann und wie der Holocaust, ob im Mythos entrückt oder als Kitsch verein- nahmt, tradiert werden kann, ohne daß diese Tradition mo- ralisches Wissen, moralische Kraft, einen Geist der Kathar- sis hervorbrächte. Wer seine Vergangenheit nicht erinnert, ist dazu verurteilt, sie zu wiederholen – Kertész hat den be- kannten Satz aufgegriffen und die Formulierung zugespitzt: Dazu verurteilt, sie zu wiederholen, ist, wer der Vergangen- heit nicht in die Augen sieht. Der Vergangenheit in die Augen sehen – das heißt sehen, daß die Vergangenheit uns anschaut, uns stellt und daß wir ihr furchtbares Angesicht letztlich nur ertragen können, wenn wir entweder gleich- gültig und zynisch werden oder aber etwas entgegenzuset- zen haben. Letztlich heißt, der Vergangenheit in die Augen sehen, eine Entscheidung treffen. Zunächst heißt es, die Herausforderung ihres furchtbaren Angesichts annehmen.

Annehmen, daß der Holocaust, die totalitäre Determinierung des Menschen, die Deformierung und Liquidierung persönlicher Autonomie, die Institutionalisierung des Mordens, nicht ein einmaliger Rückfall in die Barbarei war, nicht ein monströses Ereignis, uns so fern und fremd, wie uns Monster fern und fremd sind, nicht etwas Unbegreifliches, an das wir erschüttert oder respektvoll oder ängstlich nicht rühren können. Der Holocaust birgt eine generelle Erfahrung und bezeichnet eine generelle Möglichkeit des Menschen. Das gilt sowohl für das, was an den Tätern, ihren Taten und ihrer Organisation unbegreiflich anmutet, als auch für das Leiden, Sterben und Überleben der Opfer. Kertész' großes Thema ist die Erfahrung des Überlebenden, der »all das, was im nachhinein als unbegreiflich angesehen wird, zur gegebenen Zeit sehr wohl begreifen mußte, denn eben das war der Preis des Überlebens. Wenn auch das Ganze unlogisch war, jeder Augenblick, jeder Tag erforderte eine unerbittlich exakte Logik: Der Überlebende mußte begreifen, um zu überleben, das heißt, er mußte begreifen, was er überlebte. Denn eben das ist die große Magie, wenn man so will, das Dämonische: daß die totalitaristische Geschichte unseres Jahrhunderts von uns die ganze Existenz fordert.«

Der Begriff des Begreifens umgreift vieles, Beobachtung, Analyse und Kritik, und setzt auch vieles voraus, Sorgsamkeit, Beteiligung und Distanz. Er umgreift auch Vertrauen, ein vertrauensvolles Sich-Einlassen auf die Wirklichkeit, die als eine vernünftige vorausgesetzt wird. Im *Roman eines Schicksallosen* setzt der 15jährige György die Wirklichkeit von Auschwitz, Buchenwald und Zeitz als vernünftig voraus und läßt sich vertrauensvoll auf sie ein. Die Selektion an der Rampe beobachtet und beschreibt er so: »Ich habe der Arbeit des Arztes bald folgen können. Kam ein alter Mann – ganz klar: auf die andere Seite. Ein jüngerer – hier herüber, zu uns. Und so, mit den Augen des Arztes, konnte ich nicht umhin festzustellen, wie viele von ihnen alt oder sonstwie unbrauchbar waren.« Da weiß er noch nicht, um was es bei der Selektion geht. Als es ihm klarwird, berichtet er auch darüber wie über Gebräuche, die nicht erfreulich sind, aber einer Idee folgen und ihre Logik haben. Ebenso lernt er später in Buchenwald und Zeitz die Regeln des Kampfs ums Überleben und registriert noch seine Krankheit am Rand des Todes mit nüchternem, freundlichem Zutrauen zur Welt. Am Ende erinnert er, daß es »sogar dort, bei den Schornsteinen, in der Pause zwischen den Qualen etwas gab, das dem Glück ähnlich war. Alle fragen mich‹ immer nur nach Übeln, den ›Greueln‹, obgleich für mich vielleicht gerade diese Erfahrung die denkwürdigste ist.«

Der Sog, in den der Roman beim Lesen zieht, und die Qual, die er beim Lesen bereitet, sind der psychische Niederschlag eines philosophischen Befunds. Indem György die Wirklichkeit der Konzentrationslager hinreichend vernünftig voraussetzt, daß er sich auf sie einlassen, sich ihr anpassen kann, überlebt er. Überleben kann man nicht gegen die Wirklichkeit, sondern nur mit ihr und in ihr. Aber mit ihr und in ihr überlebend wird man ein Teil von ihr, und ihre Vernünftigkeit wird zur eigenen, obschon sie allem widerspricht, alles verhöhnt, um dessentwillen die Wirklichkeit eigentlich vernünftig und das Überleben erstrebenswert ist. Ich habe Kertész zum Begreifen als Preis des Überlebens und dazu zitiert, daß die totalitaristische Geschichte unseres Jahrhunderts von uns die ganze Existenz fordert. Er fährt fort, daß die Geschichte uns, nachdem wir ihr unsere ganze Existenz gegeben haben, »im Stich läßt, einfach weil sie sich anders, mit einer grundlegend anderen Logik fortsetzt. Und dann ist für uns nicht mehr begreiflich, daß wir auch die vorhergehende begriffen haben, das heißt, nicht die Geschichte ist unbegreiflich, sondern wir begreifen uns selbst nicht.«

Was dann? Was bleibt nach der Erfahrung der Wirklichkeit des Holocaust und der Erkenntnis, daß er eine Möglichkeit des Menschen ist? Was bleibt nach der Erfahrung des Paradoxons des Überlebens? Selbstmord? Wie Jean Améry, Tadeusz Borowski, Paul Celan und Primo Levi? Kertész schreibt es dem Stalinismus zu, daß er nach Auschwitz weder zunächst der Illusion der Freiheit noch später der tödlich entmutigenden Enttäuschung über das Ausbleiben einer Befreiung zur Katharsis erlag. Bleibt Glaube? Woran? Hoffnung? Worauf? Kertész setzt weder auf politische, wirtschaftliche und kulturelle Institutionen noch auf das zugleich Individuelle und Göttliche schlechthin: das Glück. Das Glück als Pflicht – es hat ihn beschäftigt, aber er zweifelt, ob nach Auschwitz Glück noch möglich ist und ob eine Pflicht zum Glück nicht eine Pflicht zu Unmöglichem wäre. Bleibt nur blindes, taubes und stummes Weitermachen? Oder das Weitermachen als die absurde oder heroische oder absurde und heroische Wiederholung derselben Bewegungen und Handlungen? Aber kann man nach dem Holocaust auch nur auf die elementarste menschliche Wiederholung setzen? Das Zeugen und Gebären und Aufziehen von Kindern?

Mit dem *Roman eines Schicksallosen* sind die Fragen nicht beantwortet. Sie sind mit Klarheit und Schärfe gestellt. Die Suche nach Antworten treibt Kertész' andere Bücher, von *Fiasko* über *Kaddisch für ein nichtgeborenes Kind* und *Galeerentagebuch* bis zu den Erzählungen und Essays. Immer wieder scheint Camus' Antwort auf; in ihm hat Kertész sowohl thematisch und gedanklich als auch in der Fähigkeit, den philosophischen Themen und Gedanken gültige literarische Gestalt zu geben, einen Bruder. Aber Kertész' Sisyphos entdeckt anders als Camus', daß der Stein, den er wieder und wieder den Berg hinaufgewälzt hat, zum Kiesel abgewetzt ist; er bückt sich, hebt ihn auf, steckt ihn ein, nimmt ihn mit, holt ihn zu Hause in leeren Stunden hervor – und ihn erwarten nur noch leere Stunden. Immer wieder ist die Verzweiflung in Kertész' Büchern so stark, daß für die Hoffnung auf eine Antwort überhaupt kein Raum zu bleiben scheint. Aber immer wieder spricht Kertész auch von der Erfahrung des Holocaust als einer kathartischen Erfahrung, und sei es nur der Möglichkeit nach. Und er spricht von seinem intakt gebliebenen naiven Glauben an ursprüngliche Werte, ohne den er kein Werk, ohne den er nichts hätte zustande bringen können. Das ist keine Ethik. Aber es ist, im furchtbaren Angesicht der Vergangenheit getroffen, die Entscheidung gegen Gleichgültigkeit und Zynismus, die Bedingung der Katharsis, der Anfang der Ethik.

Der Preis ehrt das gesamte Werk von Imre Kertész. Er ehrt die Einsamkeit, in der es entstanden ist. Das Ringen um

Antworten. Die in Klarheit und Schärfe gestellten Fragen. Den philosophischen und historischen Gehalt. Natürlich ehrt der literarische Preis die literarische Meisterschaft. Aber es ist eine Meisterschaft des Gedankens ebenso wie der Sprache, der Philosophie ebenso wie der Literatur, der Schärfung des analytischen Blicks ebenso wie der Schärfung der moralischen Verantwortung, der Beschäftigung mit der Geschichte des Jahrhunderts ebenso wie der Entwicklung der Geschichte des Romans. »Die Dichter«, schreibt Kertész in seinem Essay über den Mythos von Auschwitz, »sind es, die dem Gesetz gehorchen, jenem Gesetz, das die Geschichten, auch die große Menschen-Geschichte schafft und formt. Dieses ungreifbare und gleichwohl am stärksten wirksame Gesetz möchte ich mit einem von Thomas Mann entliehenen Ausdruck einfach den Geist der Erzählung nennen. Ich wage die kühne Behauptung, daß wir in einem gewissen Sinne und auf einer gewissen Ebene ausschließlich um dieses Geistes der Erzählung willen leben, daß dieser in unser aller Herzen und Köpfen unablässig sich formende Geist den geistig nicht erfaßbaren Platz Gottes einnimmt; das ist der imaginäre Blick, den wir auf uns fühlen, und alles, was wir tun oder lassen, tun oder lassen wir im Lichte dieses Geistes.« Wir danken Imre Kertész für sein Werk im Lichte dieses Geistes.

# Verschüttete Vergangenheit

*Laudatio auf Pat Barker*

Dem literarischen Zugriff auf die Vergangenheit enthüllt sich diese in zweierlei Gestalt: zum einen als Stoff für Geschichten, zum anderen als der Grund der Gegenwart. Der historische Roman nimmt die Vergangenheit als Stoff für Geschichten, er erzählt sogar die Geschichte selbst als Geschichte. Von der Vergangenheit als dem Grund der Gegenwart zu handeln, muß ein Roman anders als der historische Roman nicht in der Vergangenheit, sondern kann auch in der Gegenwart spielen. Dann vermeidet er die Gefahr, daß die Gestalten und das Geschehen der Vergangenheit auf falsche Weise heutig geraten. Aber ein Gemälde der Vergangenheit, in der die Gegenwart gründet, kann ein Roman nur bieten, wenn er sich der Gefahr aussetzt. Nur wenn er in der Vergangenheit spielt, eröffnet er dem Leser die Möglichkeit, die Vergangenheit als Grund der Gegenwart auch zu erleben. Pat Barker hat sich der Gefahr ausgesetzt und sie bestanden. Mit *Niemandsland, Das Auge in der Tür* und *Die Straße der Geister* hat sie ein wunderbares Gemälde der Zeit des Ersten Weltkriegs geschaffen.

Vor Jahren wurde ich erstmals auf Pat Barkers Trilogie über den Ersten Weltkrieg angesprochen, in Amerika. Die Schriftstellerin Joyce Hackett war verwundert, daß die Trilogie noch nicht ins Deutsche übersetzt war. Ebenso verwundert war sie später über die Aufnahme, die jene 1993 bis 1995 erschienene, 1995 mit dem Booker-Preis gewürdigte Trilogie bei ihrem Erscheinen in Deutschland 1997 bis 2000 oft fand: als eine englische Beschäftigung mit der englischen Erfahrung des Ersten Weltkriegs. Aus der Distanz Amerikas wird deutlicher als aus der deutschen Nähe, daß Pat Barker eine europäische Trilogie geschrieben hat.

Gewiß, in England ist der Erste Weltkrieg als wissenschaftliches und literarisches Thema bis heute in einer Weise präsent und populär, in der er es in Deutschland nicht ist. In Deutschland begegnen Kaiserreich, Erster Weltkrieg und Weimarer Republik nur als Verfalls- und Vorgeschichte des Dritten Reichs. Nur in dieser Gerichtetheit wird der Erste Weltkrieg wahr- und ernstgenommen. Das mag es für deutsche Leser schwerer als für englische machen, sich auf Pat Barkers Trilogie einzulassen. Werden die englischen Ereignisse und Personen der Trilogie aber erst einmal wahr- und ernstgenommen, zeigen sie nicht nur eine englische, sondern ebenso eine deutsche und europäische Wahrheit. Sie zeigen die Wahrheit des Kriegs als Einbruch in eine Kultur und als deren Ende.

Die Kriegsneurosen, an denen die englischen Offiziere in der Trilogie leiden, sind keine anderen als die, an denen deutsche und französische Offiziere litten; es sind die Neurosen des massenhaften Tötens und Sterbens mit Kugel und Gas, in Gräben und Verhauen, unter Hunger und Krankheit. Pat Barker schreibt vom Krieg fast nur im Medium der Erinnerungen, Träume, Ängste und neurotischen Symptome der Patienten. Aber das reicht, ihn in seiner psychisch wie physisch zerstörerischen, stets furchteinflößenden, oft ekelerregenden Gräßlichkeit nicht nur abstrakt, sondern auch konkret präsent zu machen. In ihm hatten die tradierten Männlichkeits-, Tapferkeits- und Ritterlichkeitsideale des Offiziersstands keine Evidenz mehr, hörte der Offiziersstand überhaupt auf, als etablierter Bestandteil einer gefügten gesellschaftlichen und militärischen Hierarchie Sicherheit und Anerkennung zu bieten, und war am Ende auch die gesellschaftliche Hierarchie aus den Fugen geraten. In ihren Neurosen sind auch die Offiziere selbst aus den Fugen geraten – je einzeln und zugleich seismographisch für die Gesellschaft.

Zu ihnen gehören als zentrale Personen der Trilogie die authentischen Gestalten von Siegfried Sassoon und Wilfred Owen, bedeutende englische *war-poets*, für ihre Tapferkeit auch berühmt und ausgezeichnet, aber ohne patriotisches Pathos und voller Haß auf die Schlächterei des Kriegs. Sie sind ebenso wie von Ernst Jüngers Heroisierung und Mythisierung des Kriegs auch weit entfernt von Erich Maria Remarques Abscheu vor dem Krieg, die nur noch das Bedürfnis nach Überleben, Verkriechen, Weglaufen kennt. Sie gehen nach der psychiatrischen Behandlung durch William H. R. Rivers zurück an die Front – aus Verantwortung für ihre Soldaten, aus Sehnsucht nach der Solidarität, die sich in Gefahr und Kampf einstellt, wohl auch aus einem Hauch von Lebensangst und Todessehnsucht. Sassoon hat nach dem Krieg selbst darüber geschrieben. Konnte er so nur darüber schreiben, weil England gesiegt hat? Ist, wie Jünger und Remarque darüber geschrieben haben, die Reaktion auf die Niederlage?

Die Probleme der Kriegsneurosen wurden durch den Sieg

jedenfalls nicht gelöst. Pat Barker erwähnte in einem Gespräch 1929 als »Spitzenjahr für kriegsbedingte psychische Störungen«. Erst Ende der zwanziger Jahre hätten die Gebildeten ihren Kriegserfahrungen autobiographischen oder romanhaften Ausdruck geben können und seien die weniger Gebildeten unter ihnen seelisch zusammengebrochen. Erst nach einer kurzen Zeit der Betäubung und einer längeren Zeit der Verdrängung beginne die Nötigung und Fähigkeit zur Auseinandersetzung – ein Befund, der für die Zeit nach dem Zweiten Weltkrieg ebenso gilt wie für die nach dem Ersten und der, wie die späte Auseinandersetzung der Amerikaner mit dem Krieg in Vietnam und die zwar vom Westen betriebene, im Osten aber verschobene Beschäftigung mit der kommunistischen Vergangenheit zeigen, einem Gesetz folgt, das bei allen großen kollektiven Erschütterungen greift.

Auch Rivers, die eine der beiden Hauptpersonen der Trilogie, ist eine authentische Gestalt. Weil er, anders als sein Kollege Lewis Yealand, nicht auf Abrichtung durch Elektrobehandlung setzt, sondern auf das Gespräch und die Wiederherstellung des Patienten durch das Zur-Sprache-Bringen, Erinnern und Anerkennen des neurotisch verdrängten Traumas, leidet er selbst. Denn er sieht, daß die neurotischen Symptome dem Grauen des Kriegs gemäß sind, daß nichts krank daran ist, durch die zerstörerische, entstellende Gewalt des Kriegs zerstört und entstellt zu werden, und nichts gesund daran, sich der Gewalt wieder zu unterwerfen, der man durch die Neurose entkommen ist. Aber eben darauf zielt die Behandlung, so therapeutisch und analytisch einfühlsam sie auch ist.

Es ist dasselbe Leiden, das Sigmund Freud in einem von Kurt Eissler dokumentierten, 1920 von der Österreichischen Kommission zur Erhebung militärischer Pflichtverletzungen durchgeführten Verfahren gegen den Psychiater Julius Wagner-Jauregg wegen dessen Elektrobehandlungen als Sachverständigen sagen läßt: »Den Ärzten ist etwas wie die Rolle von Maschinengewehren hinter der Front zugefallen, die Rolle, die Flüchtigen zurückzutreiben. Das lag bestimmt in der Absicht der Kriegsverwaltung. Für den ärztlichen Stand war es eigentlich eine Aufgabe, die sich nicht recht damit verträgt. Der Arzt soll in erster Linie der Anwalt der Kranken, nicht der eines anderen sein.« Wie in England wurden auch in Deutschland und Österreich-Ungarn mit Stromstößen vor allem die einfachen Soldaten behandelt; sie waren vor dem Tod an der Front in die Krankheit geflohen und sollten durch eine Behandlung zur Flucht in die Gesundheit und Rückkehr an die Front gezwungen werden, bei der die schmerzende Kraft der Elektrizität und der Druck der militärischen Autorität zusammenwirkten. Bei Offizieren derart auf militärische Subordination zu setzen schien abwegig, und so kamen für sie als erstes psychotherapeutische und -analytische Behandlungen zur Anwendung.

Einfachen Soldaten begegnet man in Pat Barkers Trilogie kaum. Aber Billy Prior, neben Rivers die zweite Hauptperson der Trilogie, stammt aus kleinen Verhältnissen und schlägt die Brücke von der Welt der Offiziere in die Arbeiterklasse. Er wurde aus Überzeugung Soldat und wegen Tapferkeit zum Offizier befördert und ist nun ein »Gentleman auf Zeit«, der unter den anderen Gentleman-Offizieren fremd bleibt. Ihm, der fiktiven Gestalt, gilt Pat Barkers besondere Liebe. Auch sie kommt aus der Arbeiterklasse und muß sich fragen lassen, ob sie zur englischen Gesellschaft eigentlich dazugehört. »Ach, ich fühle mich wie eine Außenseiterin, die sich hineingeschmuggelt hat. Ja, so ist es. Aber ich hoffe, daß ich niemals richtig dazugehören werde.«

Durch Prior und die Liebe zwischen ihm und Sarah Lumb kommt die Welt der Arbeiterinnen aus der dem psychiatrischen Krankenhaus benachbarten Munitionsfabrik in den Blick. Durch einen Auftrag des Kriegsministeriums und dadurch, daß Prior Pflegekind von Beattie Roper war und sie im Gefängnis besucht, wo sie eine Strafe wegen eines Giftanschlags auf Lloyd George verbüßt, den sie nicht begangen hat, begegnet er auch der Welt der Pazifisten, Kriegsgegner und Kriegsdienstverweigerer und dem Haß, mit dem sie sozial ausgegrenzt und vielfältigen Erniedrigungen und absurden Strafen unterworfen werden. Und doch sind Beattie, ihre Tochter Hettie und deren Freund Mac in ihrer Identität vom Krieg ebensowenig gefährdet wie die Arbeiterinnen in der Munitionsfabrik.

Das geht Prior anders. Er ist seiner sozialen Identität ebensowenig gewiß wie seiner sexuellen. Er weiß nicht, wie er die Spannungen seines wahllosen sexuellen Begehrens und seiner Liebe zu Sarah, die Spannungen seiner Kindheit mit dem prügelnden Vater und der schwachen Mutter, die Spannung seiner sowohl Zuneigung als auch Ablehnung gegenüber Beattie, Hettie und Mac und die Spannung auflösen soll, in der er den Krieg zugleich furchtbar und als große, Wesentliches von Unwesentlichem scheidende existentielle Kraft erlebt.

Aus der Ungewißheit, wer er ist, wird die Ungewißheit,

was er tut. Er hat Absencen, nach denen er nicht mehr weiß, was er gesagt hat, wie weit er sexuell gegangen ist, wie gewalttätig er geworden ist und ob er das Versteck von Mac, dem Freund seiner Kindheit, verraten hat.

Wie ihm Pat Barkers besondere Liebe gilt, gehört ihm auch die des Lesers. Dem deutschen Leser begegnet er vor dem Hintergrund der deutschen Gesellschaft, die schon seit dem Ersten und erst recht seit dem Zweiten Weltkrieg weniger Klassengesellschaft ist als die englische, nicht so sehr als einzelner Aufsteiger, sondern vielmehr als Bild einer Gesellschaft, die aus den Fugen geraten ist. Als Sinnbild wie als Einzelschicksal ist seine Gestalt auch darum so beeindruckend, weil sie als letztlich vermiedene Möglichkeit doch auch das andere in sich trägt und sichtbar macht: statt des Aushaltens der Spannungen das Umschlagen in Rücksichtslosigkeit, Grausamkeit und Zynismus.

»Es ist wirklich beängstigend zu sehen, was damals vor sich ging«, hat Pat Barker in einem Gespräch im Hinblick auf das Geschehen sowohl an der Front als auch in der Heimat bemerkt, »man bekommt das Gefühl, daß die Demokratie vielleicht auch in England eine Niederlage nicht lange überlebt hätte.« Und in einer Besprechung ihrer Trilogie überlegt Klaus Harpprecht angesichts der Greuel der Schlachten des Ersten Weltkriegs, in denen der Mensch zum Material erniedrigt und zum Kadaver abgerichtet wurde und erfahren mußte, daß seine Existenz und seine Würde nichtig waren, ob nicht »die Hölle von Auschwitz und Treblinka sich in den Schützengräben des ›großen Kriegs‹, von dem die Franzosen und Engländer sprechen, gleichsam hinter dem Rücken der europäischen Kultur vorbereitet hat.

Man mag sich sogar fragen, ob es völlig abwegig ist, eine verborgene Verbindung von Hitlers Gasverwendung und dem Einsatz von Zyklon B zu vermuten.« Gewiß ist, daß das Dritte Reich nicht ohne die geistigen, seelischen und moralischen Verwüstungen verstanden werden kann, die der Erste Weltkrieg hinterließ.

Pat Barkers Trilogie folgt wenigen Personen. An ihnen, ihren Gesprächen, Träumen und Ängsten ist der Leser nahe dran. Aber so individuell diese Perspektiven sind, so groß gerät doch das Gemälde der Zeit des Ersten Weltkriegs. Es ist ein Gemälde der Zeit aus dem Geist der Psychiatrie, Psychotherapie und -analyse. Es ist auch ein Gemälde der Zeit aus dem Geist feministischer Sensibilität; Pat Barker beschreibt das Scheitern der Männer präzise und behutsam als deren Gefahr und Chance zugleich. Den anderen großen Zeitgemälden der Literatur steht das von Pat Barker nicht nach. Wie jene vermengt es authentische und fiktionale Gestalten, authentisches und fiktionales Geschehen, und diese Mischform, die bei Büchern über einzelne Personen oft wie ein Sich-Drücken vor den Anstrengungen der Biographie wirkt, ist dem Zeitgemälde völlig gemäß.

Jedes große Buch ist ein Geschenk. Für das deutsche Publikum ist Pat Barkers europäisches Werk ein besonderes Geschenk, indem es den Zugang zu einer historischen Erfahrung eröffnet, der seit langem verschüttet ist. Es handelt nicht nur von Erinnerung und Wiederherstellung, sondern bringt Erinnerung und Wiederherstellung auf den Weg.

# Rückkehr und Wiederholung
*Laudatio auf Jeffrey Eugenides*

Große Literatur erzählt uns die alten Geschichten immer wieder neu oder, was das gleiche ist, ihre neuen Geschichten so, daß wir in ihnen zugleich den alten wiederbegegnen. Den Geschichten von Liebe und Tod, Leidenschaft und Verzweiflung, Treue und Verrat, Aufbruch und Heimkehr, Ablösung und Selbstfindung, Aufwachsen und Altwerden. Sie erinnern sich, wie Sie als Kinder dieselben Geschichten, dieselben Märchen noch mal und noch mal vorgelesen bekommen oder auch noch mal und noch mal lesen wollten? Diese Freude an der Wiederbegegnung und auch Wiederholung verliert sich nicht. Sie wird lediglich variationstoleranter, mehr noch, sie wird neugierig auf Variationen, begierig auf Variationen. Wenn Sie Ihren Kindern oder Enkeln vorlesen, kennen Sie's, daß Ihre kleinen Zuhörer das Märchen haarklein wie beim letzten Mal vorgelesen bekommen wollen und keinen anderen Satz, kein anderes Wort dulden, während Sie selbst Freude an den neuen Wendungen und neuen Wahrheiten haben, die Sie beim abermaligen Vorlesen entdecken. Als Kinder müssen wir uns die alten Geschichten erst aneignen. Sind wir erwachsen und sind die alten Geschichten unser Eigentum, unser Leben geworden, dann wollen wir ihnen und uns in ihnen neu begegnen.

Mein Großvater, den ich sehr geliebt habe, hat zwar viel

gelesen, zumal über Geschichte und Sprache, aber keine schöne Literatur. Er saß lieber am See und schaute aufs Wasser. Inzwischen verstehe ich, warum der Blick auf das Meer oder einen See oder ins offene Feuer eines Kamins und das Lesen schöner Literatur ein Stück weit funktionale Äquivalente sein können. Es ist das Zugleich von Sich-gleich-Bleiben und Sich-Verändern des Gegenstands beziehungsweise das Zugleich von Wiederbegegnung und Neuerfahrung in der Zuwendung zum Gegenstand, das das Meer, das offene Feuer und die schöne Literatur beziehungsweise die Beschäftigung damit verbindet, und auch, was die Beschäftigung damit zugleich aufregend und beruhigend machen kann.

Mein Großvater, dessen arme Eltern mit ihren kleinen Kindern 1868 aus Bilten im Kanton Glarus nach Knoxville, Tennessee, ausgewandert und 1874 noch ärmer mit den ein bißchen größeren Kindern von New Orleans nach Bilten zurückgekehrt sind – ich hätte Lust, Ihnen manches über ihn zu erzählen. Über ihn und darüber, was ich mit ihm erlebt und von ihm gelernt habe und was ich von ihm in mir wiederfinde. Ich hätte dazu Lust, weil das Buch, über das ich heute zu Ihnen spreche, mir die Erinnerungen an meinen Großvater eine um die andere zurückgebracht hat. Denn *Middlesex* von Jeffrey Eugenides ist ein Buch, das uns Fremdes nah- und im Fremden Eigenes wiederbringt. Die Begegnungen, mit denen es uns beschenkt, sind zugleich Wiederbegegnungen. Und die erste Begegnung des Buchs ist die Begegnung mit den Großeltern.

Mit ihnen fängt das Buch an, und mit der Großmutter hört es auf. Während der Sohn der Großmutter, der Vater des Protagonisten, begraben wird, besucht der Protagonist sie, die seit 20 Jahren das Bett nicht mehr verläßt. Sie hält ihn zunächst für ihren Mann, erkennt ihn dann als ihr Enkelkind und erkennt auch, daß der, der jetzt als Junge vor ihr steht, derselbe ist, den sie, den alle und der auch sich selbst früher als Mädchen wahrgenommen hat. Und sie gesteht ihm als einzigem ihrer Nachkommen, daß sie und der Großvater Schwester und Bruder waren. Daher sei sie an seiner hermaphroditischen Identität schuld. Grimmig sagt sie es, grimmig und weinend. Aber dann lächelt sie. Sie, die bei ihren eigenen Kindern die Angst, sie seien nicht normal, nicht abtun konnte, freut sich bei ihrem nicht normalen Enkelkind darüber, daß es Mann genug geworden ist, um ihre über dem Bauch ihrer schwangeren Schwiegertochter mit einem Löffel ausgependelte Prognose, das Kind werde ein Junge werden, endlich doch noch zu bestätigen. Sie, die bei ihren Kindern überhaupt immer besorgt und angespannt war, ist bei ihrem Enkelkind ganz gelassen. Diese Gelassenheit, mit der unsere Großeltern mit uns umgehen, ist der Vorbote der Gelassenheit, zu der wir hoffentlich schließlich selbst finden. Cal, ehemals Calliope, der Protagonist des Romans, findet am Ende zu ihr.

Mit der Liebesgeschichte zwischen Großvater und Großmutter fängt der Roman an. Es ist eine wunderschöne Liebesgeschichte, und schon bei der Lektüre ihres Vorabdrucks im *New Yorker* habe ich mich in den Roman verliebt. Die beiden leben in einem griechischen Dorf in den Bergen an der kleinasiatischen Küste. Sie leben in einer Welt, die mit dem Ende des Ersten Weltkriegs und dem Einmarsch der Griechen aus den Fugen geraten ist und mit dem Angriff der

Türken, der Flucht der Griechen, der Zerstörung Smyrnas und der Ermordung und Vertreibung seiner christlichen Bevölkerung völlig zerfällt. Inmitten dieses heil- und trostlosen Durcheinanders verlieben sich Bruder und Schwester. Sie fallen nicht in die Liebe, sie springen auch nicht in sie, sie entdecken ihre Liebe zueinander wie eine Wahrheit, die lange geleugnet wurde, nun aber nicht länger geleugnet werden kann, sondern endlich anerkannt werden muß. So zart die beiden mit der Wahrheit ihrer Liebe umgehen – die Wahrheit macht zugleich frei für eine kluge, nüchterne, entschlossene Lebenstüchtigkeit. Sie schaffen es auf ein französisches Schiff, erreichen Athen und gehen an Bord eines Schiffs nach Amerika, als kennten sie einander nicht. Dann spielen sie unter den neugierigen Augen der Passagiere und der Besatzung das Spiel des Sich-Begegnens, Sich-Kennenlernens und Sich-Verliebens – unter den vielen Spielen um Schein und Sein, falsche und wahre, unbegriffene und begriffene Identität, die Jeffrey Eugenides seine Gestalten spielen läßt, das erste. Bruder und Schwester lassen sich vom Kapitän trauen und erreichen New York als Ehepaar Stephanides. Sie haben ihr individuelles Spiel gespielt und zugleich das alte, das ewige Spiel des Einwanderns. Einwandern heißt sich neu erfinden. Während der Schiffsreise über den Ozean phantasieren sich Verlierer zu Gewinnern, Katenbauern zu Rinderbaronen, Kerzenzieher zu Eigentümern von Elektrokonzernen. So phantasiert und spielt auch der Großvater »in dem Bewußtsein, daß alles, was er zu sein schien, zu etwas werden würde, was er war – ein Amerikaner«.

Die Großeltern ziehen nach Detroit, der Großvater wird

Arbeiter bei Ford. Das Fließband, an dem er Lager schleift, die Ford-Schule, an der er Englisch lernt und bei der Abschlußaufführung in Pluderhosen in den amerikanischen Schmelztiegel taucht, um daraus mit Anzug als Amerikaner wieder herauszusteigen, die Soziologen bei Ford, die ihm den Gebrauch von Badewanne und Zahnbürste beibringen wollen, der Alkoholschmuggel über den Lake St. Clair, die Eröffnung einer Kellerkneipe im eigenen Haus, die Arbeit seiner Frau als Seidenzüchterin für die schwarze, muslimische Bewegung »Nation of Islam«, die Geburt und das Großwerden der Kinder und nach den verrückten Zwanzigern, der Wirtschaftskrise und den hoffnungsvollen Dreißigern der Krieg, aus dem der Sohn heil zurückkehrt, seine Cousine heiratet und mit »Hercules hot dogs« ein Fast-Food-Imperium aufbaut – es ist ein rasantes Feuerwerk von Witz und Ernst, von absurden, grotesken, erschreckenden, bewegenden, beglückenden Situationen, in dem die alte Geschichte vom amerikanischen Traum und seiner Erfüllung in neuer Frische erzählt wird.

Dann sind wir bei Calliopes Geburt. Nicht daß wir sie erst jetzt kennenlernen würden. Cal hat schon die Geschichte seiner Großeltern und Eltern als seine Geschichte und auch schon die Geschichte des Gens erzählt, dem er die rezessive Mutation auf seinem Chromosom 5 und die Geburt als Hermaphrodit, als Wesen mit Scheide, winzigem klitorisähnlichen Penis und eingewachsenen Hoden verdankt. Aber jetzt sind wir bei der Geburt dabei und bei der etwas schlampigen Untersuchung von Cals Geschlecht durch den alten armenischen Arzt, schlampig, weil der Arzt sich gerade in die Krankenschwester und diese sich in ihn verliebt. Wir stehen am Beginn der zweiten Hälfte des Romans.

Auch die zweite Hälfte ist mit den Rassenunruhen in Detroit, dem Vietnam-Krieg und den Blumenkindern und Hippies prallvoll von Zeitgeist und Zeitgeschichte. Aber mit dem Umzug der Familie in das eigentümlich verbaute, zugleich altmodische und futuristische, mit seinen Gängen und Treppen scheinbar nirgendwohin führende Haus am Middlesex Boulevard und mit dem Auf- und Heranwachsen von Calliope beginnt eine andere Dramatik. Es geht nicht mehr darum, einen Platz in der neuen Welt zu sichern. Es geht um neuen Aufbruch.

Die Freundschaft zwischen der siebenjährigen Calliope und dem Nachbarskind Clementine mit ersten Küssen und Spielen der nackten Körper in der Badewanne, das Sterben des Großvaters, das über drei Jahre geht, in denen Calliope das Gefühl hat, als nehme, was sein verlöschender Verstand nicht mehr halten kann, Platz in ihrem Verstand, die Schönheit von Calliope als kleinem Kind und jungem Mädchen, ihr Erschrecken, als der Busen nicht wächst, sich über der Lippe der Hauch eines Barts zeigt und die Menstruation ausbleibt, ihre Leiden mit dem leeren Büstenhalter, beim Haarentfernen, beim Vortäuschen einer Menstruation – in den kleinen und großen Ereignissen in Calliopes Leben erkennt der zurückblickende Cal den Weg zur Entdeckung seiner selbst durch sich selbst.

Auch die Liebe der 14jährigen Calliope zu ihrer Klassenkameradin, die Cal zurückblickend in Erinnerung an das damalige Gefühl einer mysteriösen, surrealistischen Bürde und in Hommage an Buñuel das obskure Objekt nennt, ist die Entdeckung einer Wahrheit. Was Calliope nach einem lustlosen, schmerzhaften sexuellen Erlebnis mit dem Bruder des Objekts mit dem Objekt selbst erlebt, ist mehr als ein lesbisches Spiel pubertierender Mädchen. Calliope ahnt, daß sie in dem Objekt nicht das gleiche, sondern das andere sucht und liebt. Sie ahnt es nur, sie weiß es noch nicht. Aber dann führen die Zuneigung zum Objekt und die Ablehnung von dessen Bruder zu einem Unfall, und der Notarzt, schärfer blickend und sorgfältiger als der alte armenische Arzt, der Calliope zur Welt gebracht und als Hausarzt betreut hat, merkt, daß etwas mit Calliope nicht stimmt.

Der Arzt in der New Yorker Ambulanz für sexuelle Störungen und geschlechtliche Identität, Kapazität auf dem Gebiet des menschlichen Hermaphroditismus, rät den Eltern und Calliope zur Operation. Er will eine richtige Frau aus ihr machen. Aber jetzt begreift Calliope, was sie in der Begegnung mit dem Objekt nur geahnt hat. Sie will sich nicht operieren lassen. Sie läuft davon, läßt sich die Haare schneiden, besorgt sich einen Anzug und trampt nach San Francisco. Nach ein paar Monaten, in denen sie sich als hermaphroditisches männliches Wesen entdeckt und annimmt, kehrt sie zurück. Sie kehrt zurück als Kerl, ein großer Junge, der ein gutgewachsener, gutaussehender Mann wird und schließlich in Berlin eine Frau findet, eine Fotografin aus Kalifornien, der er sagen kann, wie es um ihn steht, und die ihn eben so liebt und nimmt. Ob sie bei ihm bleiben wird? Er ist im diplomatischen Dienst. »In ein, zwei Jahren werde ich Berlin verlassen und woandershin versetzt werden. Der Abschied wird traurig sein. Diese einst geteilte Stadt erinnert mich an mich. An meinen Kampf um Vereinigung, um Einheit.«

Auch die Geschichte Calliopes und Cals ist eine alte amerikanische Geschichte – wie es die der Großeltern und die der Eltern war. Nach der Geschichte von Einwanderung und Assimilation und nach der Geschichte von Aufstieg und Sich-Etablieren ist es die Geschichte des Rastlos-Seins, des Unbefriedigtseins, des Aufbruchs nach Westen. Es ist die Geschichte des Suchens und Findens einer neuen, der eigenen Identität. Aber nein, Suchen und Finden ist zu wenig und auch zu wenig amerikanisch. Cal schafft seine Identität. Natürlich haben Calliope und Cal ihre Identitätserfahrungen gemacht, keine intensiver als die Liebe zum obskuren Objekt. Aber was man in seinen Erfahrungen wirklich erfahren hat, steht zunächst noch nicht fest. Es muß erst entschieden werden. Und in der Entscheidung gewinnt die eigene Identität Gestalt.

Anlage oder Umwelt, Biologie oder Pädagogik und Soziologie – immer wieder fragt sich Cal, was es damit auf sich hat. Immer wieder bietet der Roman essayistische Episoden, in denen über Geschlecht, Gene, Schicksal, Identität reflektiert wird – kluge, kundige, witzige, ironische, resignierte Essays. Cal findet die Antwort nicht, wie sollte er auch. Also erfindet er sich. Was soll er auch machen, wenn die Wissenschaft nicht weiterhilft? Wie die Entscheidung die Antwort auf mehrdeutige Erfahrungen ist, ist die Praxis die Antwort auf die ratlose Wissenschaft.

So wiederholt sich das Schicksal des Großvaters in dem der Enkelin Calliope, des Enkels Cal. Auch das Enkelkind muß das Spiel um seine Identität spielen. Auch das Enkelkind findet sich nicht, sondern erfindet sich. Und auch für das Enkelkind gilt es, aus Zwiespältigem Eindeutiges, aus

Halbem ein Ganzes zu machen, und wenn wir das Buch aus der Hand legen, wissen wir, daß es Cal ebenso wie seinem Großvater nur schlecht und recht gelingen wird. Aber was macht das schon.

Überhaupt sind die Dinge nicht so wichtig, wie wir sie nehmen. Wo die Gestalten, denen wir in Jeffrey Eugenides' Buch begegnen, hingehören, geschlechtlich und sozial, ob sie Glück oder Pech haben, auf- oder absteigen, eines frühen oder späten Tods sterben – für sie alle erfüllt sich das Leben und ist am Ende rund geworden. Es kann sich erfüllen und am Ende rund werden, weil es nicht ganz ernst ist, weil die Gestalten über sich und die Welt lachen, und wenn die Gestalten selbst es nicht können, dann können es ihre Verwandten und Freunde, und allemal können wir es, denen Jeffrey Eugenides seine Gestalten stets mit einem Lächeln vorstellt, manchmal einem traurigen, manchmal einem ironischen und oft einem rundherum fröhlichen. Die Geschichte, die er erzählt, ist immer wieder einfach ungeheuer komisch.

Lesen Sie, wenn Sie deprimiert sind und sich etwas Gutes tun wollen, einfach die Unfälle, die Jeffrey Eugenides uns erzählt. Lesen Sie von der letzten Schmuggelfahrt des Großvaters über den vereisten See und von dem Packard, der sich elegant wie ein Elefant aufrichtet, ehe er einsinkt und alles dunkel wird. Oder vom Tod von Cals Vater, der in seinem nachtblauen Cadillac über das Geländer der Ambassador-Bridge segelt und nach langem, schönem Flug in den Detroit-River eintaucht. Oder von Calliope, die das Rad eines Traktors in hohem Bogen durch die Luft schleudert und die dann glücklich auf dem Rücksitz eines Autos erwacht, den Kopf im Schoß des Objekts. Wir sind selbst schuld, wenn wir die Katastrophen unseres Lebens nicht mehr genießen.

Wir danken Jeffrey Eugenides für ein wunderbares Buch. Ein Buch reich an Geschichte und Geschichten, an Liebe, Glück, Leid, Trauer und Tiefsinn, an Witz und an Fabulier- und Erinnerungslust. Wie schön, daß Jeffrey Eugenides seinen großen amerikanischen Roman in Berlin und darum zugleich einen europäischen Roman geschrieben hat. Nein, natürlich nicht nur darum. »Wir Griechen«, so stellt Cal bei der Erinnerung an die Hochzeit der Großeltern auf dem Schiff von Athen nach New York fest, »heiraten im Kreis, um uns einzuprägen, worauf es in der Ehe im wesentlichen ankommt: daß man, um glücklich zu sein, Vielfalt in der Wiederholung finden muß, daß man, um voranzukommen, gut daran tut, an den gemeinsamen Ausgangspunkt zurückzukehren.« Es kommt darauf nicht nur in der Ehe an, sondern im Leben überhaupt, und auch dies verdanken wir den Griechen: Heraklit, soweit es um das wiederholte Steigen in denselben Fluß, Odysseus, soweit es um Aufbruch, Heimkehr und erneuten Aufbruch, und Teiresias, soweit es um den wiederholten Wechsel des Geschlechts und auch um die Rückkehr in die Blindheit des Ursprungs geht. Die griechische Weisheit der Ehe ist auch die des Lebens. Und es ist die Weisheit der großen Literatur, der amerikanischen nicht anders als der europäischen. Jeffrey Eugenides hat sein Buch aus dieser Weisheit geschrieben.

# Gotthold Ephraim Lessing: Bürgerliches Denken über Recht, Staat und Politik am Vorabend der bürgerlichen Gesellschaft

## I.

Lessing ein politischer Theoretiker – das ist gewiß nicht das Stichwort, unter dem *Minna von Barnhelm*, *Emilia Galotti* und *Nathan der Weise* in den Schulen gelesen und auf den Bühnen gespielt werden. Und wenn vor zwei Jahren Lessings 200. Todestag das Interesse an seinem Werk neu geweckt hat, dann ist es nicht sein theoretisches, sondern sein dichterisches Werk, dem das Interesse gilt. Aber von seinen Zeitgenossen wurde Lessing nicht nur unter die größten Dichter gerechnet, sondern auch unter die größten Philosophen und Kant an die Seite gestellt. Die Wertschätzung galt zum einen Lessings religionsphilosophischen und ästhetischen Arbeiten, zum anderen aber auch seinen Gedanken zur Moral und zur Politik, zur Freiheit und zur Toleranz, zur Notwendigkeit des Staates und zu den Grenzen des Rechts. In seinem Umfang überragt dieses theoretische Werk das dichterische. Zur Philosophie, zum Rechts- und Staatsdenken seiner Zeit hat es vielfältige Bezüge: Lessing hat an Spinoza, Leibniz und Wolff angeknüpft, ihm waren Grotius, Conring und Thomasius vertraut, er hat von Montesquieu gelernt und Rousseau rezensiert.

Er hat sich nicht selbst als Philosophen bezeichnet. Die Bezeichnung wäre ihm prätentiös erschienen. Auch wollte er den Zwang zum System, den er für das philosophische Denken bejaht hat, für sein eigenes Denken nicht gelten lassen. Er kritisierte lieber, als daß er systematisierte, stellte lieber Fragen, als daß er Antworten gab. Er hätte wohl auch eine Unterscheidung zwischen seinem dichterischen und seinem theoretischen Werk nicht akzeptiert. Denn sein kritisches und fragendes Denken geht hier nicht anders vor als dort, und er ist beidemal gewissermaßen philosophierender Dichter und dichtender Philosoph.

Dies macht den Reiz der Beschäftigung mit Lessing aus. Philosophie faßt ihre Zeit in Gedanken, Dichtung bringt sie zur Anschauung – in Lessings Werk begegnet seine Zeit zugleich im Gedanken und in der Anschauung. Es ist die zweite Hälfte des 18. Jahrhunderts politisch und sozial die Zeit vor dem Umbruch: Das alte Reich zeigt sich im Zustand der Auflösung, der Absolutismus befindet sich in seiner Spätphase, die Aufklärung zersetzt die religiösen und politischen Traditionen, und das aufstrebende Bürgertum beginnt, eine neue Gesellschaftsformation und eine neue Staatsorganisation zu verlangen. Noch hält die alte Ordnung, und sie hält in Deutschland fester und länger als in Frankreich. In Deutschland hat das Bürgertum in der bürgerlichen Intelligenz zwar schon eine soziale Vorhut, es ist aber wirtschaftlich noch ganz unentwickelt und politisch noch ganz machtlos. Es steht noch nicht in der Morgenröte, sondern erst am Vorabend der bürgerlichen Gesellschaft.

Lessing hat dies am eigenen Leib erfahren. Zeitlebens verachtete er das Wohlwollen der höfischen Welt und war doch auf es angewiesen, zeitlebens pries er die unabhängige Existenz eines freien Dichters und Kritikers und war doch verzweifelt auf der Suche nach Amt und Anstellung. Er war ein Bürger noch ohne den Lebensraum der bürgerlichen Gesellschaft.

Sein Denken über Recht, Staat und Politik bringt die Zeit vor dem Umbruch zum Ausdruck. Manches ist dabei derart zeitgebunden, daß es heute zwar noch ein historisches Interesse beanspruchen kann, aber nicht mehr ein philosophisches. Anderes läßt den Zeitbezug hinter sich. Hier sind Probleme in Gedanken gefaßt, mit denen die Zeit über ihre Bedingtheit hinausweist. Das Interesse gilt vorliegend besonders den Problemen aus dem Konfliktfeld von Moral und Politik. In Lessings Bearbeitung dieses Konfliktfeldes finden sich auch die Ansätze seiner Bestimmung der Bedeutung und der Grenzen des Rechts. Wenn es bloße Ansätze sind, dann nicht nur, weil Lessing kein Jurist war, sondern auch und gerade, weil das politisch noch machtlose Bürgertum sich zur politischen und rechtlichen Artikulation seiner Lage und seiner Interessen erst vorarbeiten mußte.

II.

Zur Anschauung bringt Lessing sein Verständnis der Moral in seinen Fabeln und in seinen Dramen. Es ist ein traditionelles Verständnis. Was Lessing als Laster und was er als Tugend kennzeichnet, wurde vor ihm auch schon so gekennzeichnet. Bloßgestellt werden zum Beispiel Geiz, Neid,

Undank, Betrug und Schmeichelei, gerühmt werden redliche Pflichterfüllung und das bescheidene Bewußtsein des eigenen Werts. Neu und eigen ist dabei jedoch zweierlei. Zum einen gilt Lessings Interesse weniger dem äußeren als dem inneren Geschehen, weniger den Taten der Beteiligten als ihren Motiven. Zum anderen gilt sein Interesse weniger dem moralischen Resultat als dem moralischen Konflikt. Beides zeigt sich schon in Lessings Fabeln und unterscheidet sie von den antiken und den zeitgenössischen Vorbildern. Es zeigt sich zum einen da, wo Lessing in der Fabel ein Wohlverhalten als bloße Fassade entlarvt, um dahinter ein fragwürdiges oder bösartiges Motiv aufzudecken. Es zeigt sich zum anderen dann, wenn er die Situation der Fabel so gestaltet, daß sich die Beteiligten in ihr nicht mehr richtig, sondern nur noch problematisch verhalten können. Besonders aber kommt dieses Interesse am moralischen Konflikt statt an der moralischen Sentenz in den Dramen zur Geltung. Die Komposition der *Minna von Barnhelm* zielt in einer Formulierung von Georg Lukács gerade darauf, »die moralische Fragwürdigkeit abstrakt-moralischer Prinzipien in konkreten Entscheidungslagen immer wieder ins Licht zu rücken«. Ob Tellheim, der Held des Dramas, aus moralischem Stolz Minnas, der Heldin, Liebe zurückweist oder seines Freundes Werner Hilfe ausschlägt, ob er sein Unglück moralisch überhöht oder sein Soldatentum – alle seine moralischen Kategorien werden im Lauf des Dramas erfolgreich gegen ihn gekehrt und dabei von Lessing als fragwürdig erwiesen. Nicht daß Lessing sich über sie lustig machte oder sie als unmoralisch hinstellte und durch andere, neue moralische Kategorien ersetzen wollte. Er erweist lediglich, daß sie in ihrer abstrakten Allgemeinheit die konkrete Lage des individuellen Menschen verfehlen.

Das Neue und Eigene seiner moralischen Dichtung hat Lessing in seinen *Abhandlungen über die Fabel* auch programmatisch ausgesprochen. Er kritisiert die Fabel- und Dramendichter, denen Moral in vorgegebenen und vorgewußten allgemeinen Sätzen besteht, die nur noch lehrhaft vermittelt werden müssen. Der Kern seiner Kritik ist die These: »Das Allgemeine existieret nur in dem Besondern, und kann nur in dem Besondern anschauend erkannt werden.« Dabei kennzeichnet Lessing das Besondere als das Wirkliche. Er fordert für Fabel und Drama ein wirkliches Geschehen, fordert einen wirklichkeitsgerechten Handlungsbegriff. Er verspottet die Dichter und Theoretiker der Fabel und des Dramas, die »nirgends Handlung sehen, als wo die Körper so tätig sind, daß sie eine gewisse Veränderung des Raumes erfordern. Es hat ihnen nie beifallen wollen, daß auch jeder innere Kampf von Leidenschaften, jede Folge von verschiedenen Gedanken, wo eine die andere aufhebt, eine Handlung sei«. Nur wenn auch und gerade diese inneren Handlungen, Entwicklungen und Veränderungen Bestandteil des Geschehens sind, handelt es sich für Lessing um ein wirkliches Geschehen. Und nur dann handelt es sich für ihn auch um ein moralisches Geschehen, weil nur dies die Handlungen sind, die »vernünftigen Wesen zukommen«, nur dies die »Veränderungen freier, moralischer Wesen«.

Wenn das moralische Geschehen in diesem Sinn wirklich ist, dann kann an ihm die moralische Wahrheit anschauend erkannt werden. Denn Lessing versteht unter der anschauenden Erkenntnis eine intuitive Erkenntnis, bei der der Erkennende von einem wirklichen Gegenstand gewissermaßen intellektuell überwältigt, zum Weiterdenken gezwungen und zu Verhaltensänderungen veranlaßt wird. Diese anschauende Erkenntnis soll bei der Fabel ein intellektueller Vorgang sein, beim Trauerspiel soll sie durch das erregte Mitleid zum emotionalen verstärkt werden. Aber beidemal ist das Prinzip das gleiche: Es sollen dem Leser bzw. Betrachter nicht moralische Resultate vorgesetzt oder suggeriert werden, vielmehr sollen in ihm eigene Prozesse des moralischen Fühlens, Denkens und Handelns ausgelöst werden.

III.

Oben wurde die Stelle zitiert, an der Lessing von moralischen Wesen als vernünftigen und als freien Wesen spricht. Sie ist Anlaß zu zwei Fragen. Die erste gilt dem Verhältnis zwischen Moral und Vernunft. Wenn Lessing die allgemeinen moralischen Sätze ablehnt, das schulmäßige, lehrhafte Moralisieren verwirft, wenn er in der *Hamburgischen Dramaturgie* sogar sagen kann: »Alle Moral muß aus der Fülle des Herzens kommen« – was hat dann die Vernunft mit der Moral noch zu tun? Die zweite Frage gilt dem Verhältnis zwischen Moral und Freiheit. Wenn Lessing von moralischen als freien Wesen spricht, scheint er ausdrücken zu wollen, daß die Entscheidung für das Gute und gegen das Böse nur dann eine moralische Entscheidung ist, wenn sie frei gewollt, frei getroffen ist. Aber die Freiheit des Willens leugnet Lessing. Wie sollen dabei die moralischen Wesen als frei gedacht werden?

Die Fragen zu beantworten bedarf eines Eindringens in den philosophischen Kontext, in dem Lessing von Moral, Vernunft und Freiheit handelt. Er steht hier in einer von ihm selbst erkannten und bekannten Nähe zu Leibniz. Dies gilt schon für seine Betonung des Individuellen, für seine Behauptung der Existenz des Allgemeinen gerade im Besonderen und für seine Vorstellung, daß moralische Wahrheiten einem anderen nicht über ein lehrhaftes Moralisieren, sondern nur dadurch vermittelt werden können, daß in ihm Prozesse des Fühlens und Erkennens angestoßen werden, in denen er dann selbst die moralischen Wahrheiten entwickelt und in Handeln umsetzt. Denn die Leibnizsche Welt ist die Welt der Monaden, deren jede ein unwiederholbares und unverwechselbares Individuum ist. Jedes dieser besonderen Monaden-Individuen ist Spiegel des Universums und enthält das Allgemeine sozusagen als sein Programm in sich. Jedes ist in der Weise vollkommen selbständig, daß es Einflüsse weder erfahren noch ausüben kann. Erkenntnis kann hier nicht als Belehrtwerden von außen, sondern nur als innere Tätigkeit gedacht werden, in der das immanente Programm, die eingeborenen Ideen immer deutlicher und bewußter werden.

Diese innere Tätigkeit ist das Feld, auf dem die Vernunft ihre Bedeutung für die Moral erhält. Die Moral ist eine dem Menschen eingeborene Idee oder, wie Lessing formuliert, etwas, wozu der Mensch eigentlich »aufgelegt« ist. Aber seine Leidenschaften verhindern, daß ihm die Idee der Moral deutlicher und bewußter wird. Diese Hindernisse der

Leidenschaften soll die Vernunft beiseite schaffen. Lessing schreibt in den *Briefen, die neueste Literatur betreffend*, daß die »natürliche Neigung zu rechtschaffenen Handlungen, so schwach und unzuverlässig sie wegen der Leidenschaften immer sein mag, wenn wir diese ihre Hindernisse aus dem Weg räumen, stark und zuverlässig werden kann«.

Das leitet über zur Antwort auf die Frage der Freiheit. Zur Leugnung der Willensfreiheit beruft sich Lessing sowohl auf Leibniz als auch auf Spinoza. In der Tat ist die Leugnung beiden gemeinsam, und zwar beiden in demselben spezifischen Sinn. Was Spinoza und Leibniz leugnen, ist die Freiheit im Sinne der Möglichkeit, von einem Punkt der Indifferenz aus nach beliebigen Kriterien zu entscheiden. Diese willkürliche oder ursachlose Freiheit ist mit der von Spinoza und Leibniz vorausgesetzten lückenlosen Determination allen Geschehens unvereinbar. Nicht unvereinbar mit der lückenlosen Determination erscheint Spinoza und Leibniz dagegen eine sittliche Freiheit, die selbst wieder eine notwendige Folge der menschlichen Natur ist. Diese sittliche Freiheit besteht in der Herrschaft der Vernunft über die Leidenschaften. Sie gewährleistet, daß die Erkenntnis von den Leidenschaften nicht getäuscht und getrübt wird. Eine notwendige Folge der menschlichen Natur ist sie deswegen, weil der Mensch die Erkenntnis der Welt erstreben muß, um in der Einheit mit der Welt handeln zu können, und weil er in dieser Einheit handeln muß, um seine Befriedigung, seine Glückseligkeit zu finden. So kann auch Lessing von den moralischen als den freien Wesen sprechen und zugleich die Willensfreiheit leugnen. Er leugnet die willkürliche und bejaht eine sittliche Freiheit, in der die Vernunft über die

Leidenschaften herrscht, das Handeln in der Einheit mit der Welt steht und Befriedigung und Glückseligkeit gewonnen werden. Das Streben nach dieser sittlichen Freiheit ist auch bei Lessing eine notwendige Folge der menschlichen Natur; in diesem Sinne spricht er von der »natürlichen Neigung zu rechtschaffenen Handlungen«.

Zu seinen Voraussetzungen hat der geschilderte Gedanke die Gleichwertigkeit von τελος und *causa* und die Identität des sittlich und des eudämonistisch Guten. Diese Voraussetzungen sind zumal bei Leibniz im Prinzip der prästabilierten Harmonie und in der Lehre von unserer Welt als der besten unter den möglichen Welten deutlich ausgebildet. Philosophisch sind sie von Kant zerstört worden. Lebensweltlich sind sie den Menschen des 18. Jahrhunderts mit dem Erdbeben von Lissabon und dem Elend der Kriege fragwürdig geworden; in diesem Sinn hat Voltaire die Lehre von unserer Welt als der besten unter den möglichen Welten in *Candide* verspottet. Lessing hat sich philosophisch nicht direkt zu den Voraussetzungen geäußert. Indirekt hat allerdings auch er von ihnen jedenfalls ein Stück weit Abschied genommen. Denn das Sittliche erfüllt sich für ihn nicht in der gegenwärtigen Welt, sondern nur in einer geschichtlichen Perspektive.

## IV.

Diesen gewissermaßen Schlußstein seiner moralphilosophischen Gedanken entwickelt Lessing in seiner Spätschrift *Die Erziehung des Menschengeschlechts*.

In drei Zeitaltern geschieht die Erziehung, und sie führt das Menschengeschlecht auf drei Stufen der moralischen Aufklärung. Auf der ersten waren die Menschen nur der moralischen Erziehung fähig, die dem Alter der Kinder entspricht. Hier lebte Moral nur aus den »unmittelbaren sinnlichen Strafen und Belohnungen«. Auf der zweiten Stufe lebt Moral aus dem Glauben an die zukünftige Welt; hier wird das Handeln von der Furcht vor jenseitigen Strafen beziehungsweise von der Hoffnung auf jenseitige Belohnungen geleitet. In diesem moralischen Knabenalter befinden sich für Lessing die Menschen seiner Zeit, teilweise stecken sie überhaupt noch in den Kinderschuhen der ersten Stufe, teilweise streben sie aber auch schon mächtig vom Knabenalter der zweiten Stufe zu den Mannesjahren der dritten. Auf ihr wird das Menschengeschlecht zu seiner »völligen Aufklärung« gelangen. Lessing nennt sie die »Zeit der Vollendung«, da der Mensch von der jenseitigen Zukunft »Bewegungsgründe für seine Handlungen zu erborgen, nicht nötig haben wird; da er das Gute tun wird, weil es das Gute ist, nicht weil willkürliche Belohnungen darauf gesetzt sind«.

Auch in Lessings Modell der Erziehung des Menschengeschlechts ist noch einiger Optimismus der Aufklärung; aber mit der Wendung von der Perfektheit zur Perfektibilität der Welt ist der Optimismus historisch relativiert. Dabei ist Lessing von gradliniger Fortschrittsgläubigkeit weit entfernt, er betont die Rückschläge, Umwege und Ungleichzeitigkeiten geschichtlicher Entwicklung, in der die »ewige Vorsehung« nur »unmerklichen Schritts« geht. Über den bisherigen philosophischen Kontext, der mit Leibniz und Spinoza bezeichnet wurde, weist Lessings Modell der Erziehung des Menschengeschlechts hinaus in einen größeren Zusammenhang. In ihn gehören Rousseau und Herder, in ihm urteilt Hegel von Lessings Modell, es »berühre in der Ferne« ebendas, wovon seine Philosophie der Weltgeschichte handelt. Aber Lessings moralphilosophisches Denken gewinnt mit dem Modell der Erziehung des Menschengeschlechts nicht nur die historische Dimension, sondern erfaßt auch eine neue moralische Qualität. Lessing rückt aus der Nähe zu Leibniz in die zu Kant. Denn wenn Kant »subjectiv Achtung fürs (moralische) Gesetz als die alleinige Bestimmungsart des Willens durch dasselbe« fordert und wenn Lessing verlangt, daß der Mensch »das Gute tun wird, weil es das Gute ist«, dann ist beidemal das Sittliche sowohl von der Eudämonie als auch von der Legalität emanzipiert.

So steht Lessings moral- und rechtsphilosophisches Denken zwischen Leibniz und Kant. Es ist ein Denken des Übergangs; einerseits hat es noch die Vorstellung einer Einheit des sittlich, rechtlich und eudämonistisch Guten, andererseits hat es schon die Tendenz, die Moral in einen kritischen Gegensatz zur Eudämonie und auch zur rechtlichen und politischen Ordnung zu setzen. Diese Zwiespältigkeit begegnet auch in Lessings Bestimmung des Verhältnisses zwischen Moral und Politik.

v.

Zur Anschauung kommt Lessings Bestimmung des Verhältnisses zwischen Moral und Politik wiederum in seinen Dramen.

Bei Livius hat Lessing die Geschichte der Römerin Virginia gefunden, die unter der gewalttätigen Bedrohung durch einen wollüstigen Tyrannen von ihrem Vater erstochen wird. Der Vater rettet so die Tugend seiner Tochter, aber zugleich und vor allem setzt er einen Akt des Widerstands und gibt das Fanal zum Aufruhr, in dem der Tyrann weggefegt und gerichtet wird. Mit *Emilia Galotti* will Lessing »eine modernisierte Virginia« schreiben. Was heißt das? Es heißt für Lessing, »eine von allem Staatsinteresse befreite Virginia« zu schreiben. Nun ersticht Odoardo Galotti seine Tochter Emilia ohne jede politische Absicht; und es ist nicht einmal die Gewalt des Fürsten, vor der er die Tugend seiner Tochter rettet, sondern deren eigene Schwäche: Emilia muß und will auch sterben, weil ihr junges Blut dem verlockenden Liebeswerben des skrupellosen Fürsten nicht gewachsen ist. Der Konflikt zwischen Fürstenwillkür und Bürgertugend wird damit radikal entschärft. Die politische Ordnung ist für Lessing so festgefügt, daß der Bürger nicht nur ohnmächtig ist, politisch gegen sie aufzubegehren, sondern auch außerstande, sich moralisch gegen sie zu empören. Die moralische Empörung richtet der Bürger vielmehr gegen sich selbst. Daß hier nicht einfach ein persönlicher Quietismus Lessings, sondern die allgemeine Lage des Bürgertums am Vorabend der bürgerlichen Gesellschaft zur Anschauung kommt, zeigt der Blick auf Schillers wenig später entstandenes Nachfolgedrama *Kabale und Liebe*. Hier ertönt zwar schon ein moralischer Aufschrei gegen die politischen Verhältnisse, aber auch in Luise Millerin spielt das Bürgertum noch lieber die Rolle des moralischen Märtyrers als die eines moralischen, geschweige denn eines politischen Rebellen.

Nicht daß Lessing sich politische Veränderung überhaupt nicht vorstellen könnte. Für sein Dramenfragment *Samuel Henzi* nimmt er das zeitgenössische Geschehen einer gescheiterten Verschwörung gegen das Berner Patrizierregiment zur Vorlage. Er schildert Samuel Henzi, das Haupt der Verschwörung, mit großer Anteilnahme. Aber er schildert ihn als einen konservativen Revolutionär und schreibt: »Henzi sucht nichts als die Freiheit bis zu ihren alten Grenzen wieder zu erweitern, und sucht es durch die allergelindesten Mittel, und wann diese nicht ausschlagen sollten, durch die allervorsichtigste Gewalt«. Eben diese Erweiterung der Freiheit bis zu ihren alten Grenzen und zugleich Wiederherstellung des Rechts in seiner alten Geltung ist auch das Thema der Aufzeichnungen, die sich in Lessings Nachlaß zum Zustand der deutschen Freiheit und zur Verfassung des alten Reichs finden. Lessing möchte, daß es wieder so werde wie damals, als »die Landstände zu allen wichtigen Regierungsgeschäften gezogen worden, und ihr Rat und ihre Einwilligung unumgänglich nötig war«.

Gelegentlich läßt Lessing im Kreis der Verschwörer um Henzi allerdings auch demokratische Forderungen zu Wort kommen. Dann ist zum Beispiel die Rede vom »Ruhm, der keinen König zieret, / Daß er ein freies Volk durch freie Wahl regieret«. Aber der verschwörerische Plan zielt nicht auf eine demokratische Veränderung der ständischen Ordnung, zielt überhaupt nicht auf eine Veränderung von Institutionen, sondern nur auf die Ersetzung der Personen, die ihre Ämter gewissenlos und selbstsüchtig ausüben.

Die politischen Vorstellungen Lessings, in denen die Institutionen ihr altes Recht und die Stände ihren festen Ort haben, können noch genauer ausgeleuchtet werden. Lessing will an der vorgegebenen Ordnung zwar festhalten, das einzelne moralische Individuum in sie jedoch nicht einsperren. In *Minna von Barnhelm* ist die Dienerin Franziska nicht weniger moralisch, witzig und gewandt als ihre Herrin Minna, der Wachtmeister Werner ebenso gerecht und ehrenhaft wie der Offizier Tellheim. Lessing befreit die Randfiguren der Komödientradition zu Individuen, denen bei entsprechendem Verhalten derselbe Wert und dieselbe Würde wie den Hauptfiguren eignet. Und da die Komödientradition die Standeshierarchie spiegelt, überspielt Lessing mit der Komödientradition auch die Standeshierarchie. Ebenso kann ihm auch der Sklave Spartacus zum Held eines Dramenfragments werden, wenn seine Moral sich den Tugenden der besten Römer gewachsen zeigt. Und in der Fabel, bei der die Gattungen der Tierwelt ja auch die Stände der Menschen spiegeln, kann der Esel zwar nicht zum Löwen werden, aber bei entsprechendem Verhalten statt als der traditionelle Tölpel als ein selbstbewußtes Individuum dastehen.

So ist denn Lessings Verhältnis zur Ordnung der Stände in einer für das aufstrebende Bürgertum kennzeichnenden Weise gespalten. Lessing möchte einerseits, daß diese Ordnung das Bürgertum sowohl gegen Übergriffe von oben als auch gegen das untere Volk sichert, und andererseits, daß sie dem Bürger als Individuum den Aufstieg nicht versperrt. Daß hier wiederum nicht eine subjektive Einschätzung Lessings, sondern die objektive Lage des Bürgertums am Vorabend der bürgerlichen Gesellschaft zur Anschauung kommt, zeigt Goethes um dieselbe Zeit erschienener Roman *Die Leiden des jungen Werthers*. Hier spricht Werther das

gespaltene Verhältnis des Bürgertums zur ständischen Ordnung mit der Offenheit des Sturm und Drang aus: »Was
mich am meisten neckt, sind die fatalen bürgerlichen Verhältnisse. Zwar weiß ich so gut als einer, wie nötig der
Unterschied der Stände ist, wieviel Vorteile er mir selbst ver-
schafft, nur soll er mir nicht eben gerade im Wege stehen.«
   Unter diesen Bedingungen verhält sich die Moral zur
Politik einerseits kritisch, andererseits quietistisch. Sie will
gegen die politischen Verhältnisse aufbegehren, muß sie
auch sachte ändern, darf sie aber nicht grob beschädigen. An
der Schwelle zum Äußersten nimmt sie den moralischen
Protest auf ein moralisches Märtyrertum zurück.

<h2 style="text-align:center">VI.</h2>

Aber im Verhältnis zwischen Moral und Politik liegt noch
eine tiefere Spannung. Wenn sie in der heiklen Situation
des Bürgertums am Vorabend der bürgerlichen Gesellschaft
besonders bewußt wurde, dann ist sie doch durch diese
Situation nicht bedingt, auf diese Situation nicht beschränkt.
Lessing faßt sie in seinen *Gesprächen für Freimaurer* in Gedanken.
   Die Gespräche handeln von der wahren Freimaurerei, das
heißt, einer Freimaurerei nicht wie Lessing sie in den etablierten Logen vorfand, sondern wie er sie als gewissermaßen organisierte Moralität sich wünschte und vorstellte.
Diese wahre Freimaurerei lebt in ihren Taten. Deren Ziel ist,
»den unvermeidlichen Übeln des Staats entgegen zu arbeiten«. Den unvermeidlichen Übeln, also denjenigen, die we-

sensmäßig zum Staat gehören. Ihnen entgegenarbeitend, gerät das moralische Handeln in eine grundsätzliche Spannung zum Politischen.

Welches sind zunächst die unvermeidlichen Übel des Staats? Es sind der äußere Gegensatz mit anderen Staaten, der innere Gegensatz der verschiedenen Stände und der religiöse Gegensatz, der die Menschen und die Stände voneinander trennt und gegeneinander stellt. Die Gegensätze sind für Lessing unvermeidlich, weil menschliche Vergemeinschaftung nicht ohne Unterscheidungen und Absonderungen, weil Assoziation nicht ohne Dissoziation möglich ist. Man »kann die Menschen nicht vereinigen, ohne sie zu trennen; nicht trennen, ohne Klüfte zwischen ihnen zu befestigen, ohne Scheidemauern durch sie hin zu ziehen«. Die konkrete Ausformung der Vereinigungen und Trennungen folgt bei Lessing einerseits wirtschaftsgesetzlichen Bedingungen. »Wenn Anfangs auch alle Besitzungen des Staats gleich verteilt worden: so kann diese gleiche Verteilung doch keine zwei Menschenalter bestehen. Einer wird sein Eigentum besser zu nutzen wissen, als der andere. Es wird also reichere und ärmere Glieder geben.« Und von Montesquieu nimmt Lessing die Entdeckung, daß die verschiedenen Staaten »ein ganz verschiedenes Klima, folglich ganz verschiedene Bedürfnisse und Befriedigungen, folglich ganz verschiedene Gewohnheiten und Sitten, folglich ganz verschiedene Sittenlehren, folglich ganz verschiedene Religionen haben«.

So wird den Gesprächspartnern zunächst die Unvermeidlichkeit politischer Verschiedenheiten, Trennungen und Gegensätze, wird ihnen die Unentrinnbarkeit des Politischen zur Gewißheit. Aber sie fragen weiter: »Wenn die Menschen nicht anders vereiniget werden konnten, als durch jene Trennungen: werden sie darum gut? Werden sie darum heilig, jene Trennungen?« Und auch die Verneinung dieser Frage wird ihnen zur Gewißheit. Die Trennungen widerstreiten den »natürlichen Menschen«. So kann es denn auch nicht verboten sein, »Hand an sie zu legen«. Und es wäre »sehr zu wünschen, daß es in jedem Staat Männer geben möchte, die über die Vorurteile der Völkerschaft hinweg wären, die dem Vorurteile ihrer angeborenen Religion nicht unterlägen, welche bürgerliche Hoheit nicht blendet, und bürgerliche Geringfügigkeit nicht ekelt«. Diese Männer sind für Lessing die wahren Freimaurer; indem sie Hand an die unvermeidlichen Übel des Staates legen, vollbringen sie die wahren Taten der Freimaurerei. Die moralische Radikalität dieser Taten wird deutlich, wenn Lessing Falk, den wissenden und antwortenden der beiden Gesprächspartner, sagen läßt, sie »zielen dahin, um größten Teil alles, was man gemeiniglich gute Taten zu nennen pflegt, entbehrlich zu machen«. Denn die gemeiniglich so genannten guten Taten werden, wie Falk klarstellt, durch die unvermeidlichen Übel politischer und gesellschaftlicher Ordnung notwendig. Sie werden also nur dadurch entbehrlich, daß die Ordnung aufgehoben wird. In der Moral, die das Gute tut, weil es das Gute ist, ist also ebenso wie eine quietistische und märtyrerhafte auch die revolutionäre Möglichkeit angelegt. Dann wird das moralische Handeln rücksichtslos nicht nur gegen den Handelnden selbst, sondern auch gegen alles andere.

Für einen Augenblick läßt Lessing das Moralische und das Politische in ein Verhältnis äußerster Spannung geraten. Aber nur für einen Augenblick. Die Entspannung des Verhältnisses leitet Lessing damit ein, daß Falk die Bereiche der moralischen Pflicht und des staatlichen Gesetzes grundsätzlich auseinandertreten läßt. Die wahren moralischen Taten können durch staatliche Gesetze nicht geboten sein. Damit ist gewährleistet, daß die Moral sich der Politik nicht bemächtigen kann, daß die Tugend nicht durch den Schrecken kann herrschen wollen.

Die Entspannung des Verhältnisses zwischen Moral und Politik erreicht Lessing weiter dadurch, daß er Falk das Ziel der wahren moralischen Taten zur Utopie erklären läßt. Den unvermeidlichen Übeln des Staates entgegenzuarbeiten, fordert Falk und ergänzt: »Um sie völlig zu heben? – Das kann nicht sein. Denn man würde den Staat selbst mit ihnen zugleich vernichten.« Und daß der Staat dem Menschen unentbehrlich ist, wird Falk zu betonen nicht müde. Allerdings ein Staat, der nicht Zweck, sondern Mittel ist. »Glaubest du, daß die Menschen für die Staaten erschaffen werden? Oder daß die Staaten für die Menschen sind?« fragt Falk, und er gibt selbst die Antwort: »Die Staaten vereinigen die Menschen, damit durch diese und in diesen Vereinigungen jeder einzelne Mensch seinen Teil von Glückseligkeit desto besser und sicherer genießen könne.«

Aber alles das genügt noch nicht, dem Verhältnis zwischen Moral und Politik seine gefährliche Spannung zu nehmen. Die letzte Auskunft der *Gespräche für Freimaurer* zum Verhältnis zwischen Moral und Politik ist, daß dessen Spannung verborgen werden und ein Geheimnis bleiben muß.

Die Notwendigkeit dieses Geheimnisses wird zunächst

pragmatisch gerechtfertigt. Das subjektive Moment in jeder Moral macht den moralischen Anspruch an die politische Ordnung zu einem gefährlichen Rechtstitel: »Eine Wahrheit, die jeder nach seiner eigenen Lage beurteilet, kann leicht gemißbraucht werden.« Deswegen unterfällt die radikale moralische Kritik den »Wahrheiten, die man besser verschweigt«. Hinter der pragmatischen Rechtfertigung steht jedoch der Gedanke, daß im Geheimnis verborgen bleiben muß, was als Dilemma nicht gelöst werden kann. Und gelöst kann in Lessings Augen das Dilemma von Moral und Politik, versöhnt kann das Politische mit dem Moralischen nicht werden: Es gibt nun einmal politische Gegebenheiten, die am moralischen Anspruch zwar gemessen werden müssen, die an ihm auch nur als unzureichend erwiesen werden können, die an ihm aber doch nicht verworfen werden dürfen.

Damit gibt Lessing eine immer noch moderne Antwort auf ein immer noch modernes Problem. Denn in Lessings Problem steckt das unlösbare Dilemma zwischen Verantwortungs- und Gesinnungsethik, in seiner Antwort die Einsicht, daß man darüber schweigen muß, wovon man nicht sprechen kann. Miteinander versöhnt können Politik und Moral auf diese Weise nicht werden. Vielmehr wird die Aufgabe gestellt, ihr Neben- und Gegeneinander auszuhalten.

Immerhin, die Andeutung einer Versöhnung zwischen Politischem und Moralischem wird auch bei Lessing sichtbar, und zwar dort, wo er das Problem der Toleranz behandelt.

## VII

Das Problem der Toleranz hat für Lessing zwei Ebenen, zum einen die staatstheoretische und zum anderen die religionsphilosophische. Die staatstheoretische ist Lessing das geringere Problem. Zwar fragt er in den *Gesprächen für Freimaurer* skeptisch, »wie einerlei Staatverfassung ohne einerlei Religion auch nur möglich ist«. Aber er lehnt »alle bürgerliche Verfolgung« Andersgläubiger und Andersdenkender durchgängig und entschieden ab, und entsprechend kritisiert er auch das Preußen seiner Zeit: »Lassen Sie einen in Berlin auftreten, der für die Rechte der Unterthanen, der gegen Aussaugung und Despotismus seine Stimme erheben wollte, und Sie werden bald die Erfahrung haben, welches Land bis auf den heutigen Tag das sklavischste Land von Europa ist.« Auf der religionsphilosophischen Ebene stellt sich für Lessing das Problem schwieriger. Denn er ist nicht der Freigeist, dem Toleranz eine Folge von Indifferenz und das religiöse Engagement eine bloße Façon ist, nach der man selig oder nicht selig werden mag. Vielmehr nimmt er die religiöse Wahrheitsfrage ernst. Die Folge davon ist zunächst, daß er da unduldsam wird, wo unter Berufung auf Toleranz die Freiheit beansprucht wird, die Religion zu verspotten, sei es welche Religion auch immer. Die Folge ist weiter, daß Lessing in *Nathan der Weise* mit Saladins Frage, welche Religion die wahre sei, eine echte, seine eigene Frage formuliert. Mit Nathans Ringparabel sucht er, die Frage zu beantworten, und von dieser Beantwortung, nicht von einer Vernachlässigung der Wahrheitsfrage lebt Lessings religionsphilosophische Lösung des Toleranzproblems.

Der Ring, um den es in der Parabel geht, hat durch einen Stein die »Kraft, vor Gott / Und Menschen angenehm zu machen, wer / In dieser Zuversicht ihn trug«. Er wird jeweils vom Vater auf den liebsten Sohn vererbt. Ein Vater jedoch, der nicht entscheiden kann, welcher seiner drei Söhne als der liebste den Ring bekommen soll, läßt zwei äußerlich gleiche Ringe nachmachen und verteilt diese nunmehr drei Ringe unter seine drei Söhne. Diese entdecken nach dem Tod des Vaters, was geschehen ist, und geraten in Streit, wer den wahren Ring hat.

Saladin fragt, ob die drei Religionen anders als die drei Ringe nicht durchaus zu unterscheiden seien. Nathan verneint. Die drei Religionen sind in dem entscheidenden Punkt gleich, daß sie ihren Wahrheitsanspruch auf die Überlieferung einer geschichtlichen Offenbarung gründen. Nun kann Überlieferung nur auf Treu und Glauben angenommen werden, und Treu und Glauben können sich nur da einstellen, wo von den eigenen Vorfahren, im eigenen Geschichtszusammenhang und im eigenen Erfahrungshorizont überliefert wird. Wieder sieht Lessing ein Dilemma: Der Wahrheitsanspruch der Religionen ist ebenso notwendig absolut wie die Grundlage der Religionen relativ ist. Der Streit der Religionen ist die Folge dieses Dilemmas; er kann eigentlich nur geschlichtet werden, indem das Dilemma gelöst wird.

Der Richter, vor den die drei Söhne ihren Streit bringen, gibt jedoch einen anderen Bescheid. »Mein Rat ist aber der: ihr nehmt / Die Sache völlig wie sie liegt. Hat von / Euch jeder seinen Ring von seinem Vater: / So glaube jeder sicher seinen Ring / Den echten. Es strebe von euch jeder um die

Wette, / Die Kraft des Steins in seinem Ring' an Tag / Zu legen! / Und wenn sich dann der Steine Kräfte / Bei euern Kindes-Kindeskindern äußert: / So lad' ich über tausend tausend Jahr, / Sie wiederum vor diesen Stuhl.«

In diesem Bescheid des Richters ist das Dilemma nicht gelöst. Es ist wiederum im Geheimnis verborgen, im Geheimnis, das erst am Ende der Geschichte durch Gott enthüllt werden wird. Aber trotz des Geheimnisses und vor dem Ende der Geschichte ist schon sittliches Handeln möglich, das darauf zielt, »Die Kraft des Steins in seinem Ring' an Tag / Zu legen«. Daß dies »um die Wette« geschieht, ist der Zustand des Nebeneinanders der Religionen, den Lessing als Zustand der Toleranz meint und wünscht. Möglich erscheint Lessing das sittliche Handeln beziehungsweise das tolerante Nebeneinander ohne eine neue Religion und ohne eine neue Moral. Der Bescheid des Richters an die Söhne lautet: »ihr nehmt / Die Sache völlig wie sie liegt«. Das heißt, das Angewiesensein auf Treu und Glauben, das Angewiesensein auf Tradition und die Tradition selbst zu akzeptieren.

Beidemal, beim Verhältnis zwischen Moral und Politik und beim Streit der Religionen, stößt Lessing auf ein Dilemma, das er im Geheimnis verhüllt. Wenn er darüber hinaus den Streit der Religionen in der Tradition versöhnt, dann darf hierin auch die Andeutung einer Versöhnung zwischen Moral und Politik erblickt werden. Eine traditionsgesättigte Welt zerbricht an ihren Dilemmata nicht, sondern überbrückt sie auf vielfältige Weise. Gewiß, einerseits ist es die Situation des zwar schon aufstrebenden, aber noch ohnmächtigen Bürgertums, aus der heraus Lessing den Institutionen ihr altes Recht und den Ständen ihren festen Ort läßt. Andererseits ist es der Ausdruck eines Urvertrauens in Tradition. Mit diesem Urvertrauen sieht Lessing die nahenden Veränderungen seiner spannungsvollen Zeit gelassen, sieht er die aufkommende Welt im freundlichen Abendlicht der zu Ende gehenden.

# Das Duell im 19. Jahrhundert:
## Realität und literarisches Bild einer adeligen Institution in der bürgerlichen Gesellschaft

### I.

Literatur bringt Idealtypen hervor. Das bedeutet nicht, daß sie Wirklichkeit ästhetisch idealisieren oder in wissenschaftlich ergiebigem Sinn typisieren würde. Aber in der Literatur findet wie in der Wissenschaft die »einseitige Steigerung eines oder einiger Gesichtspunkte und der Zusammenschluß einer Fülle von diffus und diskret, hier mehr, dort weniger, stellenweise gar nicht, vorhandener Einzelerscheinungen, die sich jenen einseitig herausgehobenen Gesichtspunkten fügen, zu einem in sich einheitlichen Gedankenbilde« statt. Der Blick in behördliche Akten und gerichtliche Entscheidungen bestätigt, daß die literarische Behandlung des Duells nicht als dessen Wirklichkeit genommen werden darf. Sie darf es um so weniger, als die Wirklichkeit des Duells weithin eine Wirklichkeit des adeligen Duells und die Literatur weithin eine bürgerliche Literatur war. Sie schloß einzelne Erscheinungen des Duells unter spezifisch bürgerlichen Gesichtspunkten zusammen. Damit ist sie aber wirklicher Ausdruck bürgerlicher Wahrnehmung des Duells.

In folgendem dient sie als Material zur Erforschung der

Entwicklung der bürgerlichen Gesellschaft. Wesentlich ist dabei ihre Eigenschaft als historische Quelle, nicht ihre literarisch-ästhetische Qualität. Dieser können und wollen die folgenden Überlegungen nicht gerecht werden. Sie bedienen nicht ein literarisches Interesse am rechts- und sozialgeschichtlichen Hintergrund, sondern die rechts- und sozialgeschichtliche Neugier auf das literarische Material.

## II.

Der Ursprung des Duells liegt im dunkeln. Gegenstand intensiver, kontroverser Forschung war er um die Jahrhundertwende in Deutschland; die Gegner des Duells suchten dieses als ursprünglich welsche, ungermanische und undeutsche Unsitte zu diskreditieren, während die Befürworter es in altem germanischen Brauch und Recht wurzeln sahen. Die Befürworter vertraten die Kontinuität von germanischer Rache und Fehde über gerichtlichen Zweikampf, Gottesurteil und Ritterturnier zum neuzeitlichen Duell. Die Gegner behaupteten einen Kontinuitätsbruch: Der germanische Zweikampf zur Verteidigung von Leib, Gut und Ehre habe wesensmäßig in öffentlichen, gerichtlichen Formen und Verfahren stattgefunden und daher mit dem privaten, der Öffentlichkeit der Rechtspflege widersprechenden neuzeitlichen Duell nichts gemein; dieses stamme vielmehr aus dem rechtlich atavistischen Spanien und sei erst unter Karl V. nach Deutschland gekommen; überdies sei der überzüchtete neuzeitliche Begriff der Ehre dem bodenständigen germanischen Wesen fremd.

Die Kontroverse mag auf sich beruhen. Ihre Positionen schließen einander nicht aus. Das neuzeitliche Duell ist ein europäisches Phänomen, zu dessen Ausbildung Elemente verschiedener europäischer Kultur- und Rechtskreise beitrugen. Wenn es mit bestimmtem spanischem Zeremoniell unter Karl V. nach Deutschland gekommen ist, konnte es hier doch an ältere Wurzeln anknüpfen. Was die These vom Kontinuitätsbruch vernachlässigt, ist der evolutionäre Prozeß der Ausdifferenzierung verschiedener Deutungs- und Handlungszusammenhänge: Wie Politik und Religion, Wirtschaft, Kunst und Wissenschaft erst im Laufe des Mittelalters auseinandertreten, so differenzieren sich aus dem umfassenden, Leib und Gut, Familie, politische Stellung und gesellschaftliches Ansehen einschließenden germanischen Ehrbegriff eigenständige Rechtsgüter heraus, unter denen die Ehre im engeren Sinn eines neben anderen zu werden beginnt. Der neuzeitliche Ehrbegriff hat sich vom germanischen nicht weniger und nicht mehr entfernt als alle neuzeitlichen Deutungs- und Handlungszusammenhänge sich gegenüber den frühmittelalterlichen verselbständigt haben, und dem Unterschied zwischen der privaten Qualität des neuzeitlichen Duells und dem öffentlichen Charakter des germanischen liegt das Auseinandertreten öffentlicher und privater Lebensbereiche als wesentliches Element des gekennzeichneten Ausdifferenzierungsprozesses zu Grunde. Im übrigen war das Duell noch im 20. Jahrhundert kein völlig privates Ereignis.

Im 17. und 18. Jahrhundert wurde es am strengsten bekämpft, teils nur nach dem Buchstaben des Gesetzes, teils aber, zumal von Richelieu, in harter Verfolgung und Bestrafung. Heere waren teuer, Soldaten und Offiziere mußten gekauft werden und wurden nicht dafür bezahlt, sich untereinander totzuschlagen und totzuschießen. Der Landesherr, der die Macht der Stände zu brechen und sich beziehungsweise dem Staat das Monopol legitimen physischen Zwangs zu sichern suchte, konnte bewaffnete Auseinandersetzungen, in denen der Adel selbständig sein Recht und seine Ehre behauptete, nicht anerkennen. Er konnte sie nur dulden, gewissermaßen als Enklave, in der sich der Adel am Hof unter dem Auge und der Kontrolle des Königs vormachen durfte, in den Intrigen und Duellen um Frauenliebe und Königsgunst lebten die alte Machtstellung und das alte Waffenmonopol noch fort. In der Bekämpfung des Duells durch den aufgeklärten absolutistischen Monarchen bringt sich zudem die Ablehnung des Duells durch die Aufklärung zur Geltung.

»Duelle, ein elender Rest der alten Ritterschaft aus einem verkehrten Begriff des Ehrenrufs, sind Fratzen«, und ihnen »durch die Finger zu sehen, ist ein vom Staatsoberhaupt nicht wohlüberdachtes schreckliches Prinzip«. Friedrich der Große, der das Prinzip überdacht hatte, erkannte »préjugés anciens« als Fundament des Duells und dessen Verbot als »très juste, très équitable, très-bien fait«, sah aber auch die Schwierigkeiten der Durchsetzung. Auch Rousseau verurteilte die Vorurteile, die das Duell lebendig hielten, und warnte davor, »confondre le nom sacré de l'honneur avec ce préjugé féroce qui met toutes les vertus à la pointe d'une épée«.

Mit ideologischer Grundsätzlichkeit wurde das Duell in der Französischen Revolution verurteilt. An die Stelle der

Zugehörigkeit zum Adel sei die zur Nation und an die des Ehrenstandpunkts die Vaterlandsliebe getreten, und der Duellant, der die Hand statt gegen die Feinde von Nation und Verfassung gegen einen anderen Bürger erhebe, müsse das Bürgerrecht verlieren.

## III.

Für das 19. Jahrhundert möchte man den Niedergang des Duells erwarten. Zwar schloß die erwähnte jakobinische Rhetorik eine beträchtliche Duellfreudigkeit der Mitglieder der Französischen Nationalversammlung nicht aus. Gleichwohl ist das Duell im 18. Jahrhundert ein spezifisch adeliges Phänomen, und das 19. Jahrhundert ist das Jahrhundert des Aufstiegs der bürgerlichen Gesellschaft. Indem der aus Geburt, Stand und Herrschaft über Grund und Boden gespeiste adelige Ehrbegriff durch den die Verfügbarkeit von Gütern und Rollen voraussetzenden bürgerlichen Verdienstbegriff abgelöst wird, sollte der Kampf um die Ehre eigentlich obsolet werden. Tatsächlich läßt sich aber auf dem europäischen Kontinent im Unterschied zu England und Amerika eine Aufwertung des Duells feststellen.

Für England ist als das letzte Duell eines aus dem Jahr 1845 überliefert; eine Initiative des Prinzgemahls und des Offizierskorps sowie die Tätigkeit der Antiduelling Association scheinen das Duell in kurzer Zeit um jegliche gesellschaftliche Anerkennung gebracht zu haben. Der literarische Befund stimmt hiermit überein; bei Edgeworth *(Castle Reckrent)*, Thackeray *(The History of Henry Esmond)* und

Stevenson *(The Master of Ballantrae)* sind Duelle lediglich Versatzstücke historischer Romane, schon in einem ungefähr 1815 angesetzten Gespräch trägt das Duell bei Thackeray *(Vanity Fair)* allen Beteiligten nur noch Unehre ein, und in der Lyrik von Tennyson *(Maud)* und Browning *(Before, After)* werden Duelle zwar nicht ohne wohliges Schaudern, aber als gotteslästerliches Tun und Anlaß zu Seelenqual beschrieben. In Amerika hat das Duell im Osten nur in den feudal geprägten Staaten der späteren Sezession und bis zu dieser eine größere Rolle gespielt, wobei sich schon früh mit der europäischen Tradition ein amerikanischer Pragmatismus verband, der die Regeln des Duells so gestaltete, daß ernsthafte Verletzungen möglichst vermieden wurden. Showdown und Shootout im Wilden Westen sind zwar eine Art von Duell, spielen sich aber unter Bedingungen mangelhaft ausgebildeten staatlichen Rechtswesens und -schutzes ab und sind daher in Europa eher dem Zweikampf des Mittelalters und der frühen Neuzeit als dem Duell des 19. Jahrhunderts zu vergleichen. Die Ablehnung des Duells durch das angelsächsische protestantische Amerika findet deutlichen Ausdruck bei Stowe *(The Minister's Wooing)*: Vizepräsident Burr, der 1804 seinen politischen Gegner Hamilton im Duell erschoß, wird als Mann von adelig und europäisch anmutender, verführerischer Eleganz geschildert; das Duell erscheint als Kulmination seiner nichtigen weltmännischen Lebensweise und zugleich Beginn seines Abstiegs in läuterndes Elend; seinem um das Duell arrangierten Schicksal wird eine ihrer Härte und Kälte entledigte, innig gewordene, glückliche puritanische Bürgerlichkeit kontrastiert.

Dem Blick auf den europäischen Kontinent bietet sich ein anderes Bild. Die Anti-Duell-Liga für Österreich vermeldete zwischen 1903 und 1908 aus Österreich-Ungarn 438 und aus Deutschland 147 Duelle. Eine Veröffentlichung von 1896 verzeichnet für Österreich-Ungarn von 1884 bis 1896 allein 120 Duelle, die zeitungsbekannt wurden, für Italien zwischen 1879 und 1889 2759 behördlich registrierte Duelle und für Frankreich von 1829 bis 1833 allein unter Journalisten 180 Duelle. Frankreich wird als das »klassische Land des Zweikampfs« gekennzeichnet, und eine rechtsvergleichende Untersuchung von 1906 erwähnt »die bekannte Tatsache, daß das Duell, außer in Italien, wohl nirgends so verbreitet ist wie in Frankreich«. Hier waren nicht nur Offiziere, sondern auch Unteroffiziere satisfaktionsfähig und -pflichtig, und das Duell war ebenso wie unter Militärs auch unter Journalisten, Abgeordneten und Ministern, Anwälten, Bankiers, Spekulanten und Flaneuren üblich. Bis 1837 folgerte die Rechtsprechung aus dem Fehlen besonderer strafrechtlicher Bestimmungen über das Duell dessen Straflosigkeit und auch die Straflosigkeit der Verletzung und Tötung beim Duell, ab 1837 wurde zwar die Verletzung und Tötung beim Duell nach den allgemeinen Bestimmungen für strafbar gehalten, aber es wurde oft freigesprochen, stets milde geurteilt und immer wieder gar nicht erst angeklagt. Bis zur Revolution jedenfalls nach dem Buchstaben des Gesetzes streng geahndet, unter Napoleon durch die Anstrengungen der Feldzüge außer Brauch gekommen, erlebte das Duell im 19. Jahrhundert eine echte Blüte. Auch in Rußland ist das 19. Jahrhundert nicht durch einen Niedergang, sondern durch den Aufstieg des Duells gekennzeichnet. Das

Duell war überhaupt unbekannt, bis Peter der Große nach westlichen Vorbildern ein Dekret gegen das Duell erließ, kam dadurch im 18. Jahrhundert langsam und im 19. stärker in Mode, war für Offiziere beim Scheitern einer Versöhnung das rechtlich gebotene einzige Mittel, die Ehre wiederherzustellen, und wurde milder als in den meisten Staaten bestraft. Dazwischen steht Deutschland. Auch hier erlebt das 19. Jahrhundert eine Blüte des Duells und überdies eine Fülle von literarischen Behandlungen des Duellstoffs – von beidem wird sogleich näher gehandelt.

Die Erwartung, dem Aufstieg der bürgerlichen Gesellschaft werde der Niedergang des Duells korrespondieren, muß sich angesichts dieses Befunds noch nicht enttäuscht geben: Zu ihr paßt, daß sich in England mit besonders entwickelter, sich industriell entfaltender bürgerlicher Gesellschaft das Duell früh verabschiedet hat. Daß in Rußland der Aufstieg des Duells mit der langsamen Entwicklung der bürgerlichen Gesellschaft zusammenfiel, kann darin eine Erklärung finden, daß das Duell mit seinem disziplinierten und formalisierten Ablauf im Vergleich zu Raufhändeln und Mordanschlägen durchaus eine Zivilisationsleistung darstellt und also zu dem Modernisierungsschub paßt, den Peter der Große angestoßen hat und der immerhin auf eine bürgerliche Verkehrs- und Erwerbsgesellschaft hinführte, wenn er auch nicht bei ihr anlangte. Die Duellfreudigkeit Frankreichs könnte anzeigen und wäre nicht das einzige Anzeichen, daß die Entwicklung der bürgerlichen Gesellschaft in Frankreich gerne überschätzt wird und daß die Französische Revolution die Welt der Vorstellung weit mehr revolutioniert hat als die wirtschaftlichen und gesell-

schaftlichen Verhältnisse. Italien und Österreich-Ungarn
kämen bei der Zuordnung von gesellschaftlichem Entwicklungsstand und Duellkultur stimmig zwischen Frankreich
und Rußland unter, und Deutschland, dessen Industrie und
Ökonomie im Verlauf des 19. Jahrhunderts Frankreich überholt haben und hinter England zurückgeblieben sind, liegt
in der Anerkennung und Häufigkeit des Duells vor England
und hinter Frankreich.

IV.

Aber bei näherem Betracht erfahren diese Zuordnungen
zwischen dem Aufstieg der bürgerlichen Gesellschaft und
dem Niedergang des Duells wichtige Korrekturen. Am
ehesten spiegeln die nationalen und internationalen Ligen,
Manifeste und Aktionen der Duellgegner die ideale Gesellschaft mit humanitärem, egalitärem und liberalem Ant-
litz, die zu der Vorstellung von der *einen* bürgerlichen
Gesellschaft und deren Aufstieg paßt. Die ab 1901 auf dem
europäischen Kontinent gegründeten Anti-Duell-Ligen
versuchten, unter Wahrung politischer und religiöser Neu-
tralität adelige und bürgerliche Offiziere und Zivilisten,
Männer und Frauen im Kampf um die als soziale Reform
verstandene Abschaffung des Duellwesens zu vereinen. Sie
wiesen unter ihren Mitgliedern zwar viele, aber keineswegs
ausschließlich Adelige auf. Ihre Manifeste warben um Vernunft und Humanität, trafen sich in Deutschland mit den
religiösen Argumenten des Zentrums und den emanzipa-
torischen der Sozialdemokratie, die in vielen Reichstagsde-

batten vorgebracht wurden. Ihre Aktionen reichten von der Ausarbeitung von Gesetzentwürfen, die schärfere Duellstrafen und besseren Ehrenschutz vorsahen, bis zu Aufrufen an die Ärzte, bei Duellen nicht mehr zu assistieren, an die Presse, über Duelle nicht mehr zu berichten, und an die Schriftsteller, sich an einem Preisausschreiben für duellfeindliche Jugendbücher zu beteiligen.

Aber dieser die Klassen-, Schichten- und auch nationalen Grenzen überschreitenden Harmonie bei der Ablehnung des Duells steht die Vielfalt der Duellkulturen gegenüber. Wie in der Häufigkeit von Duellen gab es auch in der Art, in der Duelle ausgetragen, erlebt und beschrieben wurden, erhebliche Unterschiede, und ebenso verschieden wie diese Duellkulturen waren die zugehörigen adeligen und bürgerlichen Gesellschaften und deren Entwicklungen.

In Frankreich hat das Duell im 19. Jahrhundert eine sportliche und spielerische Qualität, endet besonders selten tödlich und oft nicht einmal blutig, wird eitel vor dem und für das Publikum ausgetragen, entweder ein tatsächlich anwesendes oder eines, das alles aus der Presse erfahren soll und auch erfährt. Diese Qualität hat es auch in der Literatur (Merimée, *Chronique du règne de Charles* IX; Stendhal, *Le rouge et le noir; Lucien Leuwen*; Dumas, *Les trois mousquetaires*), einer kargen und vielleicht gerade darum kargen Literatur, weil das Duell als Spiel zum literarischen Zentralereignis nicht taugt. Nur selten (Maupassant, *Un duel; Un lâche; Bel ami*) oder als historischer Stoff (Hugo, *Marion de Lorme*) kann es dramatische oder sogar tragische Bedeutung gewinnen. Als Randgeschehen im leichten Spiel mit Liebe und Tod kommt es, allerdings moralisch verurteilt, schon bei Laclos *(Les liaisons dangereuses)* vor, und auch das Moment des Zur-Schau-Stellens hat Tradition, denn vor der und für die Peergroup schlug sich im Ancien Régime auch der Adel. In Frankreich duellierten sich die Bürger des 19. Jahrhunderts so, wie sich schon der Adel des 18. Jahrhunderts duelliert hatte, und zur sozialgeschichtlichen Erklärung dieses Befunds kann auf die Durchlässigkeit der Scheidewand zwischen Adel und Bürgertum in Frankreich verwiesen werden. Hier war der Adel ökonomisch reichlich ausgestattet; er mußte das ökonomisch aufstrebende Bürgertum nicht durch kulturelle Schranken abwehren, sondern konnte es sich, nachdem schon unter Napoleon aus Bürgern ein neuer Adel entstanden war, auch nach der Restauration durch häufige Nobilitierungen anverwandeln. Unter Louis Philippe wie unter Napoleon III. bestand die etablierte Gesellschaft gleichermaßen aus Adeligen und reichen Bürgern. Aus der Dynamik dieser Gesellschaft, aus dem Neben- und Gegeneinander von altem napoleonischem und orleanischem Adel, Industrie- und Finanzbürgertum, aus dem öffentlichen Austrag der Konflikte in Parlament und Presse und aus der dichten Atmosphäre der Hauptstadt Paris mag unter anderem auch die besondere Duellhäufigkeit zu erklären sein. Wenn sie, bei ähnlicher Durchlässigkeit der Scheidewand zwischen Adel und Bürgertum in Frankreich und England, von der englischen Duellabstinenz drastisch abweicht, so mögen verschiedene Richtungen der Verschmelzungsprozesse ursächlich gewesen sein. Der englische Adel öffnete sich zum Bürgertum, indem er an dessen ökonomischen Unternehmungen und Erfolgen teilnahm, selbst Fabriken und Kontore eröffnete. Er wurde bürgerlich, während in Frankreich wie auch sonst auf dem europäischen Kontinent die Bürger Adelige werden wollten.

Für Rußland fehlen Untersuchungen zur Häufigkeit und Tödlichkeit von Duellen. Immerhin war das Duell für Offiziere Pflicht, zeigen die Biographen Puschkins und Lermontows eine erhebliche russische Duellfreudigkeit an und kennt die Erzählungsliteratur das Duell als selbstverständliches Requisit. Die Erzählungs- und vor allem die Romanliteratur kennt das Duell aber auch und gerade als Zentral- und Kulminationspunkt des Geschehens (Puschkin, *Der Schuß; Eugen Onegin; Die Hauptmannstochter;* Lermontow, *Der Held unserer Zeit;* Turgenjew, *Väter und Söhne;* Tolstoi, *Krieg und Frieden;* Dostojewski, *Die Dämonen;* Tschechow, *Das Duell;* Kuprin, *Das Duell;* Artzibaschew, *Ssanin*). Eine Untersuchung dieser russischen Literatur stellt fest, daß die Duelle hier nie regelrecht durchgefochten werden, und leitet aus der Regelwidrigkeit der Durchführung ab, daß in Rußland die Institution des Duells verfiel, daß der im 18. Jahrhundert eingepflanzte Fremdkörper im 19. Jahrhundert wieder abgestoßen wurde. Da es jedoch für das 19. bis ins 20. Jahrhundert keine Anzeichen dafür gibt, daß man sich in Rußland weniger häufig duelliert hat als in Deutschland und in Österreich-Ungarn, liegt eine andere Erklärung für die zentrale und kulminierende Bedeutung des regelwidrig durchgeführten Duells näher. Im Bruch der Regel bringt sich Subjektivität zur Geltung; die regelwidrig durchgeführten Duelle beleuchten von Puschkin bis Artzibaschew die Befindlichkeit und Entwicklung der Persönlichkeit der Akteure. Jedesmal steht die Persönlichkeit in Distanz zur etablierten Gesellschaft und deren

Konventionen, ob das Duell bereitwillig, verlegen, irritiert, leidend oder verächtlich ausgefochten oder ob es geradewegs verweigert wird. Sie agiert in einem Spielraum, den die eingepflanzte westliche Adels- und Duellkultur darum läßt, weil sie der russischen Gesellschaftsstruktur fremd geblieben ist. Sie sind nicht verinnerlicht worden und werden zwar nicht abgestoßen, aber aus Distanz erlebt.

Dazwischen steht Deutschland. In zwei Schritten wird folgend zunächst der historische, dann der literarische Befund erhoben. Abschließend wird nach der Eigenart der Entwicklung der bürgerlichen Gesellschaft gefragt, die sich im Befund zeigt.

## v.

In der strafrechtlichen Behandlung des Duells ist das 19. Jahrhundert in Deutschland wie auch in Österreich-Ungarn milder als das 18. Jahrhundert. Die strengen Strafdrohungen des 18. Jahrhunderts hatten nicht gewirkt, auf die seltene Verurteilung folgte wohl stets die Begnadigung, und dies wurde als unwürdig empfunden. Dazu kam, daß in der Restauration mit der Aufwertung adeliger Traditionen auch das Duell wieder höhere Anerkennung genoß; unter Ludwig XVIII. ist in Frankreich Entsprechendes zu verzeichnen. Im Verlauf des 19. Jahrhunderts wurden die Duellstrafen mal milder und mal strenger; straflos war das Duell nie.

Für Offiziere konnte das Duell Gegenstand zweier förmlicher Verfahren werden: zum einen des ehrengerichtlichen oder ehrenrätlichen, zum anderen des strafgerichtlichen. Der Offizier, der seine Ehre im Duell verteidigte, wurde vom Strafgericht verurteilt, der Offizier, der seine Ehre nicht im Duell verteidigte, vom Ehrengericht. Er mußte rechtswidrig handeln und entsprechende Sanktionen gewärtigen – so oder so. Sich derartig als Rechtsunterworfener gar nicht rechtmäßig verhalten zu können widerspricht zwar unseren heutigen Vorstellungen von der Einheit der Rechtsordnung. Im 19. Jahrhundert wurde hieran jedoch nur selten Anstoß genommen; das Recht der militärischen Ehre und das des staatlichen Schutzes von Leib und Leben fielen in verschiedene Rechtskreise.

»Die Ehrengerichte der Offiziere haben zum Zweck, die gemeinsame Ehre der Genossenschaft, sowie die Ehre des einzelnen zu wahren.« Diese einleitende Bestimmung der Allerhöchsten Verordnung über die Ehrengerichte der Offiziere im Preußischen Heere vom 2.5.1874 beschreibt die Funktion von Ehrengerichten in allgemeingültiger Weise. Zur Erfüllung ihrer Funktion konnten die Ehrengerichte auf Warnung, auf Entlassung mit schlichtem Abschied und auf Entfernung aus dem Offiziersstand erkennen und antragen. Für die Behandlung von Duellen hatten sie von Wilhelm i. in der Einführungsordre die folgende Weisung erhalten:

»Auf ehrengerichtlichem Wege soll wegen eines Zweikampfes nur dann gegen Offiziere eingeschritten werden, wenn der Eine oder der Andere der Beteiligthen bei dem Anlaß oder dem Austrag der entstandenen Privatstreitigkeit gegen die Standesehre gefehlt hat. – Dies muß insbesondere in dem immerhin möglichen Falle geschehen, wenn ein Offizier in frevelhafter Weise einem Kameraden ohne jede

Veranlassung eine schwere Beleidigung zugefügt haben sollte. Denn einen Offizier, welcher im Stande ist, die Ehre eines Kameraden in frevelhafter Weise zu verletzen, werde Ich ebenso wenig in Meinem Heere dulden, wie einen Offizier, welcher seine Ehre nicht zu wahren weiß.«

Wer seine Ehre nicht mit der Waffe verteidigt, verliert die Dienststelle oder sogar den Offizierstitel – auch darin ist die preußische Regelung Ausdruck einer allgemeingültigen Betrachtung und Behandlung des Duells. Sofern nicht, wie in England, Duelle bei den Offizieren selbst verpönt waren, war für den Duellverweigerer im Offizierskorps kein Platz.

Die preußische Regelung von 1874 hatte Vorläufer von 1808, 1821 und 1843. Die Regelung von 1808 wurde getroffen, um das Standesethos der Offiziere nach den Niederlagen von Jena und Auerstedt zu kräftigen. 1867 litt Österreich unter der Niederlage von Königgrätz und richtete mit dem gleichen Ziel und unter Berufung auf das preußische Vorbild ebenfalls Ehrengerichte ein. Auch die preußische Regelung von 1874 hat in einer österreichischen von 1884 ihre Entsprechung; die Regelungen folgten auf militärische Erfolge in Frankreich beziehungsweise auf dem Balkan und hatten ein erstarktes Selbstbewußtsein der Offiziere zum Hintergrund. In Reaktion sowohl auf die Niederlagen wie auf die Erfolge wurde das Duell erleichtert – Anzeichen dafür, wie tief das Duell im militärischen Selbst- und Ehrbewußtsein wurzelte und welche hohe Bedeutung dieses hatte. Erschwerungen brachte dann die preußische Regelung von 1897 und die österreichische von 1908; sie reagierten unter anderem auf die Anti-Duell-Bewegung und die duellkritischer gewordene öffentliche Meinung. Schließlich sprach die österreichische Regelung von 1917 das Duellverbot auch ehrenrechtlich aus und setzte dem Neben- und Gegeneinander von ehren- und strafgerichtlicher Behandlung des Duells ein Ende.

Der aktive wie der Reserveoffizier, der sich dem Duell verweigerte, mußte mit ehrengerichtlich entschiedenem Verlust von Dienstrang oder sogar Offizierstitel rechnen, der zivile Beamte, der sich gegen den herrschenden Reserveoffiziersgeist resistent zeigte und für den es kein entsprechendes Ehrengericht gab, mußte gewärtigen, daß ihm der Verbleib im Amt vom Vorgesetzten und von den Kollegen nachhaltig verleidet wurde. Wer weder Offizier noch Beamter war, dem drohte immerhin der Verlust des Ansehens und der Abbruch des Verkehrs in der bürgerlichen Gesellschaft. Nur wer keine Position, weder Stand noch Rang hatte, konnte sich dem Duell sanktionslos verweigern; er allerdings hatte nach verbreiteter Auffassung auch keine Ehre und war nicht satisfaktionsfähig. Da der Offizier durch das Ehrenrecht und die Ehrengerichte gehalten war, seine Ehre nicht nur gegenüber anderen Offizieren, sondern auch gegenüber satisfaktionsfähigen Zivilisten im Duell zu behaupten, war die Frage der Satisfaktionsfähigkeit eine Rechtsfrage. Ihre Beantwortung war immer wieder schwierig und strittig; der Duellzwang griff vom Offizier über den Beamten zum vermögenden Kaufmann, Privatier und Studenten mit abnehmender Eindeutigkeit und Verbindlichkeit.

Mit zunehmender Strenge griff auf derselben Skala die strafgerichtliche Sanktion. »Der alte Kaiser habe gesagt, 6 Wochen in solchem Fall sei gerade genug«, läßt Fontane an Effi Briest berichten (1894/1895), und mit mehr als einigen Monaten Festungshaft, die im Gnadenweg regelmäßig herabgesetzt wurden, hatte ein Duellant aus dem Offiziersstand in der Tat nicht zu rechnen. Unter dem Neben- und Gegeneinander von ehren- und strafgerichtlicher Sanktion litten nicht die Offiziere, die sich duellierten, sondern die, die sich dem Duell verweigerten. Die Sanktion des Verlusts von Dienstrang oder sogar von Offizierstitel traf sie unvergleichlich härter als die Sanktion für das Duell. Andere Duellanten mußten mit höheren Strafen rechnen; ihnen kam der Gedanke, daß milder zu strafen ist, wer sich duelliert hat, »weil er außerdem die Mißachtung seiner Standesgenossen zu befürchten hatte«, schwächer zugute.

Freilich wurden Duelle oft gar nicht offiziell bekannt und geahndet. Die Zahlen der vom Kaiserlichen Statistischen Amt bzw. vom Statistischen Reichsamt vermerkten Verurteilungen schwanken zwischen 170 im Jahre 1884 und acht im Jahr 1915 und zeigen 1898, 1911 und 1913 Gipfel mit 154, 155 und 154 Verurteilungen, enthalten allerdings gemäß der damaligen Rechtsprechung auch die Verurteilungen wegen studentischer Mensuren. Als Angaben des preußischen Kriegsministers finden sich für Duelle zwischen Offizieren in den Jahren 1897 bis 1901 Zahlen von drei bis acht. Wo auf offizielle Zahlen verwiesen wird, wird jedoch durchweg die hohe Dunkelziffer betont, und der preußische Kriegsminister mag bei seinen Äußerungen im Reichstag, wo Sozialdemokraten und Zentrum beharrlich Front gegen das Duellwesen machten, die Zahlen außerdem beschönigt haben. Aus den Veröffentlichungen der Anti-Duell-Ligen wurden die Zahlen für Deutschland und Österreich-Ungarn schon erwähnt; auch bei ihnen findet sich der stete Hinweis auf die hohe Dunkelziffer.

Bei Fontane duelliert sich Instetten mit Crampas wegen Ehebruchs. Nach der Jahrhundertwende drang bei den preußischen Ehrengerichten die Auffassung vor, daß der Verführer und der betrunkene Beleidiger nicht satisfaktionsfähig seien. Als Duellanlässe blieben herabsetzende Äußerungen von Angesicht zu Angesicht und auch über begleitende und nahestehende Frauen und Freunde, als beleidigend empfundene Veröffentlichungen, Verweigerungen des Grußes, heftige Wortwechsel, Meinungsverschiedenheiten über Wichtiges und Unwichtiges, Ohrfeigen, Rempeln und Drängeln und Streit beim Spiel. Solches hatte schon davor den Duellalltag bestimmt. Über die Duellausgänge fehlt wieder verläßliches Zahlenmaterial. Bei den erwähnten 2759 italienischen Duellen zwischen 1879 und 1889 werden 50 Todesfälle angeführt, bei den 120 zeitungsbekannt gewordenen Duellen in Österreich-Ungarn zwischen 1884 und 1896 19, bei den von der österreichischen Anti-Duell-Liga für Österreich-Ungarn und Deutschland zwischen 1903 und 1908 vermeldeten 438 beziehungsweise 147 Duellen 13 beziehungsweise zehn und anderorts bei 431 zeitungsbekannt gewordenen französischen Duellen zwischen 1880 und 1889 16. Ein getöteter Duellant auf 100 erscheint repräsentativer als drei bis 16, zeitungs- und der Anti-Duell-Liga bekannt wurden eben zumal die tödlichen Duelle. Die besonders gut erschlossenen gerichtlichen und ministeriellen Akten Kurhessens weisen ein Verhältnis von 1 zu 20 auf, enthalten aber auch nur ein Duell mit tödlichem Ausgang.

Den Duellalltag des 19. Jahrhunderts in Deutschland

läßt der Blick in die Akten kleinlich und häßlich erscheinen, ähnlich dem Unfallalltag im heutigen Straßenverkehr und ebensoselten tragisch wie dieser. Gewiß, der Unfall trifft zufällig, und das Duell wurde geplant, aber ob sich einer in der Tischrunde fixiert fühlte, eine Bemerkung als höhnisch oder ein Lachen als hämisch empfand und dies zur Forderung eskalierte, hatte für den anderen ein starkes Zufallsmoment. Die Gefahr, als Offizier oder Bürger von Stand und Rang im Duell zu Tode zu kommen, war gering genug. Mit dem Risiko, im Lauf des Lebens in ein Duell und sei es nur in eine Mensur verwickelt zu werden, mußte und konnte man leben. Wie heute die lustvollen und unfallfreudigen Raser im Straßenverkehr gab es damals besonders schneidige und duellfreudige Offiziere, mehr durch die Langeweile des Garnisonslebens als durch Sensibilität des Ehrempfindens zum Duell verleitet. Damit endet allerdings die Parallele zwischen Duell und Unfallgeschehen. Duelle und schon Mensuren mußten souverän zelebriert, Verwundungen gelassen ertragen werden. Die Duellregeln und die sie kodifizierende und paraphrasierende zeitgenössische Literatur gestalteten ein Ritual, das mit spielerisch-sportlicher oder würdig-ernster Haltung, aber jedenfalls mit Haltung zu vollziehen war. Im Kampf um die Ehre war diese zur Haltung gefroren.

## VI

Die anerkannte Rolle einer intakten Institution spielt das Duell in der deutschen Literatur des 19. Jahrhunderts selten. Bei Raimund *(Der Verschwender)* duellieren sich zwei Edelleute, der eine wird verwundet und der andere flieht, wichtig sind weder die Beleidigung noch die Verwundung noch der überstürzte und regelwidrige Ablauf, sondern allein, daß die Flucht die Handlung vorantreibt. Strachwitz glorifiziert, »gält' es Fluch und Höllenqual«, das Duell in einem derben Lied *(Ein Wort für den Zweikampf)*, C. F. Meyer heroisiert es in einem Gedicht, in dem die Beleidigung der römischen Wölfin im Duell gerächt wird, der Rächer den Tod verdient, aber den Kranz bekommt und »in ewigem Jubel das Haupt« erhebt *(Der Ritt in den Tod)*. Freytag *(Die verlorene Handschrift)* läßt einen bläßlichen und schwächlichen Prinzen zum Mann werden, nachdem er sich einem studentischen Duell gestellt hat, und für Oppermann *(Hundert Jahre)* ist es selbstverständliches Ereignis, daß der Held den Major, der seinen Freund beleidigt hat, fordert, verletzt und dann flieht.

Bei Fontane werden die Duelle zwar gehörig, nach der Regel und mit Haltung ausgetragen. Aber in der Reflexion Instettens und Wüllersdorfs *(Effi Briest)*, weniger deutlich auch schon in der Gordons *(Cécile)*, zeigt die Institution Sprünge und Brüche. Auch Schnitzler bietet das Duell, ist es Randereignis, in gehöriger Durchführung *(Der Sekundant)*. Ist es zentrales Ereignis, dann bleibt die gehörige Durchführung nur als äußere Forderung erhalten und wird entweder nach tiefsten Zweifeln und Ängsten durch äußeren

Zufall erübrigt *(Leutnant Gustl)* oder mit tödlichen Folgen verweigert *(Freiwild)*. Bei Keyserling *(Am Südhang)* stimmt auf den ersten Blick beides, die Austragung des Duells und die innere Einstellung dabei. Aber der Held hat nach dem Duell »das seltsame Gefühl, als sei etwas Unangenehmes, Widerwärtiges geschehen«, und muß »sich sagen, daß nichts geschehen sei, im Gegenteil, alles war in bester Ordnung, es wurde weitergelebt, und das war doch bequem und gemütlich«. Hier und auch bei Roth *(Radetzkymarsch)* ist die Institution einfach müde geworden.

Die Sprünge und Brüche in der Institution des Duells zielen auf den zugrundeliegenden Ehrbegriff. Ihm gelten die Zweifel Gordons (»Ehre. Was sich nicht alles so nennt!«), Instettens und Wüllersdorfs (»unser Ehrenkultus ist ein Götzendienst, aber wir müssen uns ihm unterwerfen, solange der Götze gilt«), um ihn kreisen die Ängste Gustls (»Ehre verloren, alles verloren!«), ihn höhnt Demant, der in *Radetzkymarsch* beim Duell fällt (»Diese Ehre, die in der blöden Troddel da am Säbel hängt«), und seinen Zwängen versucht sich Rönning, der in *Freiwild* das Duell verweigert und vom beleidigten Offizier auf offener Straße erschossen wird, vergebens zu entziehen. Es ist der Begriff einer äußeren Ehre, und daß die Ehre eine innere sein muß, hat schon der philosophische Idealismus formuliert. Seitdem, und das heißt auch seit dem Beginn der Entwicklung der bürgerlichen Gesellschaft, ist der Konflikt zwischen äußerer und innerer Ehre ein Thema der deutschen Literatur. Im Duell die innere Ehre wiederherstellen zu wollen ist ebenso vergeblich und vermessen wie der Versuch, im Duell Gerechtigkeit zu finden oder zu schaffen. »Das mit dem ›Gottesgericht‹, wie manche hochtrabend versichern, ist freilich ein Unsinn«, bemerkt Wüllersdorf, und schon bei Kleist *(Der Zweikampf)* schafft Gott nicht durch, sondern gegen den Zweikampf Gerechtigkeit, indem er den Verlierer von der schweren Verwundung genesen, den Sieger an der leichten sterben läßt.

Aber die Ablehnung des Götzen Ehre, folgenlos bei *Fontane* und erfolglos bei Schnitzler, ist nur eine Variante der Behandlung des Duellthemas. In einer anderen suchen sich die bürgerlichen Akteure verzweifelt des Duells zu bemächtigen. Bei Robert *(Die Macht der Verhältnisse)* wird einem Bürger vom Grafen, der mit der Schwester des Bürgers tändelt und über sie respektlos redet, das Duell verweigert. Dagegen empört sich das Ehrgefühl des Bürgers derart, daß er den Grafen in die Wohnung der Schwester lockt, einschließt, bedrängt und zwar nicht zum Duell, aber zum Schlag mit dem Degen treibt und verletzt erschießt. Er erkennt die Standesordnung an, beansprucht in ihr nur einen bescheidenen Platz und eine bescheidene Ehre, kämpft darum aber mit verzweifelter Innigkeit in einer Zone, in der Duell, Mord und Selbstmord ineinander verschwimmen. Bei Raupach *(Die Leibeigenen, oder Isidor und Olga)* lieben zwei Halbbrüder dieselbe Frau, der eine ist Fürst und der andere Leibeigener, den der verstorbene Vater zwar stets als Freien behandelt, aber freizulassen versäumt hat. Er wird wiedergeliebt. Der erzürnte Fürst drückt den Halbbruder wieder auf die Stellung des Leibeigenen hinunter und läßt ihn erst gegen das Jawort der Frau frei. Der Halbbruder zwingt den widerstrebenden Fürsten zum Duell, in dem beide sterben. Wieder ist das Duell ein existentielles Ereignis, in dem außer um Rache, Ehre und Leben auch um Gottes Urteil gekämpft wird (»Entscheidung will ich, und von dem, der wählet und verwirft, wie's ihm gefällt«). Auch bei Hebbel *(Maria Magdalena)* ist das Duell allen Stils und Rituals entkleidet und zur rohen, mörderischen Auseinandersetzung reduziert. Der Sekretär, Klaras alte und neue Liebe, zwingt Leonard, dem sich Klara verlobt und hingegeben und der sie schnöde verlassen hat, mit vorgehaltener Pistole zum Duell, in dem beide tödlich verletzt werden. Die entehrende Verhaftung von Klaras Bruder läßt die Mutter sterben, der Vater droht mit Selbstmord, falls Klara ihm Schande bereitet, Klara begeht Selbstmord, weil sie in den Augen des Vaters die Ehre verloren hat, der Sekretär tötet und wird getötet, weil er Klara, sich, ihrer und seiner Liebe zu schulden meint, das Wissen um ihre verlorene Unschuld aus der Welt zu schaffen (»Man müßte den Hund, der's weiß, aus der Welt wegschießen«) – im Duell gipfelt tödlich der verzweifelte Kampf um die bürgerliche Ehre.

In einer weiteren Variante der Behandlung des Duellthemas wird das Duell lächerlich. Bei Keller *(Der grüne Heinrich)* ist der Spott mild; die beiden Freunde schlagen sich »vor dem wandgroßen Bilde, auf welchem die Bank der Spötter gemalt war und die Spötter schienen die Kämpfenden neugierig und launig zu betrachten«. Beiden rückt der blutige Ausgang den Kopf zurecht, aber indem er sie dessen bedürfen läßt, beleuchtet Keller auf seine freundliche Weise ihre gewisse Lächerlichkeit. In einem Gedicht von Heine *(Duelle)* boxen sich zwei Ochsen, weil der eine den anderen »Esel« genannt hat, treten sich zwei Esel, weil der eine den anderen »Ochsen« geschimpft hat, und »muß sich schlagen der Student, den man einen dummen Jungen nennt«. Allerdings hat diese Einsicht Heine nicht abhalten können, sich selbst zu duellieren. Sternheim *(Bürger Schippel)* besiegelt den lächerlichen Aufstieg von Schippel zum Bürger in einem lächerlichen Duell, in dem die Duellanten fast zum Duell geschleppt werden müssen, lallen und zittern und mit den Regeln nicht zurechtkommen. Aber von da an können Schippel »die höheren Segnungen des Bürgertums voll und ganz zu Teil werden«.

Das Duell anerkennen, es ernst nehmen und zugleich als Dienst am Götzen Ehre ablehnen, es mit verzweifelter, mörderischer Innigkeit in bürgerlichen Besitz nehmen und es lächerlich machen – zu diesen vier Varianten des Duellthemas tritt bei Sudermann *(Die Ehre)* noch eine fünfte, in der der Bürger das Duell hinter sich läßt. Die Konstellation ist ähnlich wie bei Robert: Heinecke stellt bei der Rückkehr ins kleinbürgerliche Elternhaus fest, daß seine Schwester ein Verhältnis mit dem Sohn des Kommerzienrats, seines Gönners und Prinzipals, hat. Er verlangt Genugtuung, und der Kommerzienrat gibt Heineckes Eltern einen hohen Geldbetrag. Die Eltern empfinden dies und empfinden auch die Liaison der Tochter gar nicht als Demütigung, um so verletzter ist Heineckes Ehrgefühl. Er schickt sich an, den Sohn des Kommerzienrats zum Duell zu zwingen. Auf Anraten seines Freunds und Vertrauten, eines lebenserfahrenen Grafen, läßt er die gezogene Pistole sinken und macht lieber sein Glück und Geld in der Welt, zusammen mit der geliebten und wiedergeliebten Tochter des Kommerzienrats (»Schaffen wir uns eine neue Heimat, eine neue Pflicht! Und eine neue Ehre!«).

Fünf Variationen des Duellthemas – fünf Varianten bürgerlichen Bewußtseins und Verhaltens unter den Bedingungen des Aufstiegs der bürgerlichen Gesellschaft. Die besondere Weise, in der das Duell thematisch variiert wird, zeigt Besonderheiten des gesellschaftlichen Umbruchs an.

## VII.

Das deutsche Bürgertum wächst, verglichen mit dem französischen, in die adelige Duellkultur nur schwer hinein, später und zu kleinerem Teil. Nur gelegentlich ist das Duell in der Literatur ein problemloses oder sogar ein positiv besetztes Ereignis, in der Zaubermärchenwelt Raimunds, in der es überdies zwischen Edelleuten ausgefochten wird, in historisierender und heroisierender Distanz bei C. F. Meyer, in der Glorifizierung durch den adeligen Strachwitz und lediglich bei Oppermann vom bürgerlichen Helden fraglos und klaglos vollzogen. Freytag beschreibt das Duell positiv, aber das Duell in Gestalt der Mensur, und setzt damit der adeligen und militärischen eine bürgerliche und zivile Duellkultur entgegen. Bemerkenswert und ungewöhnlich ist Freytags bürgerliches Selbstbewußtsein, das die klägliche Gestalt des Prinzen in der Begegnung gerade mit der Mensur reifen läßt. Ähnliches Selbstbewußtsein zeigt Sudermann; bei ihm triumphiert am Ende der bürgerliche Verdienstbegriff deutlich über den adeligen Ehrbegriff. Damit sind aber auch die Grenzen gesteckt, bis zu denen sich die Bürger in der Literatur von der adeligen Duellkultur, in die sie nicht recht hineinwachsen können, emanzipieren. Bei Sudermann ist es einigermaßen lächerlich, daß in einem

Konflikt zwischen Kommerzienrat und kaufmännischem Angestellten der bürgerliche Verdienstbegriff über den adeligen Ehrbegriff überhaupt triumphieren muß, und die Mensur, mit der Freytag der adeligen eine bürgerliche Duellkultur entgegensetzt, ist nun einmal der kleine Bruder des adeligen Duells.

Der Bürger wächst in die adelige Kultur nur schwer hinein, kann sich ihr aber auch nicht entziehen. Heine, Twesten, Lassalle, Virchow – nach Selbstverständnis und eigenem Anspruch galt für jeden von ihnen, was die liberale *Berliner Volkszeitung* über den Liberalen Twesten schrieb: »Seine Pflicht wäre es gewesen, jede Provocation zu dem Duell durch die Erklärung zu beantworten, daß er die Ehre habe, dem Stande des Bürgerthums anzugehören, der sich glücklich der Barbarei des Faustrechts entwunden hat.« Aber die Forderung des Gegners fand sie dann doch duellbereit. Die bürgerliche Literatur des 19. Jahrhunderts beklagt das Duell, verurteilt und verhöhnt es. Aber wie in der Wirklichkeit scheitert auch bei ihr das bürgerliche Glück an der überkommenen Institution.

Auch der Versuch, die fremde Institution mit leidenschaftlicher, verzweifelter Innigkeit neu zu füllen und derart das adelige Duell gewissermaßen in bürgerlichen Besitz zu nehmen, wovon die Dramen Roberts, Raupachs und Hebbels in der ersten Hälfte des 19. Jahrhunderts Zeugnis geben, scheiterte. Jede Inbesitznahme hat kämpferischen Charakter, und so mögen die Dramen als Ausdruck der kämpferischen Energie genommen werden, die das Bürgertum vor der gescheiterten Revolution hatte. Zugleich nehmen sie dann allerdings das Scheitern des Kampfs vorweg, ein Scheitern bis in die unfreiwillige Lächerlichkeit hinein – wer heute Hebbels bürgerliches Trauerspiel mit Schülern lesen wollte, hätte nicht weniger Heiterkeit zu gewärtigen als bei der Lektüre von Sternheims Komödie.

Wer fremde Formen mit neuem Inhalt füllen will, dem begegnen sie beeindruckend. Obwohl vielleicht schon überlebt, bleiben sie exklusiver Ausdruck von Macht. Diese Macht kann nicht links liegengelassen, an ihr vorbei können nicht einfach neue Formen und Institutionen entwickelt werden. Zu schwach, in die adelige Duellkultur hineinzuwachsen, zu schwach auch, sich ihr zu entziehen, gewinnt das Bürgertum im Lauf des 19. Jahrhunderts immerhin genug Stärke, die adelige Duellkultur mit- und umzuprägen. Das Duell verliert die Leichtigkeit, mit der es ehedem als adelige Institution unangefochten zelebriert wurde. Gewiß, Fontane und Schnitzler sind Bürger, wenn sie Duelle schildern und die adeligen Teilnehmer reflektieren und leiden lassen, und das begrenzt die Authentizität ihrer Schilderungen. Aber das gleichzeitige Aufkommen der Anti-Duell-Bewegung, in der sich Bürger und Adelige trafen, zeigt, daß um die Jahrhundertwende zwar nicht das Duell, aber dessen Selbstverständlichkeit und Leichtigkeit zu Ende gehen. Und der adelige Held des adeligen Autors Keyserling grübelt über sein Duell, wie es ein Bürger nicht besser könnte.

In der Geschichts- und Verfassungsgeschichtswissenschaft gibt es die These vom deutschen Sonderweg, vom verspäteten Aufstieg des deutschen Bürgertums und von der verspäteten deutschen Entwicklung zum bürgerlichen Verfassungsstaat im 19. Jahrhundert. Der Blick auf das Schicksal des Duells zeigt, wie fest im 19. Jahrhundert die

Scheidewand zwischen bürgerlicher und adeliger Kultur in Deutschland hielt, fester als in Frankreich und erst recht in England. Aber der vergleichende Blick auf Frankreich und Deutschland zeigt auch, daß Vorstellungen vom Aufstieg und Abstieg von Adel und Bürgertum, adeliger und bürgerlicher Kultur zu schlicht sind. Weder in Frankreich noch in Deutschland stieg einfach der Adel mit seiner Kultur ab und das Bürgertum mit seiner auf. Am Schicksal des Duells werden komplexere Prozesse kultureller Vermischung und Vermittlung sichtbar, Varianten des Hineinwachsens, Hineindrängens, des Entwickelns und Übernehmens von Gegenkulturen. Diese Prozesse kennen Verschiedenheit und Vielfalt, aber kein skalierendes Zu-Spät, Zu-Früh oder Rechtzeitig. Nur selten scheinen in der Rechts-, Sozial- und Kulturgeschichte Skalenpunkte auf. Den Nullpunkt für das Duell bedeutete der Erste Weltkrieg. Das millionenfache Sterben durch Maschinengewehre und Giftgas, Flugzeuge und Panzer nahm dem Kampf mit Säbel und Pistole endgültig die existentielle Evidenz.

# Am Ende war er nur noch er selbst

*Über »Die Erschießung Kaiser Maximilians«*
*von Edouard Manet*

Das Porträt im Gemälde stimmt nicht. Als Maximilian, Erzherzog von Habsburg, Kaiser von Mexiko, am 19. Juni 1867 in Querétaro erschossen wurde, trug er keinen Sombrero, sondern war barhäuptig und blinzelte geblendet in die aufgehende Sonne. Hinter seinem Kopf war keine Mauer, und das Kommando schoß aus zu großer Distanz, als daß der Pulverdampf der Gewehre um und in seinen Bart gewabert hätte. Auch das Bild, aus dem das Porträt stammt, stimmt nicht, nicht die Stellung Maximilians zwischen zwei Generälen, nicht deren Kleidung, nicht die Uniformen der Soldaten und nicht die Zuschauer über der Mauer.

Aber wenn Maximilian selbst sein Porträt im Augenblick der Erschießung hätte malen können, hätte er es so gemalt, wie Manet es gemalt hat. Mit erhobenem Haupt. Mit ernstem, ruhigem, würdigem Gesicht. Mit dem Sombrero, den er oft und gerne trug, mit dem er den Mexikanern ein Mexikaner sein wollte und der seinen Kopf an der Schwelle zum Tod umleuchtet wie ein Heiligenschein. Hier stirbt einer, der weiß, wie man stirbt. Und was man davor noch sagt: »Mexikaner, Männer meiner Herkunft hat die Vorsehung dazu bestimmt, das Glück des Volkes oder dessen Märtyrer zu werden.«

Das ist Pose. Maximilian liebt die Pose, sieht sich in der Tradition geköpfter Könige und will es ihnen nach- und gleichtun. Dabei ist er zu gescheit und modern, sich in der Rolle des Monarchen zu präsentieren, der als Monarch mit Gott und für das Recht steht und den zu töten allein darum ein Verbrechen ist. Es geht für ihn nicht mehr um Recht und Unrecht, sondern um Gelingen und Scheitern. Um großes Gelingen und großes Scheitern – zu Großem möchte er von der Vorsehung schon auserkoren sein.

Daß das Gerücht ging, seine Mutter habe den Herzog von Reichstadt, den Sohn Napoleons, geliebt und er sei das Kind dieser Liebe und Napoleons Enkel, blieb ihm nicht verborgen. Daß er von reicheren Gaben, schnellerer Auffassung und einnehmenderem Wesen war als sein Bruder Franz Joseph, hat er oft gehört. Aber der Bruder war der Ältere und wurde österreichischer Kaiser, und in die kaiserlichen Fußstapfen Napoleons I. trat als Napoleon III. dessen Neffe.

Was gab es Großes für Maximilian? In der Lombardei und Venetien residieren, aber nicht regieren, die Höfe Europas und Brasiliens bereisen, die österreichische Flotte von Segel auf Dampf umstellen, an der Küste der Adria ein Schloß bauen – das sollte alles sein?

1862 landeten französische Truppen in Mexiko, unter deren Druck mexikanische Notabeln 1863 ein Kaiserreich und Maximilian zum Kaiser proklamierten. Natürlich hatte man ihn gefragt und hatte er überlegt, über Land und Leute gelesen und mit dem einen und anderen Einheimischen und Reisenden gesprochen. Natürlich wußte er, daß Napoleon III. die Interessen Frankreichs verfolgte, daß die USA keinen

Nachbarn unter österreichischem Kaiser und französischem Einfluß wollten und daß es in Mexiko mit Benito Juárez schon einen Präsidenten gab. Aber die Verlockung war zu groß. Das Versprechen von Wirkung, Bedeutung, Größe. Mit der Naivität eines Touristen reiste Maximilian nach Mexiko, spielte dort eine Weile Kaiser, verkündete eine Verfassung, entwickelte Reform-, Infrastruktur- und Bauprojekte, verheddherte sich in französische und mexikanische Intrigen und hielt sich nach Abzug der französischen Truppen noch ein halbes Jahr, bis er gefangengenommen, verurteilt und erschossen wurde.

An guten Tagen hielt er hof. In Robert Aldrichs Film *Vera Cruz* begegnen wir ihm im Chapultepec-Palast, umgeben von Uniformen und Livreen, echtem und falschem Glanz, Getreuen und Verrätern. George Macready, der ihn spielt, ist kein Star wie Gary Cooper und Burt Lancaster, und seine Rolle ist kleiner als die der beiden amerikanischen Abenteurer. Aber er spielt den Kaiser perfekt: freundlich, ein bißchen resigniert, ein bißchen abwesend, nicht ohne Humor und nicht ohne Würde. So war er. Und so sah er aus. Macready ist mit Bart, Haltung und Gestik dem Maximilian, den die Fotografien zeigen und den, nach ihrer Vorlage, auch Manet zeigt, lächerlich ähnlich.

Maximilian hatte einen Hoffotografen, einen Abenteurer, der nach Maximilians Niederlage in Querétaro blieb und weiterfotografierte, den gefangenen Maximilian und den erschossenen. Er hätte auch die Erschießung fotografiert, wenn er gedurft hätte. Hätte Manet die Erschießung auch dann noch gemalt? Die Fotografie bedeutet das Ende der Historienmalerei. Wenn auf jede Begebenheit fotografisch zugegriffen werden kann, gibt es den großen, historischen Augenblick nicht mehr. Die Nachfolge der Historienmalerei tritt freilich nicht die Fotografie an, sondern der Film. Wenn auf die historische Wahrheit in vielen Augenblicken zugegriffen und sie in vielen Augenblicken festgehalten werden kann, soll sie auch in der Abfolge der Augenblicke gezeigt, will sie auch so gesehen werden.

Manets Bild hängt in der Kunsthalle Mannheim. Erstmals habe ich es als kleiner Junge gesehen, und ich war überwältigt, habe davon phantasiert und geträumt. Jahre später im Kino haben mich andere Bilder ähnlich beeindruckt, die bewegten Bilder von *Vom Winde verweht* und *Krieg und Frieden*, den ersten Filmen, die ich gesehen habe. Das Interesse an Maximilian blieb, am Porträt und der Person. Wie guckt man, wenn man erschossen wird? Was denkt und fühlt man dabei? Bereut er, daß er nicht geflohen ist? »Noch fünf Minuten«, zog meine Großmutter ihre Kinder und Enkel auf, wenn sie sich nicht entschließen konnten, zögerten und trödelten. Maximilian habe es gesagt, als man ihn zur Flucht drängte, habe so die Flucht verpaßt und den Tod gefunden – Kindern und Enkeln zur Warnung.

Manet bekam mit dem 1869 fertiggestellten Bild Ärger. Es mache Napoleon III. für den imperialistischen Tourismus und auch für das traurige Ende Maximilians verantwortlich. Manet verteidigte sich, er habe niemanden provozieren und anklagen wollen, sondern »lediglich versucht, er selbst zu sein, nicht ein anderer«.

Er hätte auch sagen können, daß er einen Mann porträtiert hat, der am Ende nur noch er selbst ist, nicht ein anderer. Der mit dem Leben und dem Tod seinen Frieden gemacht und seine Ruhe gefunden hat. In der Pose scheint diese Ruhe auf, im historischen Augenblick der existentielle. Was für ein Geschenk von Manet für Maximilian – und für uns.

Erfahrungen mit Institutionen

# Literatur als Bilderbuch
## der Rechts- und Staatsphilosophie

*Zu Peter Schneider, »... ein einzig Volk von*
*Brüdern«. Recht und Staat in der Literatur*

I.

Das Begriffspaar »Recht und Literatur« steckt ein hete-
rogenes Themen- und Problemfeld ab. Literatur als rechtshistorische Quelle, als rechtsphilosophische Inspiration, als
rechtspädagogisches Instrument, Literatur als Gegenstand
rechtlicher Konflikte und Regelungen und rechtliche Konflikte und Regelungen als literarische Stoffe, Recht als Literatur und Literatur als Interpretation von Recht, Interpretation von literarischen Texten durch Rechtswissenschaftler
und von Rechtstexten durch Literaturwissenschaftler – dies
alles und manches mehr wird unter dem Begriffspaar erörtert. Trotz verknüpfender und spiegelbildlicher Formulie-
rungen ist deutlich, daß die verschiedenen Themen und Probleme methodisch und systematisch auseinanderstreben.

Die jüngste einschlägige Untersuchung von Richard A.
Posner hält die Annahme einer besonderen Beziehung zwischen Recht und Literatur überhaupt für ein Mißverständnis: Juristen könnten zum Verständnis von Literatur nichts
beitragen, Literatur könne Juristen nichts über das Recht
lehren, die Interpretationsmethoden der Literaturwissen-

schaft seien für juristische Interpretation völlig unergiebig, und daß belesene, gebildete Juristen sich besser ausdrücken können als nicht belesene und ungebildete, sei banal. Damit wird nicht nur in einer spezifischen, amerikanischen Diskussion eine pointierte Position gegen eine andere pointierte Position gesetzt. Zugleich wird auf radikale Weise die allgemeine Frage nach der Struktur des Feldes von Recht und Literatur gestellt.

Die amerikanische Position, gegen die Posner sich wendet, ist das Law and Literature Movement, dem Critical Legal Studies Movement und mit diesem dem Poststrukturalismus und Dekonstruktivismus verpflichtet. Die rechts- und literaturwissenschaftlichen Vertreter des Law and Literature Movement nehmen Recht als Literatur und sehen keinen wesentlichen Unterschied mehr zwischen rechts- und literaturwissenschaftlichen Interpretationen. Damit reagieren sie darauf, daß juristische Interpretation in der amerikanischen Tradition anders als in der deutschen oft von der Frage nach der Intention des Autors beherrscht ist. Ohne die interpretatorische Enge dieses sogenannten Intentionalismus ist das Law and Literature Movement nicht zu verstehen. Pointiert setzt es dagegen eine interpretatorische Weite, die den Text zum anspielungsreichen Anlaß phantasievollen Assoziierens nimmt. Damit provoziert es bei Posner und anderen das ebenso pointierte Insistieren auf der Verbindlichkeit des Rechts und daraus folgend der Eigenart juristischer Interpretation. Mit der hiesigen Diskussion passen diese amerikanischen Positionen schlecht zusammen; da Interpretation bei kodifiziertem Recht eine andere, größere Rolle als bei Fallrecht spielt, hat ihre Theorie hier die Enge eines Intentionalismus schon lange überwunden, ohne daß darum Beliebigkeit zugelassen und die Verbindlichkeit des Rechts preisgegeben worden wäre. Die amerikanischen Gegenüberstellungen wirken hier überpointiert, übertrieben.

Auch die anderen Thesen Posners zur mißverstandenen Beziehung zwischen Recht und Literatur mögen auf den ersten Blick überpointiert, übertrieben erscheinen. Aber auf den zweiten lassen sie sich jedenfalls plausibel machen. Auch wenn Literatur von Rechtlichem handelt, von Heirat und Ehe, Ehebruch und Scheidung, Adoption und Erbschaft, Ehre und Duell, Missetat, Schuld und Sühne, Rache und Gericht, Ordnung und Revolution – warum soll sie, nicht von Juristen geschrieben, von Juristen besonders gut verstanden werden können? Wenn sie aber von Juristen, von sogenannten Dichterjuristen, geschrieben ist, ist sie darum doch nicht *für* Juristen geschrieben – warum also soll es gerade ihrer zur Interpretation bedürfen? Und wieso soll die Literatur die Juristen besser über das Recht belehren als die Ökonomen über die Wirtschaft, die Astronomen über die Gestirne und die Militärs über das Schlagen von Schlachten? Beim Recht ist der Unterschied zwischen der phantasierten Geschichte, der geschichtlichen Anekdote, dem narrativen Clou oder stilistischen Gag und der systematischen Durchdringung und Darbietung nicht geringer als in anderen Bereichen. Ist die Beziehung zwischen Recht und Literatur einfach das Betätigungsfeld für die Empfindsamen, die Schöngeister unter den Juristen?

Sicheren Grund hat die juristische Beschäftigung mit Literatur nicht nur da, wo sie den rechtlichen Regulierungen der Literatur gilt, das heißt dem Urheber- und Verlagsrecht, der Zensur und den Konflikten zwischen Kunstfreiheit, Ehren-, Jugend- und Staatsschutz. Sicher ist auch der Status der Literatur als rechtshistorischer Quelle. Dabei kann es um Institutionen- wie um Ideengeschichte gehen, und besonders fruchtbar ist Literatur als Quelle da, wo sich die rechtsgeschichtliche Fragestellung zur kultur- und mentalitätsgeschichtlichen weitet. Dabei ist freilich die Literatur aus dem zweiten und dritten Glied ergiebiger als die aus dem ersten. Zwar wird vor allem diese genannt, wenn von Recht in der Literatur gehandelt wird, aber jene nimmt sich weniger Freiheit bei der Darstellung rechtlicher Einrichtungen und Verfahren und ist als Ausdruck dessen, was die Zeitgenossen dachten und glaubten, denken zu müssen, authentischer. Als Beispiel sei die Duellkultur des späten 19. und frühen 20. Jahrhunderts erwähnt. Die Regeln, Rituale, Ängste und Freuden der Studenten bei ihren Mensuren und Duellen, die Konflikte zwischen Religiosität und Duellzwang, die Militarisierung der bürgerlichen Gesellschaft, Verhalten und Einstellungen von Frauen gegenüber Duellen – hierüber gibt gerade die Literatur aus dem zweiten und dritten Glied reiche Auskunft. Manchmal gibt sie sogar die einzige Auskunft; zu den ehrengerichtlichen Verfahren, in denen besonders bei Offizieren die Ehren- und Duellfrage entschieden wurde, gibt es wenig Normen und keine Akten und ist ein Roman, der den Ablauf eines Verfahrens schildert und dessen Autor offensichtlich Offizierskreisen zugehörte oder nahestand, eine Quelle von großem Wert.

Literatur muß sich nicht mit ihrer Gegenwart beschäftigen, um rechtshistorische Quelle zu sein. Wenn sie sich der Vergangenheit zuwendet, ist sie allerdings gleichwohl

Quelle nur für ihre Gegenwart und deren Rechtskultur und -mentalität. *Michael Kohlhaas* handelt von Rache, vom Konflikt zwischen Rache und Recht, vom Übergang von einer über Selbsthilfe zu einer über staatliche Einrichtungen und Verfahren funktionierenden Konfliktregulierung und damit von einem wichtigen Abschnitt der Rechtsgeschichte. Die Novelle handelt auch von der Bedeutung des Rechts für das Reich und von Luthers Verhältnis zum Recht. Aber Quelle ist sie nicht zu diesen Entwicklungen und Lagen, sondern allenfalls zur deutschen, preußischen Rechtsmentalität um 1810. Einen Grund, sich den erwähnten historischen Entwicklungen und Lagen durch die vielfältigen Brechungen von Kleists Novelle zu nähern, gibt es nicht; was Kleist zur Historie gewußt, gedacht und geschrieben hat, ist für die Beschäftigung nicht mit der Historie, sondern mit Kleist und seiner Zeit interessant.

Neben dem Status der rechtshistorischen Quelle kann Literatur die Bedeutung eines inhaltlichen Beitrags zum Nachdenken über Recht und Staat eignen. Auch wenn sie dieser gewissermaßen rechtsphilosophischen Bedeutung der Literatur gilt, hat die juristische Beschäftigung mit Literatur einen sicheren, allerdings kargen Grund. So mag etwa *Michael Kohlhaas* als Beitrag zum rechtsphilosophischen Problem des Konflikts zwischen Recht und Rache genommen werden. Aber warum gerade *Michael Kohlhaas*? Warum nicht ein anderer der unendlich vielen literarischen Texte, die von demselben Problem handeln? Weil Kleists Novelle das Problem besonders klug und tief behandelt? Aber das erweist sich erst, wenn Kleists literarische Behandlung des Themas dessen systematischer Aufarbeitung konfrontiert, daran gemessen und bewährt wird. Dann aber ist der Wert, der Kleists Novelle als Beitrag zum Nachdenken über Recht und Staat bleibt, der Wert der Illustration, die anschaulich macht, was schon auf andere Weise begründet und begriffen wird. Treffend wurde Stifters *Witiko* von Erich Fechner in ähnlichem Sinn als »Bilderbuch der Rechts- und Staatsphilosophie« bezeichnet.

Unsicher wird der Boden, wenn von Erik Wolf »bei großen Dichtern« neben dem rechtshistorischen Ertrag und über die Illustrations- und Bilderbuchdeutung hinaus »eine verpflichtende Einsicht in das Wesen des Rechts« gefunden und vermutet wird, es sei »diese Einsicht gültiger als die der Juristen und systematischen Philosophen, weil die Wahrheit des Dichterworts ursprünglicher ist«. Wenn die Gültigkeit nicht systematisch ausgewiesen und damit dem Dichterwort die Ursprünglichkeit genommen und wieder die illustrative Bedeutung zugeschrieben wird, bleibt nur der unsichere Ausweis des mitschwingenden, mitklingenden Gefühls.

Die Literatur als das Bilderbuch der Rechts- und Staatsphilosophie aufzuschlagen ist vor allem die Sache des Lehrers. Zwar kann alles, was Literatur über das Recht sagt, auch systematisch entwickelt und muß systematisch ausgewiesen werden. Aber darum hören Studenten oder auch Laien es noch nicht gerne, lassen sie sich von den Rechtsthemen und -problemen noch nicht packen, empören und erschüttern, beginnen sie noch nicht, nach dem Recht zu fragen und über das Recht nachzudenken. Dies zu erreichen ist die Aufgabe des juristisch-literarischen Bilderbuchs. Es aufschlagen heißt zunächst einmal nacherzählen. Darin liegt eine gewisse Gefahr; neben der ursprünglichen Erzählung muß sich die juristische Nacherzählung, die nicht die juristische Perspektive wahrt, sondern selbst literarisch sein will, blamieren. Das aufgeschlagene Bilderbuch muß dann gedeutet werden, und hier kann die Balance zwischen der Verfolgung des rechtspädagogischen Anliegens und der Wahrung literaturwissenschaftlicher Standards schwierig werden. Schließlich ist die Sache des Juristen Eindeutigkeit und Verbindlichkeit, und so wird es ihm nicht immer leichtfallen, das Bilderbuch aufzuschlagen und auszuhalten, in welcher Mehrdeutigkeit und Fragwürdigkeit ihm das Recht in vielen Bildern begegnet. Dabei wäre ebendies nicht der unwichtigste Ertrag des Blätterns im Bilderbuch.

## II.

Das Bilderbuch, das Peter Schneider mit »... *ein einzig Volk von Brüdern*«. *Recht und Staat in der Literatur* aufschlägt, ist die Frucht 50jähriger Beschäftigung mit dem Thema. Über ihr haben sich die klar und schön nacherzählten und eigenwillig-einfühlsam gedeuteten Bilder in historischer und zeitgenössischer Perspektive geordnet, in jener unter den systematischen Gesichtspunkten der Progression und Restauration und in dieser unter denen der Regression und Regeneration. Diese Ordnung unterscheidet Schneiders Werk von den anderen einschlägigen Arbeiten, die einem einzelnen Werk oder einem einzelnen Autor gelten oder auch mehrere solche Essays locker zusammenfügen. Sie läßt den Leser beim Durchblättern des Bilderbuchs sowohl eine Epoche in der Entwicklung von Recht und Staat durchmessen als auch die Fundamente einer systematischen Bestimmung der Aufgaben von Recht und Staat abschreiten.

Der erste, der historischen Perspektive gewidmete Teil beschäftigt sich mit *Reineke Fuchs* von Goethe, mit *Der Richter von Zalamea* von Calderón, Schillers *Wilhelm Tell* und Hebbels *Agnes Bernauer*. In *Reineke Fuchs* sieht Schneider die Ablösung mittelalterlicher, aus der Einheit von göttlicher und weltlicher Herrschaft, göttlichem und weltlichem Recht lebender, auf die Gestalt und Gewalt des Ritters setzender Ordnung durch den neuzeitlichen Absolutismus mit seinem Funktionalismus und Utilitarismus, seinen Räten, Administratoren und Innovatoren literarisch gefaßt. *Der Richter von Zalamea* ist ihm Ausdruck ständischen, organischen Staats- und Rechtsdenkens, *Wilhelm Tell* das Programm des Bürgerstaats mit der Einheit von Evolution und Revolution, von individueller und kollektiver Freiheit und von Gleichheit, Integration und Gemeinsamkeit der Verantwortung, und *Agnes Bernauer* ist ihm nur scheinbar tragischer Konflikt, tatsächlich Sieg der Real- und Machtpolitik über den bürgerlichen Traum, Sieg der Restauration über den demokratischen Aufbruch, Sieg der väterlichen Herrschaft über die Partnerschaft von Mann und Frau und ein darin wurzelndes Recht.

Das ist die Ausgangslage für das Ringen um das rechte Verständnis von Recht und Staat, das Schneider von den 20er bis in die 70er Jahre verfolgt. Der Bürgerstaat hat seine Wahrheit erwiesen, aber er ist immer wieder gescheitert und bleibt stets gefährdet. Daß der väterliche Herrschaftsanspruch zugleich absurd und zu zerstörerischer, faschistischer Explosion fähig ist, arbeitet Schneider an Kafkas Erzählung *Das Urteil* heraus. Dann wendet er sich zum Kriminalroman und beschäftigt sich mit *Jerry Cotton*, *James Bond* und dem namenlosen Detektiv aus der *Bluternte* von Hammett. Hier ist das Recht nicht Gegenstand der Kognition, sondern der Aktion, einer sich im geheimen vollziehenden, das Öffentliche scheuenden und die öffentliche Ordnung verabschiedenden und aushöhlenden Aktion. Recht ist, was Jerry Cotton, James Bond und der namenlose Detektiv an Recht herstellen, es lebt von deren Sinn für Gerechtigkeit und Ordnung und von deren moralischem oder ästhetischem Engagement. Das ist utopischer als die Utopie, das nächste, nach Utopien der Hoffnung und Utopien des Schreckens gegliederte Thema Schneiders. Hier verfolgt er zunächst Jüngers Utopie in *Der Kampf als inneres Erlebnis*, *Auf den Marmorklippen*, *Der Waldgang* und *Heliopolis* und sieht sie in der Traumwelt deutscher Romantik, in einer rückwärtsgewandten Sehnsucht, in einem konservativen revolutionären Impetus wurzeln. Nach einem Exkurs über Jünger und Schmitt behandelt er das Werk Seghers, besonders *Das Licht über dem Galgen*, *Die Saboteure*, *Das Ende* und *Die Entscheidung* als ein Ringen um die Versöhnung von Einzelkämpfer und Genossenschaft, Gewissen und Amt, das in Widerstand und Wiedergutmachung Erfolg hat, zwischen der Sehnsucht nach Herkunfts- und der nach Zukunftsheimat allerdings nur eine transitorische Bleibe findet. Als Utopien des Schreckens erörtert er *Nein. Die Welt der Angeklagten* von Jens, Orwells *1984* und Huxleys *Schöne neue Welt*. Ob harter oder weicher Terror – Schneider ist wichtig, daß es nicht um Versatzstücke eines faschistischen oder eines sozialistischen Totalitarismus geht, sondern daß Phänomene extrapoliert und aufaddiert werden, die auch unserer Welt nicht fremd sind.

Damit kommt Schneider im vierten und letzten Kapitel des zweiten Teils nach den Regressionen zur Regeneration. Er will »durch die Sinnbilder ›Spiel‹ und ›Paar‹ jene Kräfte zeigen, die eine Regeneration des Bürgerstaates unter den Bedingungen unseres Jahrhunderts ermöglichen könnten«. Mit dem Sinnbild »Spiel« verbindet er Dürrenmatt und besonders dessen *Der Besuch der alten Dame* und *Der Richter und sein Henker*. Dabei ist »Spiel nicht als Unterhaltungs-, sondern als Erhaltungsspiel aufzufassen. Die Menschheit ist auf Spielregeln sowie auf die distanzierte Haltung von Spielern und Dramaturgen angewiesen«. Die Distanz soll gegen Ideologisierungen und Versuchungen des Nihilismus und des Totalitarismus schützen. Das Spiel soll die Notwendigkeit von Konsens und Regel, von Routine und immer wieder anderem Verlauf, von Verstrickung, Endlichkeit und neuem Anlauf und Einsatz anschaulich machen. Mit dem Sinnbild »Paar« verbindet Schneider Camus; er entwickelt seine Überlegung besonders an *Caligula, Der Fremde* und *Der Belagerungszustand*. Auf die Frage, was in und gegen Protest und Revolte, Verzweiflung und Resignation bleibe, findet er die Antwort in *Der Belagerungszustand* in der »Auffassung, daß der Mensch nicht wie ein Hund nach dem Leben um seiner selbst willen schnappen solle, daß das Leben nur unter besonderen Voraussetzungen lebenswert sei. Zu diesen Voraussetzungen gehört auch das Recht«. Mit dazu »gehört die Anerkennung der Mitmenschlichkeit in Gestalt des Ich-Du-Verhältnisses im Sinne der Freundschaft und der Ergänzung von Mann und Frau, zugleich aber auch in Gestalt der Verbundenheit mit den Bürgern der Stadt«. Schneider versteht Camus dahin, daß Gerechtigkeit möglich ist, aber nicht als absolute, sondern als relative. »Die relative Gerechtigkeit ist nur unter der Voraussetzung möglich, daß wir dem uralten Menschheitstraum vom Paradies, vom goldenen Zeitalter hier auf Erden – und ihm entspricht der Angsttraum der Hölle – standhalten, daß wir Glück und Schmerz in ihrer Verschränkung und im Schmerz des Verzichts des Glücks der Begegnung mit dem Mitmenschen und Mitbürger – ein stets bedrohtes Glück freilich – erfahren«.

Man mag fragen, ob die Camus-Interpretation nicht zu versöhnlich, nicht zu glatt geraten ist. Das Urteil über Meursault in *Der Fremde* ein Fehlurteil – ist nicht gerade unbeantwortbar, ob das Urteil richtig oder falsch ist, und ist nicht gerade wesentlich, daß die Frage unbeantwortbar ist? Diego in *Der Belagerungszustand* als einer, der sich für die Gemeinschaft opfert und sie dadurch rettet – sind nicht Opfer wie Rettung gerade fragwürdig, das Opfer, weil Diego ohnehin »ausgetrocknet« und »kein Mann mehr« ist, und die Rettung, weil sie nicht schafft, »das Haus der Liebe zu bewahren«? Man mag ähnliche Fragen zu Schneiders Interpretation von Dürrenmatts *Der Richter und sein Henker* stellen. »Kann man den Wettkampf ums Recht mit gezinkten Karten und falschem Schuldbeweis überhaupt gewinnen?« Schneider fragt, um zu verneinen und um auch Dürrenmatt eine immerhin verhaltene Verneinung abzugewinnen. Aber kann Dürrenmatt nicht auch dahin verstanden werden, daß man den Wettkampf ums Recht überhaupt nur noch mit gezinkten Karten und falschem Schuldbeweis gewinnen kann? Das ist eine gewissermaßen anarchistische Interpretation, und das Gespür für die anarchistische Dimension mag man schon da vermissen, wo Schneiders Aufmerksamkeit dem modernen Kriminalroman gilt. Der namenlose Detektiv in Hammetts *Bluternte* im Kampf gegen die »Gefahr der Herrschaft des ›Weibes‹, die Gefahr, daß nicht der Vater, sondern das ›Weib‹ die Stadt ist« – die Herrschaft des Vaters ist unwiederbringlich zerstört, und der Detektiv spielt sein eigenes und nur sein eigenes Spiel.

Sind Schneiders Interpretationen gelegentlich eindimensional geraten? Es ist eben *eine* Dimension, die Dimension von Recht und Staat, um die es ihm geht. Auch wenn er häufig literaturwissenschaftliche Sekundärliteratur zitiert und diskutiert – im Zweifel ist ihm der Beitrag, den der interpretierte Text zur Fundierung einer zeitgemäßen Bestimmung der Aufgaben von Recht und Staat leistet, wichtiger als literaturwissenschaftliche Interpretationsgerechtigkeit.

III.

Der Band endet mit Nachüberlegungen. Schneider greift noch einmal die Sinnbilder des Spiels und des Paars auf und bezieht sie auf den durch das Demokratie- und das Rechtsstaatsprinzip bestimmten Bürgerstaat. »Das Spielerische des Spieles ist bestimmt durch das Moment der Distanz. Distanz schließt Identität und Identifikation aus. So erschließt das Sinnbild des Spiels auch den Sinn der Rechtsstaatlichkeit insofern, als Rechtsstaatlichkeit die Identität von Recht und Macht ausschließt, das Verhältnis zwischen Recht und Macht problematisiert und eine Staatsorganisation fordert, die Machtkontrollen ermöglicht. Demgegenüber zeigt sich das Sinnbild des Paares unmittelbar im Sinnbezug zum Demokratieprinzip insofern, als der mündige Bürger nur als emanzipierter Mensch gedacht werden kann und der Emanzipationsvorgang im Paar in der Gleichordnung von Mann und Frau Gestalt gewinnt.«

Der »Sinnbezug zwischen Distanz und Emanzipation, Spiel und Paar im Sinnzusammenhang des Bürgerstaates« – hier ist das Bilderbuch zugeklappt, die Interpretation beiseite gelassen und spricht auch nicht mehr der Lehrer zu seinen Schülern. In den Nachüberlegungen enthüllt sich vollends, was Schneider hinter dem rechtspädagogischen Anliegen, zu dem er sich ausdrücklich und nachhaltig bekennt, als weiteres, vielleicht sogar eigentliches Anliegen verfolgt. Böckenförde hat es einmal so formuliert: »Der freiheitliche, säkularisierte Staat lebt von Voraussetzungen, die er selbst nicht garantieren kann.« Die Integrität des einzelnen und die Homogenität der Gesellschaft, deren der freiheitliche Staat bedarf, lassen sich durch Rechtszwang schlechterdings nicht gewährleisten, und sie durch Ideologie zu gewährleisten würde die Freiheitlichkeit preisgeben. Sie muß dem einzelnen und der Gesellschaft überlassen bleiben. Darin liegt eine Verpflichtung; das Überlassen ist ein Anvertrauen. Schneider versucht, dieser Verpflichtung gerecht zu werden. Er versucht, auf zeitgemäße Weise die Kräfte zu bestimmen, zu wecken und zu stärken, aus denen der Bürgerstaat lebt. Vielleicht ist es die schweizerische Herkunft, die ihn die Literatur mit demokratischer Selbstverständlichkeit hierfür in die Pflicht nehmen läßt, in die, wie Gottfried Keller am 25. Juni 1861 an Berthold Auerbach schreibt, »Pflicht eines Poeten, nicht nur das Vergangene zu verklären, sondern das Gegenwärtige, die Keime der Zukunft so weit zu verstärken und zu verschönern, daß die Leute noch glauben können, ja, so seien sie, und so gehe es zu! Tut man dies mit einiger wohlwollender Ironie, die dem Zeuge das falsche Pathos nimmt, so glaube ich, daß das Volk, was es sich gutmütig einbildet zu sein, und der innerlichen Anlage nach auch schon ist, zuletzt in der Tat und auch äußerlich wird.«

# Literatur als Institution

*Zur zwanzigjährigen Wiederkehr des Erscheinens von*
*Richard H. Weisberg, The Failure of the Word.*
*The Protagonist as Lawyer in Modern Fiction*

I.

Daß Institutionen nicht mehr sind, was sie einst waren, ist ein soziologischer Gemeinplatz. Ehen sind kürzer und lockerer und Familien immer öfter zufälliges Patchwork. Schulen wissen nicht mehr, was sie und wie sie unterrichten sollen. Universitäten wandeln sich von Tempeln der Wissenschaft zu Supermärkten für Ausbildungsmodule, die sich den Tagesbedürfnissen ihrer Konsumenten anpassen müssen. Kirchen verlieren die Gewißheit ihres Glaubens und ihrer Riten, und sie verlieren ihre Mitglieder. Der Staat wird nicht mehr als verfaßtes Gemeininteresse, sondern als Stätte des Gezerres um knappe Ressourcen begriffen; die Forderung, nicht danach zu fragen, was der Staat für uns, sondern was wir für den Staat tun können, würde heute nur noch lächerlich wirken.

Dabei bestehen die äußeren Hüllen der Institutionen fort, und in ihnen spielt sich auch durchaus Leben ab. Nach wie vor tummeln sich auf den Höfen der Schulen die Kinder, sie spielen und flirten und prügeln und handeln Drogen. Nach wie vor halten Abgeordnete im Parlament Reden, gehen Leute zum Gottesdienst in die Kirche, sitzen Studenten mehr oder weniger aufmerksam, mehr oder weniger gelangweilt in Hörsälen. Aber die Evidenz des Lebens, das sich in den Institutionen abspielt, ist verlorengegangen.

Damit haben die Institutionen auch ihre orientierende Kraft verloren. Was das bedeutet, erfahren wir täglich und persönlich. Die Gestalt unserer Ehen ist nicht vorgegeben; wir können und müssen sie jeder für sich erfinden, aushandeln und ausformen. Ebenso stehen uns als Eltern bei der Erziehung unserer Kinder keine festen Rollen als Richt- und Zielpunkte zur Verfügung; wir können und müssen unsere eigene Balance von Tradition und Zeitgeist, Freiheit und Verantwortung, Individualität und Konformität suchen. Während meine Lehrer noch so unterrichtet haben wie Generationen von Lehrern vor ihnen, würde heute ein Lehrer, der sich an das Vorbild seiner Lehrer halten wollte, scheitern; er kann und muß einen eigenen, in seiner Person glaubwürdig darstellbaren, auf seine Schüler zugeschnittenen Stil entwickeln. Entsprechendes gilt für Professoren und Geistliche, und wie immer das Militär der USA seine Offiziere, Gentlemen und jungen Marines ausbilden mag – ich weiß davon nur, was Hollywood mich wissen läßt –, von deutschen Offizieren höre ich, daß die Arbeit mit jungen Soldaten mehr Gemeinsamkeit mit der pädagogischen Motivierung von Kindern als mit der befehlenden Disziplinierung von jungen Männern hat. Gewiß, es gibt Schulen, die die tradierten Werte und Formen hochhalten, und Eltern, die ihre Kinder nach einem rigiden religiösen Programm erziehen. Aber nicht einmal die traditionalistischsten Lehrer und fundamentalistischsten Eltern leben in einer institutionell

vorgegebenen Selbstverständlichkeit. Sie leben auf der jederzeit erschütterbaren, jederzeit widerruflichen Grundlage
ihrer individuellen Entscheidung.

Daß die Institutionen ihre orientierende Kraft verloren
haben, bedeutet auf der einen Seite Freiheit: Freiheit zur in-
dividuelleren Gestaltung des Lebens. Auf der anderen Seite
bedeutet es eine Belastung. Denn die Orientierung an Institutionen hatte Sicherheit geschaffen; sie hatte wichtige
Lebensbereiche und -abläufe auf festen, verläßlichen Boden,
außer Frage und außer Diskussion gestellt. Ehe, Familie und
Erziehung, Schule, Universität und Kirche mußten nicht
individuell improvisiert werden, sondern verstanden sich
von selbst. Das hat entlastet, und es hat sogar befreit: befreit
zur Entwicklung von Individualität in anderen Hinsichten.
Überhaupt setzt Individualität einen Hintergrund des Typi-
schen voraus, von dem sie sich abheben kann. Ohne ihn ist
sie ein bunter Tupfer unter vielen bunten Tupfern, die sich
nicht zu einem Bild, sondern nur zur Statistik fügen.

Der Zerfall der Institutionen ist oft beklagt, und er ist
ebensooft begrüßt worden. Lange galt es als konservativ,
ihn zu beklagen, und als progressiv oder liberal, ihn zu begrüßen. Inzwischen verkehren sich die Fronten. Die Konservativen haben sich dem Primat des Gelds unterworfen,
dem keine Institution standhält, und die Liberalen werden
zu Privatisierungs- und Globalisierungsgegnern und entdecken den Wert von lebensweltnahen öffentlichen Institutionen. Ich möchte den skizzierten Zerfall der Institutionen
weder beklagen noch begrüßen, sondern einfach als Befund
voraussetzen. Es ist ein Befund, der richtig ist, so weit er
reicht, der aber nicht ganz vollständig und also auch nicht

ganz richtig ist. Denn neben dem Zerfall von Institutionen gibt es auch ein Entstehen von Institutionen. Die Literatur ist eine über dem Zerfall der alten Institutionen und durch ihn entstandene neue Institution.

## II.

Wieso ist Literatur eine neue Institution? Als gesellschaftliche Ordnung menschlicher Handlungen, als Zusammenhang von Schreiben, Drucken, Verlegen, Lesen und Diskutieren existiert Literatur seit der Aufklärung. In diesem geordneten Zusammenhang hat sie Ideen zu Kräften werden lassen, die die Wirklichkeit gestalten. Das gilt zumal für die politische, philosophische und wissenschaftliche Literatur, die das politische, akademische und wirtschaftliche Leben und seine Institutionen genährt hat. Es gilt aber auch für die schöne Literatur, von der Richard Weisberg in seinem Buch handelt und von der auch ich im weiteren handeln werde. Auch sie hat die Wirklichkeit gestaltet, neue Sicht- und Denkweisen geweckt, Moden geschaffen und Trends gesetzt.

Dieser innovatorische Effekt, das Infragestellen des Überkommenen, das Aufbrechen des Selbstverständlichen hat die Gestaltung der Wirklichkeit durch die Literatur seit der Aufklärung ausgezeichnet. Deshalb konnte die Literatur empören, Skandale provozieren, Widerstand und Unterdrückung hervorrufen. Deshalb war sie aber auch nicht eine Institution. Denn die Institution zeichnet sich gerade nicht durch ihre innovatorische, sondern ihre stabilisierende Kraft aus; sie stellt überkommene, gesellschaftlich sanktionierte, selbstverständlich gewordene Verhaltensmuster nicht in Frage und bricht sie nicht auf, sondern bewahrt sie. Ich übertreibe nur wenig, wenn ich die Literatur über Jahrhunderte in einem strukturellen Konflikt mit den Institutionen der Gesellschaft sehe, in der und für die sie entstand. Selbst die Literatur, die sich mit den Institutionen der Gesellschaft nicht angelegt hat, hat fast stets immerhin darauf beharrt, daß sie nicht in der Pflicht steht, die zu Institutionen geronnene Verbindlichkeit kultureller Verhaltensmuster zu erhalten.

Auch die heutige Literatur sieht sich nicht in dieser Pflicht. Auch sie hat einen antiinstitutionellen Affekt. Wenn es ihr gelingt, einen Skandal zu provozieren, ist sie stolz. Aber es gelingt ihr nicht mehr. Keine Blasphemie, keine moralische Perversion, keine sexuelle Extravaganz, die die Literatur bietet, regt mehr auf. Es hat den bekanntesten deutschen Satiriker tief getroffen und gekränkt, daß er nicht einmal mit seinen zornigsten, bissigsten, bösesten Satiren die angegriffenen staatlichen und gesellschaftlichen Institutionen dazu bringen konnte, zurückzuschlagen. Wir müssen uns schon vormodernen islamischen oder postkommunistischen Gesellschaften zuwenden, um noch das Schauspiel des Autors im Kampf mit Staat und Gesellschaft geboten zu bekommen. In modernen Gesellschaften, in denen die Institutionen zerfallen, wird es nicht mehr aufgeführt. Die zerfallenden Institutionen wehren sich nicht mehr.

Da die Institutionen zugleich schematisiert und entlastet haben, bedeutet ihr Zerfall zugleich Freiheit und Belastung. Mehr Freiheit, als die Menschen brauchen, mehr Belastung, als sie vertragen – das Bedürfnis nach der Orientierung, die die Institutionen nicht mehr bieten, ist groß. Es findet vielfachen Ausdruck: in der Zunahme des religiösen Fundamentalismus auch in den modernen Gesellschaften, in der Konjunktur von Therapien, Coaching- und Motivationsveranstaltungen aller Art, in der gewachsenen Bereitschaft, Lifestylevorgaben, -moden und -trends mitzumachen.

Das Bedürfnis nach Orientierung macht auch die Literatur zur Institution. Die Literatur, die keine Verbindlichkeit mehr in Frage zu stellen und aufzubrechen hat, produziert nun zwar keineswegs ihrerseits Verbindlichkeit. Sie gibt keine Orientierung vor. Aber sie bietet Orientierungsalternativen. Sie ist ein reicher Schatz möglicher Sicht-, Denk- und Verhaltensweisen. Der Mensch, der in den Institutionen keinen Halt mehr finden kann, ist darum doch nicht allein auf sein Talent zu individueller Improvisation verwiesen, sondern hat immerhin Alternativen, zwischen denen er wählen kann. Wenn ich die alten Institutionen mit Trachten vergleiche, von denen sich von selbst verstand, zu welcher Gelegenheit welche Tracht zu tragen war, dann ist die neue Institution der Literatur der wohlbestückte Kleiderschrank, aus dessen Bestand ich mich auf nicht beliebige, aber vielfältige Weise kleide. Er erspart mir nicht die Entscheidung, was ich jeweils anziehe. Aber er erspart mir die orientierungslose Improvisation.

Wenn ich von Literatur als neuer Institution rede, meine ich nicht nur und nicht einmal besonders die neue Literatur. Die schöne Literatur insgesamt, alt wie neu, ist uns zur Institution geworden, die eine gewisse, geringe orientierende Kraft hat. Sie bewahrt althergebrachte wie neu entworfene, traditionalistische wie revolutionäre, klassische wie romantische, intellektuelle wie gefühlvolle Sicht-, Denk- und Verhaltensmuster so auf, daß wir uns ihrer bedienen, das heißt, uns für sie entscheiden und an ihnen orientieren können. Dieses Aufbewahren geschieht nicht etwa in archivalischer Abgeschlossenheit. Der geordnete und ordnende Zusammenhang von Schreiben, Drucken, Verlegen, Lesen und Diskutieren setzt sich lebendig fort und fort. Neue Literatur steht immer im Austausch mit alter. Jeder heutige Autor ist im Gespräch mit gestrigen, und jeder Leser bringt die neue Welt, die ein neues Buch erschließt, mit der schon bestehenden Welt zusammen, zu der sich die schon gelesenen Bücher gefügt haben.

Ihre orientierende Kraft entfaltet die Literatur dank dieses großen, alt und neu umgreifenden Reichtums. Auf welches in der Literatur aufbewahrte Muster wir uns auch immer beziehen – es hat alte Wurzeln und viele neue Zweige, Blätter und Blüten, und ob wir eine Ehe der Nähe oder der Distanz führen, unsere Kinder zu Gottesfurcht und Arbeitseifer oder unter einem Freiheits- und Lustprinzip erziehen, Beruf als Berufung oder als Beschäftigung verstehen wollen – die Literatur gibt uns stets eine Fülle von Referenzpunkten, antiken und biblischen, aufklärerischen, bürgerlichen, sozialistischen, individualistischen usw. Ich habe die Vermutung, nur auf zufällige Gespräche gestützt, aber eine einläßliche Prüfung wert, daß fundamentalistische Gatten und Eltern ihre Orientierung weniger in der Bibel als vielmehr in literarisch vermittelten Bildern von ehelichem und familiärem Leben finden.

Und in den Bildern, die die Filme vermitteln. Nicht weil

ich diese Bilder unterschätzen würde, rede ich nur von Literatur als Institution und nicht auch von der Institution der Fernseh- und der Kinofilme. Mir scheint die Literatur durch ihre fortdauernde allgemeine Verfügbarkeit in den Regalen der Buchhandlungen und erst recht der Bibliotheken unter einem anderen Gesetz zu stehen als der Film, der im Kino am ersten Wochenende oder im Fernsehen bei der ersten Ausstrahlung scheitern und für alle Zeit erledigt sein kann. Bücher sind in einer Weise da, können entdeckt, vergessen und wiederentdeckt werden, können Karrieren über Jahr und Tag, sogar über Jahrzehnte und Jahrhunderte machen, wie Filme es nicht können. Vieles, was für Literatur als Institution gilt, wird auch für Film als Institution gelten; ob alles gilt, erscheint mir fraglich.

Literatur wird zur Institution, wenn die alten Institutionen zerfallen. Dieser moderne gesellschaftliche Befund hat einen alten individuellen Vorläufer. Nicht zu zählen sind die Berichte, in denen Gefangene beschreiben, wie sie die Haft dadurch überstanden haben, daß sie die Literatur, die sie einstmals gelesen haben, erinnert haben. Das geschah auch, um der Langeweile Herr zu werden. Es geschah aber vor allem, um die Isolation zu überwinden, Zugehörigkeit herzustellen, moralische Kraft zu finden. Von allen Institutionen, die sonst Zugehörigkeit und moralische Bestätigung vermitteln, abgeschnitten, blieb der Rückgriff auf die Institution, die wir mit uns tragen, die Literatur.

Die Entwicklung der Literatur zur Institution hat Folgen
für ihre Interpretation. Zwar bin ich kein Literaturwissenschaftler; meine Wissenschaft und Praxis ist die Interpretation von Gesetzen und gerichtlichen Entscheidungen,
nicht von Romanen und Erzählungen. Aber unter den verschiedenen Überschriften, unter denen die Interpretation
von Literatur stattfindet, scheinen mir drei besonders pro-
minent zu sein.

Unter der einen wird Literatur als historisches, genauer
als sozial-, kultur- und mentalitätsgeschichtliches Material
genommen und unter der Frage untersucht, wie die Zeitgenossen gelebt, gedacht und gefühlt haben. So lassen sich
zum Beispiel der oben skizzierte Verfall von Ehe und Familie oder die Veränderungen im Verhalten von Studenten oder
der Wandel der Duellkultur aus dem Niederschlag rekon-
struieren, den sie in der Literatur gefunden haben.

Unter der zweiten Überschrift ist Literatur ein Ort der
Begegnung mit Personen. Ein Ort der persönlichen, lebendigen Begegnung mit Julien Sorel oder Natascha Rostowa oder
Cathrine Earnshaw oder Heinrich Lee oder Billy Budd,
persönlich und lebendig genug, daß wir uns zumindest bei
unseren frühen, unbefangen neugierigen und begierigen
Lektüren in Romangestalten verlieben, sie bewundern, ver-
achten und hassen konnten. Die literaturwissenschaftliche
Interpretation läßt es bei dieser Begegnung mit den Gestalten
der Romane und Erzählungen nicht bewenden, sondern entwickelt sie zur Begegnung mit dem Autor. Sie wendet sich
den Gestalten als Geschöpfen des Autors zu und fragt,

warum der Autor sie so geschaffen, wie er sie geschaffen hat, wen er in ihnen porträtiert oder auch karikiert oder überhöht hat, welche Schicksale er zu Vorbildern oder als Anregungen genommen hat. Die Interpretation geht oft noch einen Schritt weiter und wendet sich von den Personen, die der Autor geschaffen hat, dem Autor selbst zu; sie nimmt sein Werk als Material seines Lebens. Für den Leser kann auch das zu einer wunderbaren, persönlichen und lebendigen Begegnung führen, der Begegnung mit dem Autor in seinen Biographien.

Unter der dritten Überschrift werden in der Literatur bestimmte, typische Sicht-, Denk- und Verhaltensmuster gefunden. Das hat eine gewisse Nähe zu der Interpretation, die unter der ersten Überschrift stattfindet, denn das Typische hat stets seine historischen Erscheinungen. Aber das Typische geht in den historischen Erscheinungen nicht auf, und größer als die Nähe ist die Distanz. Unter dieser dritten Überschrift gilt das Interesse oft bestimmten Lebenssituationen oder Beziehungskonstellationen, zum Beispiel der Jugend oder dem Alter, dem Liebeswerben, dem Liebesverrat, dem Seitensprung, der Scheidung oder der Witwenschaft im Werk oder in den Werken eines beziehungsweise mehrerer Autoren.

Ich möchte die Interpretation unter der ersten Überschrift die historische, unter der zweiten die persönliche und unter der dritten die institutionelle Interpretation nennen. Institutionell, weil sie der Qualität der Literatur als Institution besonders gerecht wird. Sie arbeitet aus der Literatur die Sicht-, Denk- und Verhaltensweisen heraus, die für uns Orientierungsalternativen sind. Sie sind es uns auch ohne literaturwissenschaftliche Interpretation. Aber die wissenschaftliche Interpretation kann uns, was uns die Kunst gibt, klarer, deutlicher, pointierter geben – die Interpretation der Literatur wie die jeder anderen Kunst.

Da die institutionelle Interpretation der Qualität der Literatur als Institution besonders gerecht wird, ist es nicht überraschend, daß sie ebenso modern ist wie die Literatur als Institution selbst. Richard Weisbergs Buch, das den Juristen in den Werken von Dostojewski, Flaubert, Camus und Melville als Mensch des Ressentiments herausarbeitet, ist nicht nur insofern modern, als es von der Gefahr handelt, die für den modernen Juristen schicksalhaft ist. Es ist modern auch in seinem interpretatorischen Zugriff, der uns die Literatur als Institution erschließt.

Richard Weisbergs inhaltlicher wie methodischer Zugriff auf die Literatur weist sogar über den modernen Juristen und seine spezifische Gefährdung hinaus. Er eröffnet den Blick auf eine Gefahr, die für die moderne verrechtlichte Gesellschaft überhaupt schicksalhaft ist. Mit ihren immens gewachsenen Erwartungen an Recht und Gerechtigkeit droht sie zu einer Gesellschaft des Ressentiments zu werden – die nationale wie die globale Gesellschaft. Sie hat eine Opferkultur entwickelt, in der zählt, Opfer zu sein: als einzelner, als Minderheit, als Nation, als Opfer von Unterdrückung, Verfolgung und Vertreibung, von Rassismus und Chauvinismus, von sozialer, wirtschafts- und arbeitsmarktpolitischer Ungerechtigkeit, als Opfer, das durch, und als Opfer, das vor den Standards der *political correctness* zu schützen ist. Das Opfer erwartet nicht nur, daß ihm Recht geschaffen, rechtlicher Schutz gewährt, von Rechts wegen Schaden ersetzt wird. Es ist auch in der Gefahr, dem Ressentiment zu verfallen, von dem Richard Weisberg schreibt, und mit ihm ist es die Gesellschaft, die ihre Opferkultur mit den zugehörigen Rechts- und Gerechtigkeitserwartungen entwickelt hat.

Literatur als historisches Material, als Ort der Begegnung mit Personen, als Institution – es versteht sich, daß keine der entsprechenden Interpretationen das, was Literatur uns ist, erschöpft. Literatur ist mehr als historisches Material; gerade die erstklassige und bleibende Literatur ist als historisches Material oft weniger geeignet als die zweitklassige und vergängliche, die ihre zeitgenössische Wirklichkeit ohne den Mut und die Kraft der künstlerischen Vereinnahmung und Verfremdung getreulich präsentiert. Literatur ist mehr als Ort der Begegnung mit Personen, seien dies die Gestalten der Romane oder der Autor selbst, indem sie Institution ist, und sie ist mehr als Institution, indem sie uns Personen begegnen läßt. Literatur ist schließlich, was die literaturwissenschaftliche Interpretation am schwierigsten erfaßt und würdigt, Spaß.

Der Psychoanalyse verdanken wir die Einsicht, daß wir in einem Traum nicht nur der sind, der in ihm in der ersten Person erscheint, sondern alle, die in dem Traum vorkommen. Die Interpretation eines Traums, die den Träumenden nicht in allen Personen des Traums sucht und findet, geht fehl. Ebenso ist der Autor alle Personen seines Romans. Daher geraten sie ihm so komplex und differenziert, daß auch der Leser in allen Personen des Romans einem Stück von sich selbst begegnen kann. Entsprechend erschließt dann auch jede Interpretation nicht nur das Werk und nicht nur den Autor, sondern auch den Interpreten. Die, wie ich finde, revolutionärste, provozierendste, bewegendste Interpretation aus *The Failure of the Word*, die Interpretation von *Billy Budd, Sailor*, ist mir denn auch nicht nur zu einer neuen Begegnung mit den Gestalten dieser Erzählung und mit Melville selbst, nicht nur zu einer Begegnung mit dem Typus des gefährdeten modernen Juristen, sondern auch zu einer Begegnung mit dem Interpreten Richard Weisberg geworden und der wunderbaren Weise, in der er theoretische Originalität und Subtilität mit einem schlichten Sinn für die Wahrheit der Gerechtigkeit verbindet.

Worte können versagen. Worte der Liebe können gelogen, Versprechen können gebrochen, und Worte des Rechts können in Wahrheit Worte der Ungerechtigkeit sein. Literatur kann uns enttäuschen, weil sie nicht so gut, unterhaltend, anregend ist, wie wir erhofft hatten. Sie kann den historischen Aufschluß, den wir suchen, oder auch die Begegnung mit interessanten Personen, die wir uns wünschen, schuldig bleiben. Aber Literatur versagt nicht. Andere, fester gefügte und programmatischer ausgerichtete Institutionen sind durch gesellschaftliche Erschütterungen auch ihrerseits erschüttert worden bis zum Versagen und Verfall. Literatur als Institution ist dafür nicht fest genug gefügt und nicht programmatisch genug ausgerichtet. Literatur als Institution wird durch gesellschaftliche Erschütterungen immer reicher. Indem ihr über den gesellschaftlichen Erschütterungen Neues zuwächst, bewahrt sie doch zugleich das Alte. Sie bewahrt, wie Richard Weisberg uns gezeigt hat, auch die Wahrheit der Gerechtigkeit.

# Jakobs Kampf am Jabbok

*Bibelarbeit über 1. Mose 32, 23–33*

Und stund auf in der Nacht, nahm seine zwei Weiber und die zwei Mägde und seine elf Kinder und zog an die Furt des Jabbok. Nahm sie und führte sie über das Wasser, daß hinüber kam, was er hatte, und blieb allein. Da rang ein Mann mit ihm, bis die Morgenröte anbrach. Und da er sah, daß er ihn nicht übermochte, rührte er das Gelenk seiner Hüfte an, und das Gelenk der Hüfte Jakobs ward über dem Ringen mit ihm verrenkt. Und er sprach: Laß mich gehen, denn die Morgenröte bricht an. Aber er antwortete: Ich lasse dich nicht, du segnest mich denn. Er sprach: Wie heißest du? Er antwortete: Jakob. Er sprach: Du sollst nicht mehr Jakob heißen, sondern Israel, denn du hast mit Gott und mit Menschen gekämpft, und bist obgelegen. Und Jakob fragte ihn und sprach: Sage doch, wie heißest du? Er aber sprach: Warum fragest du, wie ich heiße? Und er segnete ihn daselbst. Und Jakob hieß die Stätte Pniel: Denn ich habe Gott von Angesicht gesehen und meine Seele ist genesen. Und als er an Pniel vorüber kam, ging ihm die Sonne auf, und er hinkte an seiner Hüfte. Daher essen die Kinder Israel keine Spannader auf dem Gelenk der Hüfte bis auf den heutigen Tag, darum daß die Spannader an dem Gelenk der Hüfte Jakobe gerühret ward.

Die Geschichte von Jakobs Kampf am Jabbok gehört zum klassischen Bestand biblischer Geschichten und ist uns aus Kindergottesdienst, Religions- und Konfirmandenunterricht vertraut. Sie ist uns vertraut als Geschichte von Gottes Gericht und Gnade, von Gottes Segen als Rechtfertigung und Verheißung. Jakob, der von seinem Vater Isaak den Segen erschlichen und seinen Bruder Esau um die Erstgeburt betrogen hat, der deshalb aus seiner Heimat fliehen, sich bei seinem Onkel Laban verdingen und 14 Jahre um dessen Töchter arbeiten mußte, zuerst um die ältere, die er nicht liebte, und dann um die jüngere, die er liebte, aber erst heiraten durfte, nachdem er die ältere geheiratet hatte, Jakob, der es geschafft hat, in den Jahren bei Laban trotz seiner dienenden Stellung ein Vermögen an Menschen und Vieh zu erwirtschaften, ist auf dem Weg zurück in die Heimat. Er hat Angst vor der Begegnung mit seinem Bruder Esau und hat Gott um Hilfe gebeten. Im nächtlichen Kampf mit Gott erfährt er dessen Macht und merkt, daß Gott Esau Recht schaffen und ihn, Jakob, für seinen Betrug strafen könnte. Er erfährt aber auch Gottes Gnade. Denn Gott richtet ihn nicht. Er segnet ihn und legitimiert damit den erschlichenen väterlichen Segen, die erschlichene Erstgeburt; er gibt ihm den neuen Namen Israel und verheißt ihm damit seine Rolle als Stammvater in der Heilsgeschichte seines Volkes. Gott meint es gut mit Jakob, der sich vor der Begegnung mit Esau nun nicht mehr fürchten muß.

Das klingt stimmig. Aber bei genauer Betrachtung stimmt Gottes Handeln von Anfang bis Ende nicht. Gott handelt zunächst einmal ungerecht. Jakob, der Betrüger, hat Glück, hat Erfolg und erhält auch noch Gottes Segen. Esau, der Redliche, muß ungerächt und ungesühnt mit dem Verlust der Erstgeburt leben. Gewiß, die Bibel läßt keinen Zweifel, daß Esaus Redlichkeit witz- und kraftlos ist. Esau ist ein Tölpel. Er hat nicht das Zeug, in der Heilsgeschichte des Volkes Israel eine tragende Rolle zu spielen – das hat Jakob. Aber das macht Gottes Handeln an Jakob und Esau nicht gerecht. Um die Heilsgeschichte seines Volkes Israel voranzutreiben, läßt Gott Gerechtigkeit Gerechtigkeit sein.

Gottes Handeln ist zudem unverhältnismäßig. Ein Kampf bis zur Morgenröte, damit Jakob wissen darf, daß er keine Angst vor der Begegnung mit Esau haben muß? Mit Esau, der, wie die Begegnung am nächsten Tag zeigt, ohnehin versöhnt, gutmütig und rührselig ist? Nun ist der Ertrag der Geschichte auch Gottes Legitimation der erschlichenen Erstgeburt und seine Verheißung der heilsgeschichtlichen Rolle. Aber warum bedarf es dafür des langen Kampfs mit Jakob? Zumal Jakob die Verheißung der heilsgeschichtlichen Rolle gar nicht verstehen kann; das können nur die, die seine Geschichte später als Teil ihrer Geschichte, ihrer Heilsgeschichte lesen. Auch die Legitimation der erschlichenen Erstgeburt ist weniger für Jakob als für die Späteren bedeutsam; sie nimmt von Jakob einen Makel, an dem die sich stören könnten, die seine Geschichte später als Teil ihrer Heilsgeschichte lesen. Er selbst stört sich nicht daran; er freut sich an seinem Betrug und sorgt sich lediglich, ob er damit durchkommt und wie er mit Esau fertig wird. Die Legitimation der erschlichenen Erstgeburt und die Verheißung der heilsgeschichtlichen Rolle sind Fingerzeige Gottes für das Volk Israel. Um diese Fingerzeige zu geben, führt Gott einen Kampf?

Gottes Handeln ist ferner eigentümlich riskant. Obwohl er Jakob die Hüfte ausrenkt, kann er ihn nicht überwinden und sich nicht von ihm befreien. Er muß Jakob bitten, ihn loszulassen. Er muß sich geradezu freikaufen; der Segen ist der Preis dafür, daß Jakob ihn freiläßt. Was, wenn Jakob nicht losgelassen hätte? Es ist schwer vorstellbar, daß Jakob Gott gegen dessen Willen lange sollte festhalten können. Aber schon daß er ihn kurz festhalten kann, ist eigentlich nicht vorstellbar und geschieht doch. Gott läßt sich mit dem Kampf auf mehr ein, als er leicht bewältigt. Ist er risikofreudig? Hat er Jakobs Kraft unterschätzt? Hat er seine eigene Kraft unterschätzt?

Auch wie Gott kämpft, ist befremdlich. Zunächst ringen er und Jakob miteinander. Als er sieht, daß er Jakob nicht überwinden kann, schlägt er ihm auf die Hüfte. Es klingt ein bißchen unfair, als fange einer im Ringkampf plötzlich zu boxen oder zu treten an. Es bringt Gott nicht einmal etwas; Jakob ist immer noch stark genug, ihn festzuhalten und den Preis des Segens entrichten zu lassen. Daß Jakob am Morgen nach dem Kampf hinkt, bringt Gott auch nichts, es sei denn, er freut sich an Jakobs Schmerzen.

Schließlich fürchtet sich Gott auch noch vor dem Tageslicht. Er kämpft mit Jakob bis zur Morgenröte. Als der Morgen dämmert, möchte er freikommen, und die Geschichte läßt keinen Zweifel, daß er im Licht des Tages nicht nur nicht mehr kämpfen will, sondern nicht mehr kämpfen kann. Er muß freikommen, und dieses Muß ist so stark, daß er dafür den Preis des Segens entrichtet.

III.

So wenig stimmig Gottes Handeln ist, so stimmig ist das Verhalten Jakobs. Er wird überfallen und wehrt sich. Er wehrt sich ohne Worte. Erst als sein Gegner zu reden beginnt, redet auch er. Der Gegner will etwas – warum soll er es ihm umsonst geben? Der Gegner braucht, was er will – warum soll er es ihm billig geben? Der Gegner will seinen Namen wissen, also will auch er den Namen des Gegners wissen. Nachdem er zwar nicht erfahren hat, wie der Gegner heißt, aber von ihm bekommen hat, was er gefordert hat, gibt er dem Ort zur Erinnerung an das, was er erlebt hat, einen neuen Namen.

An Jakobs Verhalten verwundert allenfalls die Kraft, mit der er sich des Gegners erwehrt und ihn festhält – immerhin ist es nicht irgendein Gegner. Daß Jakob, obwohl er dem Gegner den Segen abverlangen kann, nicht auch den Namen abpreßt, muß nicht verwundern; zum einen scheint Jakob inzwischen verstanden zu haben, mit wem er kämpft, und zum anderen ist ihm der Segen, den er bekommt, wichtiger als der Name, den er nicht erfährt.

Auch im Licht dessen, was die Bibel über die Vor- und Nachgeschichte des Kampfs mitteilt, ist Jakobs Verhalten stimmig. Jakob ist einer, der weiß, was er will, und der seine

Ziele mit Kraft, Zähigkeit und Gerissenheit verfolgt. Er nimmt die Herausforderungen an, die sich ihm stellen, und besteht sie. Wo es etwas zu fürchten gibt, hat er Angst, aber die Angst nimmt ihm nicht den Mut, sondern macht ihn nur besonders umsichtig und besonders gerissen. Gut und böse, recht und unrecht sind ihm nicht gleichgültig. Es sind Größen, mit denen er rechnen muß. Aber sie sind ihm nicht wirklich verbindlich und verpflichtend. Er muß damit rechnen, daß der getäuschte Vater zornig ist, der betrogene Bruder auf Rache sinnt und der übervorteilte Onkel sich schadlos halten will. Aber die Täuschung, der Betrug und die Übervorteilung belasten nicht sein Gewissen; daß sie gegen die Spielregeln verstoßen, macht sie nicht schlecht, sondern zu riskanten Spielzügen, die den Einsatz des Spiels erhöhen.

Daß dieser Jakob sich wehrt, wenn er angegriffen wird, nicht aufgibt, wenn er verwundet wird, und auf seinen Vorteil sieht, wenn er die Oberhand gewinnt, versteht sich. Nicht daß Jakob nicht auch zu flüchten wüßte, er ist vor dem betrogenen Bruder und dem übervorteilten Onkel geflohen, weil beidemal ein Kampf ihm nichts gebracht, sondern ihn nur etwas gekostet hätte. Aber dem Kampf am Jabbok kann er sich zuerst nicht entziehen, und als er es könnte, weil er die Oberhand gewinnt, wendet er den Kampf lieber zu seinem Vorteil.

## IV

Zurück zu Gott. Sein Sinn für Gut und Böse und Recht und Unrecht ist eigentlich kein anderer als der Jakobs; auch für Gott zählt nicht die moralische oder rechtliche Qualität von Jakobs Täuschung des Vaters, Betrug des Bruders und Übervorteilung des Onkels, sondern die Bedeutung, die Jakobs Handlungen als Züge im heilsgeschichtlichen Spiel haben. Gott hat auch keinen Sinn für Verhältnismäßigkeit. Daß er den Kampf sucht und wie er ihn kämpft, läßt ferner keinen Sinn für Strategie und Taktik erkennen. Und dann noch seine Angst vor dem Tageslicht! Der Gott, der sich hier in die Welt begibt und auf einen Kampf mit dem Menschen Jakob einläßt, macht kein gutes Bild. Es ist nicht einmal das Bild eines vermenschlichten, menschliche Stärken und menschliche Schwächen spiegelnden Gottes; was die Angst vor dem Tageslicht, die Verhältnismäßigkeit des Handelns und das strategische und taktische Geschick angeht, ist der Mensch Jakob Gott überlegen. Gottes Überlegenheit liegt allein darin, daß er vor Jakob da war und nach Jakob dasein wird und daß er, was für Jakob momentan, situativ, punktuell bleibt, in den heilsgeschichtlichen Zusammenhang stellen kann. Das ist viel und doch nicht genug, um mit dem schlechten Bild, das Gott in der Geschichte macht, ganz zu versöhnen.

So ist verständlich, daß die alttestamentliche theologische Forschung in Anknüpfung an eine Stelle bei Hosea und die jüdische Tradition eine Auslegung der Geschichte von Jakobs Kampf am Jabbok hervorgebracht hat, nach der, was wir als Kampf Jakobs mit Gott zu lesen gewohnt sind, eigentlich ein Kampf Jakobs mit einem Engel ist. Das Gute, das Jakob in der Geschichte geschieht, kann auch durch einen Engel im Auftrag Gottes getan werden: der Segen, der den erschlichenen väterlichen Segen legitimiert, die Namensgebung, die Jakob seine Rolle in der Heilsgeschichte seines Volkes verheißt. Aber das andere, daß der Kampf unverhältnismäßig ist, daß Jakob seinem Gegner gewachsen ist, daß dieser sich nur schwer, vielleicht nur unter Einsatz eines unfairen Mittels behaupten kann, daß beide miteinander ums Festhalten oder Loslassen, um Namen und Segen feilschen – das alles irritiert bei einem Kampf zwischen Mensch und Engel weniger als bei einem zwischen Mensch und Gott.

Es irritiert weniger und befriedigt doch nicht. Auch bei einem von Gott geschickten und beauftragten Engel möchte man mehr strategisches und taktisches Geschick erwarten. Auch bei einem Engel macht die Angst vor dem Tageslicht keinen rechten Sinn. Daß der Engel keine Angst vor dem Tageslicht hatte, sondern vor Tagesanbruch zurück im Himmel sein mußte, um im Morgenchor vor Gottes Thron zu singen – so hübsch dieser Versuch des jüdischen Midrasch ist, die Stelle zu retten, so wenig kann die Knappheit von Sängern im Morgenchor der Engel einleuchten.

Sinn macht die Angst vor dem Tageslicht bei dem Flußdämon, den die alttestamentliche theologische Forschung als den ursprünglichen Gegner im Kampf am Jabbok ausmacht. Eine mündlich tradierte Geschichte habe von einem Kampf am Jabbok erzählt, in dem der Flußdämon seine Hoheit über den Fluß behaupten will, aber von einem Menschen überwältigt und erst freigelassen wird, als er ihm etwas von seiner dämonischen Macht abgibt. Vielleicht überwältigt der Mensch den Flußdämon nur dadurch, daß er ihn am Geschlecht packt und verletzt – manche Alttestamentler sehen darin den Ursprung der später rollenverkehrten Verletzung von Jakobs Hüfte. Gewiß ist, daß der dämmernde Morgen dem Menschen im Kampf hilft, weil der Flußdämon, wie alle Dämonen, das Tageslicht scheut. Gewiß ist auch, daß die ursprüngliche Bedeutung des Segens darin liegt, daß der Segnende den Gesegneten an seiner Macht oder Kraft teilhaben läßt. Gewiß ist weiter, daß ein Flußdämon seinen Namen für sich behalten will, weil, wer den Namen eines Dämons kennt, ihn herbeizitieren und über ihn verfügen kann. Ob der Mensch in der mündlich überlieferten Geschichte von Anfang an mit Hab und Gut die Furt überquert oder zunächst ein einsamer Wanderer ist, ist in der alttestamentlichen theologischen Forschung dagegen wieder strittig. Strittig ist auch, ob der Mensch von Anfang an Jakob oder zunächst jemand anderes ist, dessen Geschichte später zu einer Geschichte Jakobs gemacht wird.

Einig ist die alttestamentliche Forschung aber wieder darin, daß die Verleihung des Namens Israel an Jakob, die Benennung des Orts des Geschehens durch Jakob und die Erklärung der Essensvorschrift am Ende der Geschichte spätere Ergänzungen sind, die vorgenommen wurden, als die Geschichte in die biblische Jakobsgeschichte und damit in die Heilsgeschichte des Volkes Gottes integriert wurde. Besonders wichtig ist die Verleihung des Namens Israel, für den die Geschichte die Deutung »der mit Gott und mit Menschen gekämpft und gesiegt hat« bietet. Mit der Verleihung des Namens Israel spricht Gott Jakob den Sieg zu, und dieser göttliche Zuspruch des Siegs soll den tatsächlichen Sieg Jakobs vergessen machen. Auch daß Jakob mit der Benennung des Orts des Geschehens verwundert bekennt, daß er Gott von Angesicht zu Angesicht gesehen hat und am Leben geblieben ist, soll aus dem Jakob, der seinen Gegner aus eigener Kraft im Kampf überwindet, einen Jakob machen, der froh sein muß, dank Gottes Gnade zu überleben. Schon Gott zu sehen, nicht erst, mit ihm zu kämpfen ist ein Ereignis, das der Mensch nach der Vorstellung des Volkes Israel eigentlich nicht überleben kann.

Damit ist die Geschichte, wie wir gesehen haben, nicht ohne Spannung und Brüche in die biblische Heilsgeschichte integriert. Aber sie ist hinreichend ergänzt, um die heilsgeschichtliche Lesart zu erlauben. Eine Lesart, die aus der Geschichte Jakobs eine Geschichte von Gottes Handeln an Jakob macht, eine von Gottes Gericht und Gnade, von Gottes Segen als Rechtfertigung und Verheißung.

v.

Was für eine Karriere für einen Flußdämon! Zuerst wird er Engel, dann wird er Gott. Als Flußdämon ist er dem Menschen unterlegen, als Engel ihm vielleicht mit Gottes Hilfe gewachsen, als Gott ihm selbstverständlich überlegen.

Die Abschnitte dieser Karriere behandelt die alttestamentliche theologische Forschung als Schichten der Geschichte von Jakobs Kampf. Die Spannungen und Brüche der Jakobs-Geschichte als Teil der biblischen Heilsgeschichte lassen sie zunächst eine Schicht aufspüren, bei der Jakob nicht mit

Gott, sondern mit einem Engel kämpft, und sie lassen sie darunter eine weitere Schicht finden, bei der Jakob weder mit Gott noch mit einem Engel, sondern mit einem Flußdämon kämpft. Diese Schichten, die die alttestamentliche Forschung gewissermaßen archäologisch von oben nach unten abträgt, sind die historisch entstandenen und sich von unten nach oben überlagernden Fassungen der Geschichte. Zuerst wurde die Geschichte vom siegreichen Kampf eines Menschen mit einem Flußdämon tradiert, sie wurde zu einer Geschichte variiert, in der Jakob einen Engel besiegt, und diese Geschichte wurde schließlich in die biblische Heilsgeschichte derart integriert, daß Jakob mit Gott kämpft und dank dessen Gnade Sieg und Segen, Rechtfertigung und Verheißung bekommt.

Erschließt die älteste Schicht die jüngste? Zur Geschichte vom siegreichen Kampf eines Menschen mit einem Flußdämon finden sich die verschiedensten Deutungen. In ihr wurde das klassische Muster vieler Märchen und Sagen wiedererkannt, in denen ein Held auf der Suche nach einem Ort oder einer Sache ist, angegriffen wird, den Angreifer besiegt und den Ort oder die Sache findet. Die biblische Geschichte weite dieses Muster zum einen um das Muster des Drachenkampfs, bei dem der Angreifer ein Drache ist, der den gesuchten Ort oder die gesuchte Sache gegen den Helden zu verteidigen und dabei den Helden auf die Probe zu stellen hat. Die biblische Geschichte weite das klassische Muster zugleich um das Muster eines Initiationsmythos, bei dem der Held sich in nächtliche Isolation begibt, einem Wesen mit magischer Kraft begegnet, Wunden und Narben davonträgt, siegt und als Lohn für den Sieg zunächst Zugang zu höherer Kenntnis und Macht erhält und dann für einen höheren Auftrag in Dienst genommen wird. Beides, das Auf-die-Probe-Stellen und das In-Dienst-Nehmen, begegne in der biblischen Geschichte als zwei Seiten einer Medaille; Gott habe Jakob in früheren Fassungen durch seinen Diener, einen Dämon oder einen Engel, und in der späteren selbst auf die Probe gestellt und in Dienst genommen. Gelegentlich ist von der biblischen Initiation Jakobs als einer Variante des Ödipus-Mythos die Rede, und von da ist der Schritt zu einer psychoanalytischen Deutung nicht mehr weit. Jakobs ödipale Bindung an die Mutter, seine Angst vor der Kastration durch den Vater, seine latenten homosexuellen Gefühle für den Bruder – das alles komme im Kampf am Jabbok zum Tragen. Es komme am Jabbok zum Tragen, weil Flüsse in ihrer verführerischen Schönheit und erschreckenden Bedrohlichkeit zugleich das libidinöse Verlangen nach der Mutter und die Angst vor der Kastration durch den Vater symbolisierten; es komme im Kampf zum Tragen, weil der Überwältigungsversuch von Jakobs Gegner für einen Kastrationsversuch seines Vaters Isaak stehe und weil die Angst um das Bestehen im Kampf die Angst vor der Begegnung mit dem Bruder Esau spiegele, die für die Angst vor der eigenen Homosexualität stehe.

Das Problem aller dieser Deutungen ist, daß sie die Geschichte von Jakobs Kampf am Jabbok unter ähnliche Geschichten so einreihen, daß sie nur erzählt, was diese ähnlichen Geschichten auch erzählen. Interessant an Jakobs Geschichte ist jedoch, was sie von ähnlichen Geschichten unterscheidet. Ödipus erschlägt seinen Vater Laios – Jakob erschlägt seinen Vater-Gegner nicht, sondern gibt ihn um den Preis des Segens frei. Der Drache begegnet dem Helden am Ziel, sei dies ein Ort oder eine Sache – der nächtliche Gegner begegnet Jakob unterwegs und stellt sich ihm nicht entgegen, sondern überfällt ihn. Vor allem: Die ähnlichen Geschichten bleiben sich gleich – Jakobs Geschichte wandelt sich mehrfach.

VI.

Was bedeuten diese Wandlungen? Was bedeutet es, daß Gott in den kleinen, bescheidenen Verhältnissen eines Flußdämons angefangen hat? Was, daß die Überlieferung ihn zunächst zum Engel und dann zu Gott befördert hat? Welche Vorstellung von Gott sollen wir uns angesichts dieser Biographie machen?

Die alttestamentliche theologische Literatur gibt keine befriedigende Antwort. Da ist zu lesen, daß die Späteren die alte, aus heidnischer Zeit stammende Geschichte geeignet fanden, ihren Glauben an Gott und ihre Erfahrungen mit Gott in einem Handeln Gottes an ihrem Ahnherrn Jakob darzustellen. Die Späteren haben, wie es in einer anderen alttestamentlichen theologischen Arbeit heißt, eine alte Sage personalisiert, das heißt, sie haben aus einem anonymen Menschen den Stammvater Jakob gemacht, sie haben sie theologisiert, das heißt, sie haben den Flußdämon zu Gott gemacht, und sie haben sie aktualisiert, das heißt mit der Verleihung des Namens Israel an Jakob zu einer heilsgeschichtlichen Botschaft für das Israel ihrer Zeit gemacht. So begegnen die Späteren bei dieser Geschichte als eigenmächtige Autoren. Nur bei dieser Geschichte? Was für die Geschichte von Jakobs Kampf am Jabbok gilt, muß ebenso für die anderen biblischen Geschichten gelten. Was sollte die Späteren, die bei dieser Geschichte als eigenmächtige Autoren begegnen, bei den anderen biblischen Geschichten ihrer Eigenmacht beraubt haben?

Daß die Bibel enthält, was die Späteren geeignet fanden, ihren Glauben an Gott und ihre Erfahrung mit Gott in einem Handeln Gottes an ihren Ahnherren und Vorfahren darzustellen, ist theologisch beunruhigender als in der alttestamentlichen theologischen Literatur gemeinhin deutlich wird. Diese Späteren fanden dieses geeignet, das Handeln Gottes darzustellen – was zeichnet sie vor anderen Späteren aus, die anderes geeignet fanden, oder vor uns, die wieder anderes geeignet finden mögen? In der Geschichte von Jakobs Kampf am Jabbok spitzen sich diese Fragen zu, weil die Bibel Gott hier besonders direkt handeln läßt. Wenn uns in der Darstellung seines Handelns nicht er, sondern die Erinnerung an einen sagenhaften Flußdämon und letztlich die Vorstellung des Menschen davon begegnet, was sich zur Darstellung ihres Glaubens und ihrer Vorstellung eignet – was bleibt dann von Gott? Ist Gott der Inbegriff unseres Bedürfnisses nach Darstellung, Erzählung und Dichtung, nach dichterischer Vereinnahmung, Verarbeitung und Bewältigung der Welt? Ist Gott die Erfindung des Menschen, die großartigste und anspruchsvollste, unübertroffen als glückverheißendes, trostspendendes Versprechen, unübertroffen in ihrer institutionenstiftenden Kraft, aber doch Erfindung? Wie der Flußdämon eine Erfindung des Menschen war, nur eine bescheidenere?

Wir entgehen den Fragen nicht dadurch, daß wir unterscheiden. Die Unterscheidung zwischen Gott, der keine Erfindung ist, und den Berichten über ihn, die der Vorstellung, der Erfindung des Menschen entstammen, hilft nicht. Denn was bleibt noch von Gott, wenn wir die Berichte über ihn weglassen? Auch die Unterscheidung zwischen einem früheren Gott, von dem die später lebenden Menschen sich nur nachträglich ihre Vorstellungen machen konnten, und einem späteren, über den die später lebenden Menschen zeitgenössisch berichtet haben, hilft nicht. Denn weil ein Bericht zeitgenössisch ist, ist er nicht auch schon wahr, und wenn eine Geschichte in einer vorgestellten Vergangenheit beginnt, verabschiedet sich die Vorstellung nicht, nur weil es von der Vergangenheit in die Gegenwart geht.

Oder sollen wir die Biographie Gottes, die sich in der Geschichte von Jakobs Kampf am Jabbok andeutet, ernst nehmen? Sollen wir uns einen Gott vorstellen, der als Flußdämon angefangen hat, zuerst zum Engel und dann zum Gott eines Volkes geworden ist und schließlich seine Macht ausgedehnt und auf alle Menschen erstreckt hat? Der Gott, von dem das Alte und das Neue Testament berichten, hat seine Geschichte mit den Menschen. Er hört und sieht, was sie machen, er reagiert darauf, seine Reaktionen verändern, sein Handeln entwickelt sich. Hat er sich dabei selbst entwickelt?

## VII

Ich weiß nicht, wie es sich wirklich verhält. Ich weiß nicht, ob es Gott gibt oder ob er eine Erfindung des Menschen ist, ob er sich gleichbleibt oder verändert, wie es mit seinem Verhältnis zu Dämonen und Engeln steht. Ich weiß nicht, mit wem Jakob gekämpft, wen er besiegt hat. – Ich weiß es nicht – wie sollte ich. Aber auch Jakob weiß nicht, wie es sich wirklich verhält. Auch er kann nicht wissen, was erst die Späteren über ihn wissen oder zu wissen meinen. Ob er mit einem Flußdämon kämpft, mit einem Engel, mit Gott – es bleibt ihm verborgen. Selbst wenn wir den Text wörtlich nehmen, bleibt es ihm verborgen; erst als der Kampf vorbei ist, erfährt Jakob, daß er mit Gott gekämpft hat.

Jakob weiß nicht, mit wem er kämpft. Es ist ihm auch gleichgültig. Er ist angegriffen worden und verteidigt sich. Sein Gegner, ob Flußdämon, Engel oder Gott, ist so stark, wie er ist. Er ist so stark, daß Jakob gegen ihn aufbieten muß, was er aufbieten kann. Aber Jakob, der angegriffen wurde, verteidigt sich nicht nur. Als sein Gegner den Kampf aufgeben will, läßt Jakob ihn nicht, sondern hält ihn fest. Er hält ihn fest, bis er seinen Segen hat.

Dabei weiß er noch immer nicht, mit wem er kämpft. Es ist auch weiterhin gleichgültig. Wer auch immer der Gegner ist – Jakob läßt ihn nicht los und gibt den Kampf nicht auf, bis er hat, was es vom Gegner zu haben gibt. Es mag ein bißchen von der Kraft des Flußdämons sein, die Gewähr, in Zukunft sicher über den Fluß zu kommen, Wasser aus ihm zu schöpfen, Vieh an ihm zu tränken. Es mag das Versprechen göttlicher Gnade und göttlichen Beistands sein, das im

Segen eines Engels liegt. Es mag der Zuspruch göttlicher Gnade im Segen Gottes selbst sein. Es mag auch bloß das Versprechen sein, künftig Frieden zu wahren und Respekt zu zollen; wer weder an Flußdämonen noch an Engel noch an Gott glauben und in Jakobs Gegner nur einen Menschen sehen kann, einen Räuber, einen Gesetzlosen, einen Raufbold, wird in einem solchen Versprechen das beste sehen, was Jakob von seinem Gegner kriegen kann.

Den anderen, wer er auch sei, nicht zu lassen, er segne ihn denn – das macht Jakob in seinem Kampf am Jabbok groß. Das Spiel mit vollem Einsatz und ums Ganze. Es macht Jakob auch sonst in seinem Leben groß. Darum macht Gott ihn zum Ahnherren seines Volks. Darum wollen seine Nachfahren ihn als ihren Ahnherren. Darum sehen Gott und die Nachfahren ihm sogar den Einsatz moralisch und rechtlich fragwürdiger Mittel nach.

Der volle Einsatz schließt ein, daß Jakob seinen Namen nennt. Er offenbart damit nicht nur, wie er heißt, sondern wer er ist; der Name Jakob kennzeichnet ihn nach der Deutung, die die biblische Erzählung an früherer Stelle bietet, als Betrüger. Er stellt sich. Der volle Einsatz schließt weiter ein, daß Jakob seinen Gegner nach dessen Namen fragt. Er will wissen, mit wem er es zu tun hat. Er will sich nichts vormachen und daher auch nichts vormachen lassen. Der volle Einsatz schließt schließlich Jakobs Bereitschaft ein, sich verletzen, mehr noch, sich bleibend verändern zu lassen. Nach dem Kampf hinkt Jakob.

Ich kenne wenige biblische Geschichten, die so klar sagen, was sie zu sagen haben. Laßt, was euch im Leben begegnet, was euch herausfordert, was sich euch entgegenstellt, was euch angreift, was euch verstrickt, was euch schwer und hart ankommt, was euch erschöpft, laßt es nicht, bis ihr habt, was es daraus an Gutem zu holen gibt. Stellt euch mit eurer ganzen Person. Seht hin, macht euch nichts vor und laßt euch nichts vormachen. Gebt nicht auf, laßt nicht locker, haltet fest, auch wenn es ein harter, langer, dunkler Kampf wird und ihr euch die Hüfte verrenkt. Lebt die Situationen, in die das Leben euch führt, mit vollem Einsatz.

Alle Situationen. Ausbildung und Beruf, Freundschaft, Liebe, Ehe, Familie, soziales und politisches Engagement, Bundeswehr und Zivildienst, eine Reise, eine zufällige Begegnung mit jemandem, dem man nie wieder begegnen wird – was auch immer es sei, es gilt, sich auf die Menschen und Situationen einzulassen, herauszufinden, was ihr Segen sein kann, und nicht zu ruhen, bis man ihn hat. Nicht nur auf die Situationen, die auf den ersten Blick Segen versprechen, sondern auch auf die anderen: auf die Kündigung als Chance eines neuen Anfangs, auf die Scheidung als Möglichkeit, einander in der Sorge um die Kinder verbunden zu bleiben, ohne sich weiter aneinander wund zu reiben, auf Krankheit als Zeit zum Innehalten und auf den Tod eines geliebten Menschen als Begegnung mit dem eigenen Tod. Manchmal gilt es einfach, was einen zu überfordern droht, gleichwohl zu meistern, an dem, was einen langweilt, Effizienz, und an dem, was einen ärgert, Gelassenheit zu üben.

Bei alledem versteht sich, daß man nicht alle Situationen, in die man auf dem Weg durch das Leben gerät, alle seine Zeit widmen kann. Man muß seine Zeit zwischen ihnen aufteilen. Was man einer Situation aber an Zeit widmen kann, das kann mit mehr oder weniger Einsatz geschehen, und die

Geschichte von Jakobs Kampf am Jabbok lehrt, den vollen
Einsatz zu wagen.

VIII.

Wo bleibt Gott bei alledem? Man mag sagen, daß die Lau-
heit, Laschheit, Bequemlichkeit, Müdigkeit und Coolness,
die uns auf den vollen Einsatz, aufs Spiel ums Ganze, auf
den Segen verzichten läßt, eine Sünde ist und daß Gott
uns mit der Geschichte von Jakobs Kampf am Jabbok über
diese Sünde belehrt. Aber das ist nur eine Redewendung, die
der Erkenntnis, daß der Verzicht auf den Segen uns um den
Reichtum des Lebens bringt, nichts hinzufügt.

Die Frage, wo bei alledem Gott bleibt, ist die Frage, ob es
über den vollen Einsatz im Umgang mit Menschen und
Situationen hinaus einen vollen Einsatz im Verhältnis zu
Gott gibt. Gibt es einen Kampf mit Gott und um seinen
Segen? Gibt es ihn sogar für den, der nicht weiß, ob Gott
überhaupt existiert?

Über die Jahrhunderte hat der Jakob des Alten Testa-
ments im Neuen einen Bruder. Einen, der es auch wissen
will, der auch festhält und nicht losläßt, der auch darauf
insistiert, von Gott zu kriegen, was es von Gott zu kriegen
gibt. Er ist nicht so kräftig und zupackend wie Jakob, er
wird von Gott auch nicht einfach überfallen und muß sich
gegen Gott nicht in der handfesten Auseinandersetzung
behaupten. Er ist in seiner zögernderen, zweifelnderen Art
moderner als Jakob, gewissermaßen der Intellektuelle neben
dem Kämpfer. Aber darin sind sie beide gleich und Brüder,

328

daß sie's wissen wollen. Der Bruder Jakobs, der wissen will, wer Gott für ihn sein und was er ihm geben kann, ist Thomas, der Jünger von Jesus. Er trifft die anderen Jünger, die ihm berichten, sie hätten den auferstandenen Jesus gesehen. Er glaubt ihnen nicht. Vermutlich ist die Situation ein bißchen peinlich, und es böte sich an, die Sache auf sich beruhen zu lassen. Thomas weiß, was er vom Bericht der anderen Jünger zu halten hat, und könnte sie denken lassen, was sie denken wollen. Aber so leicht macht Thomas es weder den anderen Jüngern noch sich selbst noch Jesus. Er will es wissen. Er fordert Jesus heraus, sich ihm zu zeigen, sich von ihm anfassen zu lassen. Er stellt ihn auf die Probe.

Mit Gott um seinen Segen kämpfen? Das setzt voraus, daß wir ihm begegnen und ihn zu fassen kriegen, so daß wir ihn festhalten können und nicht loslassen, er segne uns denn. Glücklich, wem es mit Gott so geht, wie es Jakob mit ihm gegangen ist. Wenn wir nicht wissen, ob es ihn gibt und wer er ist, wie wir ihm begegnen können und ihn zu fassen kriegen, bleibt uns nur, es mit Thomas wissen zu wollen. Wir können Gott nur herausfordern, sich uns zu zeigen. Wie? Thomas begegnete Jesus, weil er den Kontakt mit den anderen Jüngern hielt und daher zur Stelle war, als Jesus ihnen wieder erschien. Ich weiß, manche Menschen sagen, sie begegneten Gott in der Natur, in der Kunst oder indem sie sich die Ordnung der Welt vergegenwärtigten, die nur als Resultat göttlicher Planung und Gestaltung verständlich sei. Ich kann es nur mit Thomas halten. Mich interessiert Gott, der die Welt ordnet, in der Natur wohnt oder durch die Kunst spricht, nicht. Mich interessiert nur ein Gott, dem ich so persönlich begegnen kann, wie Jakob und Thomas ihm begegnet sind. Also halte ich den Kontakt mit den Jüngern, halte mich zur Kirche, gehe nicht immer, aber immer wieder zum Gottesdienst, mache auch sonst bei diesem und jenem kirchlichen Ereignis mit und nehme die Einladung zu einer Bibelarbeit auf dem Kirchentag an. Um Gott herauszufordern, sich mir zu zeigen, gehe ich dorthin, wo er, wenn die Jünger recht haben, ein- und ausgeht. Vielleicht ergibt sich dort die Gelegenheit, ihm zu begegnen, ihn auf die Probe zu stellen und seinen Segen zu verlangen.

Es liegt bei Gott, sich uns zu zeigen. Aber es liegt bei uns, es von ihm zu fordern.

# Gotteskindschaft

*Predigt über Philipper 2, 12–13*

Also, meine Liebsten, wie ihr alle Zeit seid gehorsam gewesen, nicht allein in meiner Gegenwärtigkeit, sondern auch nun vielmehr in meinem Abwesen, schaffet, daß ihr selig werdet, mit Furcht und Zittern. Denn Gott ist's, der in euch wirket beides, das Wollen und das Vollbringen, nach seinem Wohlgefallen.

Mit dem Wollen und Vollbringen machen wir alle unsere Erfahrungen. Oft genug sind sie traurig: Wir wollen etwas, aber wir vollbringen es nicht, wir wollen es wirklich und geben uns Mühe, aber der Erfolg bleibt aus. Wir wollen den Arbeitsplatz behalten oder, arbeitslos geworden, einen Arbeitsplatz finden, aber es gelingt uns nicht. Wir wollen die Ausbildung schaffen, die Schule, eine Fort- und Weiterbildung, aber es wird uns zuviel, wir können am Abend, wenn der Kurs stattfindet, nichts mehr aufnehmen, und wenn wir am Wochenende lesen und lernen müßten, hält es uns nicht über den Büchern. Wir wollen pünktlicher oder ordentlicher sein oder nehmen uns vor, sparsamer zu wirtschaften, aber das Geld zerrinnt uns zwischen den Fingern, wir kommen wieder und wieder zu spät, und nach kurzen Momenten der Ordnung haben wir in unserer Küche oder unserem Zimmer oder unserem Leben das alte Durcheinander. Wir wollen geduldiger mit unseren Kindern umgehen oder liebevoller mit unserer Frau oder unserem Mann, aber dann sagt sie oder er das falsche Wort zur falschen Zeit, oder die Kinder verhalten sich, als legten sie es darauf an, unsere Nerven bloßzulegen und wund zu scheuern, und wir rasten aus. Sie kennen das Sprichwort von dem Weg zur Hölle, der mit guten Vorsätzen gepflastert ist. Paulus hat in einem anderen seiner Briefe, nicht in dem an die Philipper, aus dem der heutige Text stammt, sondern in dem an die Römer, ausgiebig von dem Scheitern des Wollens im Vollbringen geschrieben: »Wollen habe ich wohl, aber Vollbringen das Gute finde ich nicht. Denn das Gute, das ich will, das tue ich nicht, sondern das Böse, das ich nicht will, das tue ich.« (7, 18–19)

So ist es, und so kennen wir es. Wie aber paßt dazu, was Paulus an die Philipper schreibt? Gott ist es, der in euch wirkt beides, das Wollen und das Vollbringen, nach seinem Wohlgefallen. Wenn Gott beides wirkt, das Wollen und das Vollbringen – wie kann dann beides auseinanderfallen, wie können wir dann das Gute wollen, aber das Böse vollbringen? Und was ist das überhaupt für eine Vorstellung von unserem Willen, nach der nicht wir wollen, sondern Gott unser Wollen wirkt? Daß wir etwas wollen, aber alleine nicht vollbringen, daß wir daher Gottes Hilfe brauchen und ihn bitten, er möge das Vollbringen wirken, das ist uns vertraut. Aber daß er auch das Wollen wirken muß, daß wir nicht nur nicht alleine vollbringen, sondern auch nicht alleine wollen – wie sollen wir uns das vorstellen?

Aber der heutige Text birgt noch mehr Rätsel. Er hat zwei Verse. Im zweiten geht es darum, daß Gott beides wirkt, unser Wollen und unser Vollbringen, nach seinem Wohlgefallen. Das ist nicht nur für sich schwierig zu verstehen und vorzustellen. Es ist besonders schwierig, weil es Begründung für das ist, was im ersten Vers steht. In ihm ermahnt Paulus zum Gehorsam gegenüber Gott und zum Gott wohlgefälligen, zum verantwortlichen, zum richtigen Leben. Schaffet, daß ihr selig werdet mit Furcht und Zittern. Und daran schließt der zweite Vers an: *Denn* Gott wirkt das Wollen und das Vollbringen. Wie – wir sollen Gott gehorchen, *weil* er unser Wollen und Vollbringen wirkt? Wirkt er, wenn er unser Wollen und Vollbringen wirkt, nicht auch unser Gehorchen? Ist Gehorchen denn etwas anderes als das richtige Wollen und Vollbringen? Anders gesagt: Eine Aufforderung zum Gehorchen setzt voraus, daß man sowohl gehorchen als auch nicht gehorchen kann, daß man einen freien Willen hat, der sich für das Gehorchen wie für das Nicht-Gehorchen entscheiden kann. Was soll die Aufforderung zum Gehorchen, wenn wir keinen freien Willen haben, wenn gar nicht wir es sind, die wollen, sondern wenn Gott unser Wollen wirkt? Und was soll die Aussage, daß Gott unser Wollen wirkt, als Begründung für die Aufforderung zum Gehorchen?

Lassen Sie uns noch mal an Erfahrungen denken, die wir alle mit dem Wollen und Vollbringen machen. Eingangs haben wir uns der Erfahrung erinnert, daß wir etwas wollen, aber nicht vollbringen. Die Verhältnisse lassen uns scheitern, oder wir kommen mit den Verhältnissen nicht zurecht, wir stehen uns im Weg, sind zu schwach oder müde, schießen mit unserem Wollen über unsere Fähigkeiten und Möglichkeiten hinaus, sind – davon handelt Paulus im Römer-Brief – unseren Gelüsten, unserer Bequemlichkeit und Trägheit zu sehr verhaftet, als daß wir das vollbrächten, was wir für uns als das eigentlich Gute erkennen. Das Sprichwort redet dazu von dem Weg, den wir zwar mit guten Vorsätzen pflastern, auf dem wir aber die guten Vorsätze mit Füßen treten.

Ein anderes Sprichwort redet davon, daß, wo ein Wille ist, auch ein Weg ist. Auch darin ist eine Erfahrung gefaßt, die wir immer wieder machen. Wenn wir richtig wollen, mit unserer ganzen Person, unserem ganzen Einsatz, unserer ganzen Kraft, wenn unser Wollen nicht aufgesetzt ist, sondern uns durchdringt, dann gelingt uns, nun, nicht alles, aber Erstaunliches. Dann finden wir Wege, die wir vorher nicht sahen, schaffen uns Wege, wo vorher keine waren. So gibt es neben der Erfahrung, daß wir etwas wollen, aber nicht vollbringen, auch die Erfahrung, daß wir etwas nicht vollbringen, weil wir es nicht richtig wollen. Nicht, daß wir es gar nicht wollten. Irgendwie wollen wir schon. Weil es schön wäre und uns guttäte, weil wir wissen, daß wir es wollen sollen. Aber wir können es nicht so wollen, wie es nötig wäre.

Die härtesten Beispiele für das, worum es hier geht, liefern Suchtabhängigkeiten. Wir alle kennen und erkennen uns im Raucher, der das Rauchen irgendwie aufgeben will, aber eben nur irgendwie, im Trinker, der das Trinken zwar morgens lassen will, aber schon mittags nicht mehr und erst recht nicht abends, im Junkie, der vom Stoff loskommen, aber dann doch mehr als alles andere an Stoff rankommen will. Da wird nicht richtig gewollt, und zugleich zeigen die Beispiele, daß das richtige Wollen nicht stets eine Sache der richtigen Willensanstrengung ist. Das kann es sein. Aber es gibt Abhängigkeiten, gegen die mit keiner Willensanstrengung anzukommen ist, weil alle Lebens- und Willenskräfte der Sucht unterworfen sind. Erst wenn der Abhängige am Ende ist, am Ende mit seiner Weisheit, Gesundheit, sozialen Stellung, erst wenn es um Leben und Tod geht, kommt mit dem Willen zum Leben, als Wille zum Leben der Wille, die Sucht zu überwinden. Das ist eine zweite Geburt, und die Entziehung, auf die der Abhängige sich dann einläßt und erst dann einlassen kann, lehrt ihn die Freiheit von der Sucht zu wollen, richtig zu wollen.

Das Wollen, das richtige Wollen wird gelehrt und gelernt. Sogar ein Erwachsener kann damit noch mal von vorne beginnen müssen, wie der Abhängige in der Entziehung. Aber vor allem ist das Lernen des Wollens, des richtigen Wollens, das Thema der Kindheit.

Du mußt dir Mühe geben – diese Eltern- und Lehrerermahnung will ja nicht erst zum Vollbringen anspornen, sondern schon zum richtigen Wollen, zum Wollen mit ganzer Kraft und ganzem Einsatz. Und die Anregungen, die die Erziehung in der Schule und zu Hause gibt, die Aufforderung, Sport zu treiben oder ein Buch zu lesen oder ein Instrument oder eine Sprache zu lernen – es sind alles nicht nur Versuche, dem Kind den Zugang zu irgendwelchen Geschicklichkeiten und Fertigkeiten zu verschaffen, sondern ihm Felder zu erschließen, in denen es mit Gewinn und Freude etwas wollen kann.

Aber das Wollen-Lernen ist auf noch grundsätzlichere Weise das Thema der Kindheit. Das Kind lernt nicht nur, ermahnt und angeregt von Eltern und Lehrern, dieses und jenes zu wollen. Das kleine Kind lernt, überhaupt zu wollen, zu sagen »Ich will« und mit seinem Willen auch sein Ich zu entwickeln, Person zu werden.

Es lernt das Wollen in konkreten Situationen durch eigene Erfahrungen. Weil es erfährt, daß die Hand sich an der heißen Herdplatte verbrennen kann, daß der Bauch das maßlose Eis-Essen nicht verträgt und daß das Spielen mit den Lego-Steinen geübt werden muß, lernt es, daß der Wille, die Welt zu erkunden, nicht ohne Vorsicht auskommt, daß der Wille zu genießen ein Maß braucht und daß der Wille zum Erfolg den Willen zum Einsatz voraussetzt. Aber das Kind kann nicht alles, was es lernen muß, durch eigene Erfahrungen lernen. Es lernt von anderen und zuallererst von den Eltern, aus elterlichen Erklärungen, Ermahnungen und Ge- und Verboten, aus den elterlichen Belohnungen und Bestrafungen, aus der belohnenden Zuwendung und dem bestrafenden Entzug elterlicher Liebe. Seine spontanen Wünsche, sein spontanes Hierhin- und Dorthin-Getrieben-Sein, Hiernach- und Danach-Greifen, seine ursprüngliche Maßlosigkeit und Unersättlichkeit gewinnt unter den elterlichen Anforderungen und in der Auseinandersetzung mit ihnen seine Gestalt und sein Ziel, wird zum Willen und zum Ich des Kindes. Es gibt psychologische Theorien, die diesen Prozeß aufwendig erforschen und beschreiben. Aber schon die Anschauung unserer Kinder und die Erinnerung zeigt uns, daß die Kindheit die Zeit ist, in der wir beides lernen, das Wollen und das Vollbringen. Und daß wir das Wollen lernen, indem wir gehorchen, manchmal mit Furcht und Zittern, indem wir zu tun lernen, was zunächst die Anforderungen der Eltern, aber letztlich einfach die Anforderungen des verantwortlichen, richtigen Lebens von uns verlangen. Für die Kindheit stimmen die beiden Verse des heutigen Textes und auch der Begründungszusammenhang zwischen ihnen. Seid gehorsam und lebt, wie ihr sollt, denn dadurch wachst ihr im Wollen und Vollbringen.

Der heutige Text ist ein Text über die Kindheit, die nicht endet: die Gotteskindschaft. Gotteskindschaft meint ebendies: daß wir nicht fertig sind, daß wir auch als Erwachsene weiterwachsen in unserem Wollen und in unserem Vollbringen, daß wir weiterwachsen als Person. Gotteskindschaft meint noch mehr, aufgehoben sein und vertrauen dürfen, aber im heutigen Text bedeutet sie Wachsen, Wachsen im Wollen und Vollbringen.

Und Wachsen durch Gehorchen. Ich habe mich lange gefragt, was den heutigen Text zum Text für den Reformationstag macht. Es ist, so meine ich, die Freiheit, ohne die es kein Gehorchen und kein Wachsen durch Gehorchen gibt. Wie das Kind Person wird, indem es auf *seine* Weise den an es gestellten Anforderungen gehorchen und zugleich den in ihm spontan wirkenden Trieben folgen lernt, so wachsen auch wir nur in der Auseinandersetzung mit den Fragen, was Gottes Gebote gerade für uns bedeuten, wie gerade wir ihnen gerecht werden, was das verantwortliche, das richtige Leben gerade in unserem Fall verlangt. Die Antworten darauf stehen nicht einfach da. Wie wir im Gehorsam gegenüber Gottes Gebot handeln und leben sollen, was dieser Gehorsam ist, steht nicht einfach fest. Gott hat uns zwar seine Gebote gegeben, aber viele offene Fragen gelassen. Für die Beantwortung der offenen Fragen hat er uns die Freiheit gegeben. Und der Reformationstag ist der Tag, uns dieser Freiheit zu freuen.

# Die Kirche

*Predigt über Apostelgeschichte 2, 1–18*

Und als der Tag der Pfingsten erfüllet war, waren sie alle einmütig beieinander. Und es geschah schnell ein Brausen vom Himmel, als eines gewaltigen Windes, und erfüllte das ganze Haus, da sie saßen. Und es erschienen ihnen Zungen zerteilet wie von Feuer und setzten sich auf einen jeglichen unter ihnen; und sie wurden alle voll des heiligen Geistes und fingen an zu predigen mit andern Zungen, wie der Geist ihnen gab auszusprechen. Es waren aber Juden zu Jerusalem wohnend, die waren gottesfürchtige Männer, aus allerlei Volk, das unter dem Himmel ist. Da nun diese Stimme geschah, kam die Menge zusammen und wurde bestürzt, denn es hörte ein jeglicher, daß sie mit seiner Sprache redeten. Sie entsetzten sich aber alle, verwunderten sich und sprachen untereinander: Siehe, sind nicht diese alle, die da reden, aus Galiläa? Wie hören wir denn ein jeglicher seine Sprache, darinnen wir geboren sind? Parther und Meder und Elamiter und die wir wohnen in Mesopotamien und in Judäa und Kappadocien, Pontus und Asien, Phrygien und Pamphylien, Ägypten und an den Enden von Libyen bei Kyrene und Ausländer von Rom, Juden und Judengenossen, Kreter und Araber: Wir hören sie mit unsern Zungen die großen Taten Gottes reden. Sie entsetzten sich aber alle und wurden irre und sprachen einer zu dem andern: Was will das werden? Die andern aber hatten ihren Spott und sprachen: Sie sind voll süßen Weins. Da trat Petrus auf mit den Elfen, erhub seine Stimme und redete zu ihnen: Ihr Juden, lieben Männer und alle, die ihr zu Jerusalem wohnet, das sei euch kundgetan, und lasset meine Worte zu euren Ohren eingehen. Denn diese sind nicht trunken, wie ihr wähnet, sintemal es ist die dritte Stunde am Tage; sondern das ist's, das durch den Propheten Joel zuvor gesagt ist: »Und es soll geschehen in den letzten Tagen, spricht Gott, ich will ausgießen von meinem Geist auf alles Fleisch; und eure Söhne und eure Töchter sollen weissagen, und eure Jünglinge sollen Gesichte sehen, und eure Ältesten sollen Träume haben. Und auf meine Knechte und auf meine Mägde will ich in denselbigen Tagen von meinem Geist ausgießen, und sie sollen weissagen.«

Unter den kirchlichen Festen ist Pfingsten das schwierigste. Daß Christus geboren wurde, daß er für die Menschen gestorben ist, daß er auferstanden ist und Sünde und Tod für die Menschen überwunden hat – wie sollten die Christen das nicht feiern! Aber was bleibt für Pfingsten? War nicht alles schon vollbracht? Nach Tod und Auferstehung war Christus seinen Jüngern mehrfach erschienen, hatte mit ihnen das Abendmahl gehalten, hatte seinen Auftrag an sie, seine Schafe zu weiden und sein Wort zu verkünden, bekräftigt und war gen Himmel gefahren. Seine Jünger und die anderen ersten Christen wußten, was sie hoffen durften und zu tun hatten; Christus hatte es sie wieder und wieder gelehrt. Gewiß, sie sehnten sich danach, daß Christus wiederkommen und das Himmelreich errichten würde. Aber er hatte sie auch gelehrt, daß es ihnen nicht gebühre, Zeit und Stunde der Wiederkehr zu wissen, und daß sie nur warten könnten.

Was bleibt für Pfingsten, daß wir es feiern, was bleibt für Pfingsten, daß wir uns darüber freuen? Worüber haben sich die ersten Christen gefreut? Haben sie sich überhaupt gefreut? Von den anderen, von der neugierigen Menge hatten einige den Eindruck, die Christen seien betrunken, und daß sie damit den Eindruck verbanden, sie seien glücklich, wird man bezweifeln dürfen, denn mit dem Glück ist's beim Betrunkensein ja so eine Sache. Auch uns, die wir den Bericht der Apostelgeschichte lesen, vermittelt sich weniger ein Eindruck von Freude und Glück als vielmehr von einem Besessen-Sein; der Heilige Geist ergriff Besitz von den Christen, erfüllte sie, er gab ihnen zu predigen und in Sprachen zu sprechen, die sie sonst nicht sprachen und verstanden. Die anderen, die sie nicht als betrunken verspotteten, waren denn auch nicht von Freude und Glück angesteckt, sondern entsetzt.

Petrus, der im Anschluß an das Pfingstereignis sprach, bekannte freilich, daß sein Herz fröhlich sei und seine Zunge sich freue. Für ihn wie auch für die anderen Jünger und ersten Christen war Pfingsten die Erfüllung und Verheißung. Die Apostelgeschichte, die mit Christi Himmelfahrt beginnt, berichtet, daß Christus seinen Jüngern dabei verheißen hat, nachdem Johannes mit Wasser getauft habe, würden sie mit dem Heiligen Geist getauft werden, nicht lange nach diesem Tag. Pfingsten, nicht lange nach Himmelfahrt, war diese verheißene Taufe mit dem Heiligen Geist.

Also, Pfingsten ist das Fest der Taufe mit dem Heiligen Geist, das Fest des ersten Auftretens und Wirkens des Heiligen Geists. Aber damit sind nur weitere Fragen gestellt. Was sollte die Taufe mit dem Heiligen Geist den Jüngern geben, was Christus ihnen nicht schon gegeben hatte? Welchen Auftrag, welche Tröstung, welche Verheißung sollte die Taufe mit dem Heiligen Geist Christi Aufträgen, Tröstungen und Verheißungen noch hinzufügen? Was soll der Heilige Geist noch dem hinzufügen, was wir mit und durch Christus schon haben?

Auch darum ist Pfingsten das schwierigste Fest. Mit dem Heiligen Geist tun wir uns schwerer als mit Gott, dem Vater, und seinem Sohn Jesus Christus. Auch die Väter der Kirche taten sich schwer mit ihm: Ist er Christi Repräsentant in der Welt bis zu dessen Wiederkehr? Ist er ein Geistgeschöpf, eine Art geistiger Gottessohn neben dem menschgewordenen Gottessohn Christus? Ist er das Weibliche neben dem Männlichen, dem Vater und dem Sohn? Ist er eine göttliche Gabe an uns, das, was uns zu einem neuen Leben befähigt? Aber befähigt uns nicht Christus schon zu einem neuen Leben? Und wie verläßlich ist außerdem eine Gabe, die uns in Sprachen reden läßt, die wir selbst nicht sprechen und verstehen? Die uns betrunken oder besessen wirken läßt? Es hat denn auch die Apostel beschäftigt und beunruhigt, daß nicht leicht zu erkennen ist, ob, was aus jemandem redet, der Heilige Geist oder ein anderer Geist ist, und Paulus hat als eine besondere Gabe die Gabe der Unterscheidung der Geister benannt und geschätzt.

Man kann daran denken, in Pfingsten noch in anderer Weise vielleicht nicht die Erfüllung einer Verheißung, aber doch die Aufhebung einer Strafe zu sehen. Das Ereignis, an dem sich die ersten Christen anderen auf einmal in deren Sprache verständlich machten, obwohl sie diese Sprachen sonst nicht sprachen, erinnert an das andere Ereignis, bei dem die Menschen sich einander in der Sprache, in der sie eben noch sprachen, auf einmal nicht mehr verständlich machen konnten. Ich meine den Turmbau zu Babel. Lassen Sie mich Ihnen die paar Verse aus 1. Mose vorlesen: »Es hatte aber alle Welt einerlei Zunge und Sprache. Da sie nun zogen gen Morgen, fanden sie ein eben Land im Lande Sinear und wohnten daselbst und sprachen untereinander: Wohlauf, laßt uns Ziegel streichen und brennen! Und nahmen Ziegel zu Stein und Erdharz zu Kalk und sprachen: Wohlauf, laßt uns eine Stadt und einen Turm bauen, des Spitze bis an den Himmel reiche, daß wir uns einen Namen machen! Denn wir werden sonst zerstreuet in alle Länder. Da fuhr der Herr hernieder, daß er sähe die Stadt und Turm, die die Menschenkinder bauten. Und der Herr sprach, siehe es ist einerlei Volk und einerlei Sprache unter ihnen allen, und sie haben das angefangen zu tun; sie werden nicht ablassen von allem, das sie vorgenommen haben zu tun. Wohlauf, laßt uns herniederfahren und ihre Sprache daselbst verwirren, daß keiner des andern Sprache vernehme! Also zerstreute sie der Herr von dannen in alle Länder, daß sie mußten aufhören die Stadt zu bauen.« (11, 1–8)

Verwirrt und zerstreut hat Gott sie, um sie für den Übermut zu strafen, mit dem sie, wie es heißt, sich »einen Namen machen« und einig und ewig sein wollten, wo es doch nur Gott zukommt, Herr der Menschheit zu sein und deren Bestand zu gewährleisten. Ist Pfingsten die Freisprechung von dieser Strafe? Ist auch hier, wie so oft, das Neue Testament die Aufhebung des Alten? Stiftet der Heilige Geist das Ende der Verwirrung und Zerstreuung der Menschen?

In der Tat stiftet er eine Verbindung zwischen Menschen. Von den Parthern, Medern und Elamitern bis zu den Kretern und Arabern konnten die, die bei Pfingsten als neugierige Menge dabei waren, die Christen auf einmal von den großen Taten Gottes reden hören. Die Christen, klein an Schar, hatten kein Verständigungsproblem. Für die anderen, die als Parther, Meder, Elamiter, Kreter und Araber ein Verständigungsproblem hatten, wurde es durch Pfingsten nicht gelöst. Aber das Verständigungsproblem der Christen mit den anderen wurde gelöst. Die Christen konnten sich auf einmal den anderen verständlich machen.

Das passierte an Pfingsten: Erstmals traten die Jünger und die anderen ersten Christen, nach der Apostelgeschichte rund 120 an Zahl, als Zeugen auf, vom Heiligen Geist befähigt, vor den anderen so Zeugnis abzulegen, daß diese es verstanden. Erstmals wurden sie dabei von den anderen als Einheit wahrgenommen, von den einen mit Spott, von den anderen mit Entsetzen und von wieder anderen, die sich nach der anschließenden Rede von Petrus taufen ließen, nach der Apostelgeschichte rund 3000 an Zahl, mit Ergriffenheit. Erstmals traten sie als Einheit in Erscheinung.

Das dem Pfingstkapitel vorausgehende erste Kapitel der Apostelgeschichte handelt von der Vorbereitung hierauf. Einerseits war mit Christi Tod, Auferstehung und Himmelfahrt und mit seinem Auftrag an die Jünger, seine Schafe zu weiden und sein Wort zu verkünden, wirklich alles vollbracht. Durch Pfingsten war dem nichts mehr hinzuzufügen. Mit Pfingsten begann eine neue Geschichte. Auf sie bereitete die Verheißung der Taufe mit dem Heiligen Geist vor. Auf sie bereitete die Zuordnung von Matthias zu den nach dem Ausscheiden von Judas nur noch 11 Aposteln vor. Auf sie bereitete das einmütige Zusammensein der ersten Christen zwischen Himmelfahrt und Pfingsten vor, das die Apostelgeschichte beschreibt. An Pfingsten war die Vorbereitung abgeschlossen. Mit Pfingsten trat die Kirche in die Welt.

Deshalb tun wir uns, wenn wir nur an uns und an unser Verhältnis zu Gott denken, mit Pfingsten schwer. Für uns als einzelne ist in der Tat nicht recht zu sehen, welchen Auftrag, welche Tröstung, welche Verheißung Pfingsten den Aufträgen, Tröstungen und Verheißungen Christi an uns noch hinzufügen sollte, was überhaupt der Heilige Geist noch dem hinzufügen sollte, was wir mit und durch Christus schon haben. Bei Pfingsten geht es nicht um uns als einzelne. Es geht um uns als Kirche.

Ich glaube an den Heiligen Geist, die heilige christliche Kirche. Dieser dritte Artikel des Glaubensbekenntnisses lehrt uns sehr deutlich, worum es bei Pfingsten geht. Mit Pfingsten tritt der Heilige Geist und mit ihm die Kirche in die Welt. Und wie Pfingsten das schwierigste Fest, ist auch dieser dritte Artikel des Glaubensbekenntnisses dessen schwierigster Artikel. An die Kirche glauben?

Wir alle kennen die, die versichern, an Gott glaubten sie schon, aber mit der Kirche hätten sie's nicht. Die auf all das Schlimme verweisen, das die Kirche im Laufe der Zeit angerichtet habe, von den Ketzer- und Hexenverfolgungen bis zum Segnen von Waffen und zum Missionieren im Zeichen von Kolonialismus und Imperialismus. Die feststellen, so hell scheine das Licht der Kirche nicht in die Welt; die Kirche sei mit ihren Privilegien alt, müde und träge geworden. Die beteuern, sie fänden Gott anderswo, vielleicht in der Natur oder in der Schönheit der Liebe oder in der Gerechtigkeit der Geschichte. Aber jedenfalls nicht in der Kirche, nicht in der Institution und schon gar nicht im Gebäude am Sonntag im Gottesdienst. Und wenn wir es hören, sind wir ein bißchen verlegen und rat- und hilflos, weil es ja stimmt: Ketzer und Hexen wurden verfolgt, und Luther hat gegen die Bauern gehetzt, und das Licht der Kirche scheint oft nur schwach. An die Kirche glauben?

Aber es sind nicht die Ketzer- und Hexenverfolgungen und nicht die Privilegien und Schwächen der Kirche, die den Glauben an sie schwierig machen. Es ist die Überzeugung davon, daß der einzelne für sich und für sich ein guter oder schlechter Mensch, moralisch oder unmoralisch, tapfer oder feige, gläubig oder ungläubig ist. Wir leben in der Zeit des Individualismus, lehren schon die Kinder, sich als einzelne zu behaupten, sich auch als einzelne verpflichtet und verantwortlich zu wissen, erleben uns oft genug in Beruf und Arbeit als einsame Einzelkämpfer, feiern in Sport, Kultur und Politik einzelne als Stars und klagen, wenn wir anklagen, einzelne an. Zwar war bei den Spendenaffären vom System Kohl die Rede, aber gemeint war der Mann, und wenn unsere Mannschaft bei der Europameisterschaft scheitert, ist es der Trainer. Oder denken Sie daran, wie auf das Dritte Reich zurückgeblickt und daraus gelernt und darüber gelehrt wird: als ob es damals nur dem einzelnen an moralischer Kraft und Zivilcourage gefehlt habe, als wäre es besser gegangen, wenn es mehr moralische, couragierte Menschen wie Schindler oder von Stauffenberg oder Schmid oder Kolbe gegeben hätte, und als gelte es jetzt, unsere Kinder moralische Courage zu lehren. Daß damals die Institutionen versagt haben, die Parteien, das Parlament, die Gerichte, die Universitäten und eben auch die Kirchen, zeige, daß letztlich moralisch doch alles am einzelnen hänge. Und weil moralisch alles am einzelnen hänge, sei von den Institutionen auch nichts zu erhoffen und nichts zu erwarten. Daß wir uns heute mit dem Glauben an die Kirche schwertun, ist auch ein Aspekt dessen, daß wir uns heute überhaupt mit Institutionen schwertun.

Aber wir können nicht ohne sie. Ohne die Institution der Familie überleben wir die ersten Monate nicht, ohne die Schule lernen wir nichts, ohne den Markt kommen wir nicht an die Güter, die wir brauchen, und ohne den Staat nicht zu der nötigen Sicherheit und Ordnung. Sogar was das Dritte Reich angeht, zeigt der genauere Blick, daß es meistens nicht einfach moralische Courage war, was einzelne Widerstand leisten ließ, sondern die Zugehörigkeit zu einer Institution, in der die individuelle Moral ihr Fundament fand. Das konnte der preußische Adel oder die kommunistische Partei oder die Gewerkschaftstradition oder eben die Kirche sein. Jedenfalls sorgte es dafür, daß der einzelne gegenüber dem mächtigen System nicht allein war, sondern sich in einer Tradition, in einer Gemeinschaft, in einer Perspektive wußte und daraus Kraft und Mut zog.

An die Kirche glauben – für mich heißt es, im Wissen um die Grenzen der Möglichkeiten des einzelnen, im Wissen um die Grenzen meiner Möglichkeiten als einzelner, an die

Kirche als Institution unter Institutionen glauben. Als Institution, die mit den anderen Institutionen in der Welt ist und daher mit ihnen irrt und fehlt, die aber in einer Weise nicht von dieser Welt ist, daß sie sich wieder fängt, wo die anderen sich verstricken und versagen. Als Institution, deren sich zwar immer wieder einmal weltliche Interessen bemächtigen, die aber, anders als alle anderen Institutionen, eigentlich und letztlich kein weltliches Interesse verfolgt und sich darauf auch immer wieder besinnt. Die sich darum derer annehmen kann, an denen die Welt kein Interesse hat. Die sieht, wofür die Welt blind ist, und sagt, was die Welt nicht gerne hört. An die Kirche glauben heißt für mich daran glauben, daß diese Institution sich immer wieder findet und in der Welt für das eintritt, was die Welt zu einem besseren Ort macht.

Nochmal: dabei irrt, fehlt und scheitert sie immer wieder, und was das Dritte Reich oder auch die DDR angeht, ist oft nachgewiesen worden, daß es Anpassung, Antisemitismus, nationalsozialistische Verblendung, Stasi-Verstrickung auch in der Kirche gab. Und doch hat die Kirche auch den Halt gegeben, sich nicht anzupassen, sich nicht verstricken und verblenden zu lassen, im Juden den Bruder und in der Jüdin die Schwester zu sehen. Ob ich an das Dritte Reich oder an die DDR denke – ich wüßte nicht, wo ich mich nicht nur religiös, sondern auch gesellschaftlich besser gehalten, unterstützt und aufgehoben gefühlt hätte als in der Kirche.

An die Kirche glauben heißt für mich auch an die Menschen in ihr glauben. Ich weiß nicht, ob das schon die Gemeinschaft der Heiligen ist, von der im Glaubensbekenntnis die Rede ist. Aber ich weiß, daß ich immer, wenn ich an einen anderen Ort kam und dort in den Gottesdienst ging, das Gefühl hatte, ich komme in gewisser Weise nach Hause, gleichgültig ob in Deutschland oder im Ausland. Natürlich habe ich langweiligere und lebendigere Gemeinden kennengelernt, sympathischere und unangenehmere Gemeindeglieder getroffen und den einen Pfarrer mehr und den anderen weniger gemocht. Aber immer hatte ich das Gefühl, es werde, wenn auch vielleicht unbeholfen und mit geringem Erfolg, nach dem gesucht, was auch ich im Leben nicht missen kann.

Bei dem Gefühl, nach Hause zu kommen, helfen die Texte, Lieder und Rituale, die sich bei aller Verschiedenheit, die sie zumal im Ausland haben können, doch vertraut anhören und -fühlen. Auch das ist für mich im Glauben an die Kirche beschlossen: der Glaube daran, daß in der Geschichte der Kirche ein Schatz an Schönheit, an schönen Texten, Liedern und Ritualen gewachsen ist, dem ich immer wieder begegnen werde und der mich immer wieder glücklich machen wird.

Mich macht sogar glücklich, wenn ich morgens und abends die Glocken vom Kirchturm in meiner Nachbarschaft höre. Vielleicht ist da ein bißchen Sentimentalität dabei. Aber glücklich macht mich, daß mich die Glocken aus dem rausreißen, was ich gerade mache; sie lassen mich innehalten. Der Glaube daran, daß ihre Glocken mich immer wieder aus dem, was ich mache, rausreißen und innehalten lassen werden – auch das gehört für mich zum Glauben an die Kirche.

Ja, Pfingsten ist ein schwieriges Fest. Und ja, die Kirche ist eine schwierige Institution. Aber wie schön, daß es dieses Fest der Kirche und des Glaubens an die Kirche gibt!

Die Kirche, die nicht verleugnen kann, daß sie ein Teil dieser Zeit und Welt ist und die doch über diese Zeit und Welt hinausweist – so verstehe ich das Ende unseres Texts, an dem Petrus davon spricht, daß der Heilige Geist die Christen Träume haben, Gesichter haben und weissagen läßt. Die Kirche, die den Menschen in ihren verschiedenen Sprachen begegnet und darum eine Kirche ökumenischer Vielfalt ist. Die zwar die verschiedenen Sprachen der Menschen spricht, sich diesen darum aber nicht anbiedert, sondern auch Spott und Entsetzen aushält. Die eine Institution ist und ein Schatz an Schönheit und eine lebendige Gemeinschaft.

# Den Glauben gestalten

## I

Seit ich das Glaubensbekenntnis bewußt höre und spreche, ist mir sein dritter Artikel der selbstverständlichste. Gottes Allmacht, Jesu Doppelnatur als Gott und als Mensch, das Vater-Sohn-Verhältnis zwischen Gott und Jesus übersteigen meine Vorstellungskraft. Aber im Bekenntnis zum Heiligen Geist, der heiligen Kirche und der Gemeinschaft der Heiligen fühlte sich schon meine kindliche Glaubensfreude aufgehoben. Daß jemand geistesgegenwärtig, geistesabwesend oder von allen guten Geistern verlassen ist, daß eine Sache einen schlechten Geist atmet oder daß an einem Ort ein guter Geist weht, hatte ich als Kind oft genug gehört, um mir vorstellen zu können, daß Geist noch mehr als nur gegenwärtig oder abwesend, gut oder schlecht, daß er auch heilend, heilbringend, heilstiftend, daß er auch heilig sein kann. In die heilige Kirche ging ich jeden Sonntag, und die Gemeinschaft der Heiligen stellte ich mir als die Gemeinschaft derer vor, die ebenfalls in die heilige Kirche gehen, nicht nur in meine Ortskirche, sondern auch in eine andere. Schon als Kind verstand ich, daß die heilige Kirche, in die ich jeden Sonntag ging, nicht das Gebäude, sondern der Gottesdienst war.

Der Gottesdienst war Gebet und Gesang, Lesungen, Predigt und Segen und eine Fortsetzung dessen, was auch zu Hause stattfand. Jeden Morgen wurden zu Hause die Losungen und jeden Abend wurde die Bibel gelesen, vor und nach jedem Essen wurden Tischgebete und vor dem Einschlafen wurde ein Nachtgebet gesprochen, Sonn-, Feier- und Geburtstage wurden mit einem Choral begonnen, in der Advents- und Passionszeit wurde auch an Sonntagnachmittagen und Werktagsabenden gesungen, und für Karfreitag und den Heiligen Abend gab es eigene häusliche Liturgien. Den biblischen Texten und Gesangbuchliedern, denen ich im Gottesdienst begegnete, begegnete ich auch zu Hause, und hier wie dort konnte ich vielfach nutzen, was ich für Religions- und Konfirmandenunterricht auswendig lernte. Auch die Einübung ins Beten geschah im Gottesdienst wie zu Hause, und beidemal war das Beten in Gestalt und Inhalt teils vorgegeben, teils persönlich variierbar.

Welchen Reichtum mein Leben dadurch gewonnen hat, habe ich früh erlebt, aber erst spät begriffen. Ich habe es erlebt, als ich die philosophische Kritik und die historische Relativierung des christlichen Glaubens kennenlernte und nicht sah, wie der Glaube sich gegenüber der Kritik und der Relativierung sollte behaupten können. Sosehr mir einleuchtete, daß Gott eine Projektion und das Christentum eine falsche Versöhnung mit einer schlechten Welt sei, so gerne ging ich doch weiter in den Gottesdienst, hörte die Texte, sang die Lieder, fand in den Gebeten die Anliegen gebündelt, die auch mich beschäftigten, ließ mich von dem einen oder anderen Gedanken der Predigt ansprechen, genoß die Gemeinschaft mit Menschen guten Willens und die Atmosphäre des kirchlichen Raums. Ich hörte auch nicht auf, mir aufs neue Jahr die Losungen zu kaufen und sie zwar nicht an jedem Morgen, aber an vielen Morgen zu lesen. Vor dem Einschlafen sprach ich weiter eine Art von Nachtgebet, ein säkulares Nachtgebet, bei dem ich aber nicht anders als beim religiösen für das Gute dankbar war, das ich erlebt hatte, meine Ängste und Sorgen benannte und an meine Lieben dachte, besonders an die in Not, Gefahr und Krankheit. In den Ritualen des Glaubens fühlte ich mich weiter zu Hause.

Nun war ich mit zu vielen Theologen und mit zu viel Theologie aufgewachsen, als daß ich mich nicht gefragt hätte, ob, was ich da trieb, theologisch in Ordnung war. Durfte ich mich in den Ritualen des Glaubens zu Hause fühlen, wenn ich mich im Glauben selbst nicht recht zu Hause fühlte? Verkehrte ich den Glauben in etwas Äußerliches oder Oberflächliches? Verfälschte ich Glaubens- und kirchliche Traditionen zu bloßem Kulturgut? Kulturprotestantismus – heute fällt das theologische Urteil über die Frömmigkeit des protestantischen Bürgertums im Kaiserreich wieder milde aus. Als ich jung war, war Kulturprotestantismus der theologische Inbegriff intellektueller oder sogar existentieller Unredlichkeit.

Ich habe mein Verhältnis zu den Ritualen des Glaubens damals theologisch nicht geklärt. Aber es ist mir kein Problem mehr. Es ist mir kein Problem, seit ich Jahre später an der Law School der Yeshiva University, der jüdischen Universität in New York, zu unterrichten begann. Die meisten meiner dortigen Kollegen sind Juden. In den Gesprächen über Recht, Staat, Moral, Religion und Politik, wie sie aus Anlaß von gesellschaftlichen Ereignissen, wissenschaftlichen Vorträgen, Buch- oder Aufsatzprojekten unter Kollegen geführt werden, ist es nicht zu merken. Das intellektuelle Klima ist so säkular wie an anderen amerikanischen und deutschen Universitäten. Aber als der Umgang vertrauter wurde und die Kollegen mich nach Hause einluden, merkte ich, wie selbstverständlich sie in den Ritualen ihres Glaubens leben. Der Besuch der Synagoge, wenn nicht an jedem Samstag, dann doch an vielen Samstagen und jedenfalls an den Feiertagen, der Hebräischunterricht der Kinder, die ernsthafte, arbeitsreiche Vorbereitung der Kinder auf Bar Mizwa und Bat Mizwa und deren großes, stolzes Begängnis, die häusliche Andacht zu Beginn des freitäglichen Abendessens, die Anrufe zwischen Rosch-ha-Schana und Jom Kippur, in denen für zugefügte Kränkungen und Verletzungen um Verzeihung gebeten wird – das Jahr ist voll mit diesen und anderen Ritualen. Sie bilden nicht eine eigene religiöse Welt, sondern sind Teil der Lebenswelt; in ihnen zu leben bedeutet nicht ein religiöses Bekenntnis, sondern ist Ausdruck eines zugleich religiösen, kulturellen und gesellschaftlichen Beheimatet-Seins. Kulturjudentum? Immerhin haben die Rituale die jüdische Identität in der Diaspora über Jahrhunderte wenn nicht überhaupt gestiftet, dann jedenfalls gestärkt. Und sie halten die jüdischen Freunde in ihrem Glauben, wie die Rituale meiner Kirche mich in meinem Glauben halten. In den Ritualen bleibt der Glaube nahe und vertraut und behält Präsenz und Evidenz unabhängig von allen philosophischen und historischen Glaubenseinwänden.

## II

Stört Sie der Begriff des Rituals? Klingt er, wenn nicht den Lutheranern, dann doch den Reformierten unter Ihnen zu katholisch? Oder erinnert er Sie an das manchmal verächtliche Reden von Ritualisierungen, bloßen Ritualen, leeren Ritualen? Dann lassen Sie mich statt von Ritualen von Gestalten des Glaubens sprechen. Denn es geht um die Gestalten, die der Glaube in Gebeten, Liedern, Texten, Liturgien und Gewohnheiten gewinnt. Es geht nicht um die Inhalte des Glaubens. Gewiß, Gebete, Lieder, Liturgien und Gewohnheiten haben ihre Inhalte. Aber diese Inhalte haben nur beschränkte Bedeutung. Ihre Stimmigkeit hat auch die Fürbitte, deren explizite und implizite Thesen über Gott, Welt und die Befindlichkeit des Menschen aufmerksamem Zuhören und Mitdenken nicht standhalten; seine Richtigkeit hat auch der Liedvers, der hoffnungslos antiquiert ist und Wassersnot und Himmelsbrot, Menschenrat und Wundertat nur zusammenzwingt, weil sie sich reimen. Die Gestalten sind den Inhalten gegenüber verselbständigt.

Das ist wie ihre Stärke auch ihre Schwäche. Ist der Inhalt des Glaubens gestorben, werden die Gestalten des Glaubens tatsächlich zu leeren Ritualen. Wenn aber der Inhalt lebendig bleibt und doch schwer zu fassen, zu tradieren, in die Lebenswelt zu integrieren und in ihr zu aktualisieren ist, können die Gestalten Halt geben. Institutionen können in Gewißheiten, Rituale können im Glauben halten.

Die Aktualisierung der Inhalte des Glaubens ist heute mit einer doppelten Schwierigkeit konfrontiert. Wird Glaube als individuelle Erfahrung von Heil, Gnade und Vergebung

aktualisiert, geschieht es in der Sprache der Psychotherapie. Sie ist die Alltagssprache geworden, in der tiefe individuelle Erfahrungen wahrgenommen und beschrieben werden. Eine andere gibt es nicht. Wie soll das Leiden an Sünde
und Schuld dem heutigen Hörer einer Predigt anders denn
als ein Zerfallen-Sein mit sich, den anderen und der Welt,
wie sollen ihm Gnade und Vergebung anders denn als die
Befreiung dazu, sich wieder anzunehmen, nahegebracht
werden? Wird der Glaube aber auf diese oder ähnliche Weise
in der Sprache der Psychotherapie aktualisiert, tritt er in das
Glied der vielen psychotherapeutischen Angebote.

Es gibt die andere Möglichkeit, den Glauben nicht als
individuelle Erfahrung zu aktualisieren, sondern in gesellschaftliche Sensibilität und gesellschaftliches Engagement
zu übersetzen. Aber dann entsprechen die Resultate denen,
zu denen sozialpolitische Sensibilität und sozialpolitisches
Engagement auch sonst kommen.

Beides, die Aktualisierung als psychotherapeutisches An-
gebot und die Übersetzung in eine sozialpolitische Forderung, bringen ein Moment der Beliebigkeit mit sich. Nicht
daß dieses Moment der Beliebigkeit zu kritisieren wäre – da
wir nur die Sprachen und Kontexte haben, die wir haben,
ist es nicht zu vermeiden. Nicht daß die psychotherapeutische und die sozialpolitische Vermittlung des Glaubens
nicht ansprechen könnten – immer wieder gelingen sie klug,
einfühlsam und nachhaltig. Aber zugleich weckt ihre gewisse Beliebigkeit die Sehnsucht nach einer Vermittlung des
Glaubens, die nichts mit Psychotherapie und nichts mit Sozialpolitik zu tun hat, die unverwechselbar, unnachahmbar,
ganz besonders, ganz eigen ist. Als Sehnsucht nach einer

neuen glaubensspezifischen Sprache, um tiefe individuelle Erfahrungen und gesellschaftliche Sensibilität und gesellschaftliches Engagement auszudrücken, mag sie unerfüllbar sein. Aber die Sehnsucht nach der ganz eigenen Vermittlung des Glaubens ist auch die Sehnsucht nach den Ritualen des Glaubens, es ist auch die Sehnsucht danach, durch die Rituale im Glauben gehalten zu werden. Das ist eine erfüllbarere Sehnsucht.

Es ist übrigens nicht nur eine Glaubenssehnsucht. In den Gottesdienst gehen, Tisch- und Nachtgebete sprechen, die Bibel lesen und Choräle singen, biblische Texte und Gesangbuchlieder auswendig lernen und können – wo diese und andere Rituale sich von selbst verstehen oder verstanden, haben beziehungsweise hatten sie Bedeutung nicht nur dafür, im Glauben zu halten, sondern als Fixpunkte bei der Gestaltung und Bewältigung der Lebenswelt. Sie erfüllten eine Sehnsucht, die einem heute immer wieder begegnet – die Sehnsucht nach anderen lebensweltlichen Fixpunkten als Beruf, Schultagsbeginn und -ende, Einkaufen, Hausarbeit, Mahlzeiten, Fernsehen und Schlafen.


III.


Die Rituale des Glaubens erhalten und pflegen, dem Glauben Gestalt geben, den Glauben gestalten – ich weiß, daß die Kirche, die Bischöfe, die Pfarrer es nicht richten können. Aber sie können dazu auffordern, anregen, ermutigen. Das Nachtgebet mit den Kindern, den eigenen, den Paten-, den Enkelkindern – sollte nicht in jedem Taufgottesdienst dazu aufgefordert werden? Könnte nicht auch etwas darüber gesagt werden, wie man mit Kindern betet, den Taufeltern, -paten und -großeltern, aber auch der übrigen Gemeinde zur Kenntnis? Und woher soll man eigentlich wissen, wie man für sich betet? Für das Reden mit dem Partner, mit den pubertierenden Kindern und mit schwierigen Arbeitskollegen gibt es Anleitungen oder können wir uns sogar coachen lassen, aber wie man mit Gott redet, soll einem zufliegen? Was für den Taufgottesdienst gilt, gilt auch für die kirchliche Beerdigung und die kirchliche Hochzeit. Trauer braucht Rituale, Ehe braucht Rituale, und der Pfarrer könnte helfen, Rituale zu finden, zu erfinden, zu üben – noch nie habe ich entsprechende Anregungen gehört. Ich habe auch noch nie im Gottesdienst gehört, daß der Pfarrer angeregt hätte, die Bibel zu lesen, jeden Abend, jeden Morgen oder immerhin am nächsten Samstag den Predigttext des nächsten Sonntags. Wie wäre es mit einer Anregung zur morgendlichen oder abendlichen Lektüre der Losungen? Und wie mit der Ermutigung, bei dieser oder jener Gelegenheit zu Hause einen Choral zu singen? Könnte am Heiligabend, wo die Kirche voll ist, den Besuchern nicht eine Anregung für die Gestaltung des Weihnachtsfests mitgegeben werden, zum Beispiel die Anregung, die Weihnachtsgeschichte am 1. oder 2. Feiertag ein weiteres Mal in einem anderen Evangelium zu lesen und ein Weihnachtslied zu singen? Und zur Anregung vielleicht gleich der Text der anderen Weihnachtsgeschichte und das eine und andere Weihnachtslied?

Wir, die Glieder der Gemeinden, müssen selbst dem Glauben außerhalb des Gottesdienstes Gestalt geben. Aber wenn wir es nicht zu Hause gelernt oder wenn wir es gelernt und wieder vergessen haben, hängt alles an den Aufforderungen, Anregungen und Ermutigungen der Kirche. Ich wünsche mir von meiner Kirche, daß sie eine auffordernde, anregende und ermutigende Kirche ist. Und ich wünsche mir weiter, daß sie das Gestalt-Geben da, wo sie kann, einübt. Daß sie die Kinder aus dem Religions- und dem Konfirmandenunterricht nicht ohne ein paar auswendig gelernte Lieder, ein paar auswendig gelernte Texte und eine Vorstellung davon entläßt, wie man betet. Ich wünsche mir, daß mit der Gemeinde manchmal Singen ohne Orgel geübt wird, im Gottesdienst, vor dem Gottesdienst, nach dem Gottesdienst – woher soll man es sonst zu Hause ohne Orgel können? Und ich wünsche mir, daß die Kirche sich da, wo sie selbst dem Glauben Gestalt gibt, dem Anspruch der Vorbildlichkeit stellt. Ich wünsche mir ein sicheres, starkes Gespür der Kirche dafür, daß Rituale Beständigkeit brauchen und davon leben, nicht leichthin liturgisch modernisiert, in den Bibel- und anderen Texten vermeintlichem gegenwärtigem Sprachgebrauch angepaßt und in den Liedern geswingt und gepoppt zu werden. Ich wünsche mir für den Gottesdienst am Sonntagmorgen eine festliche, glanzvolle, strahlende Gestalt, eine Gestalt, die fürs eigene Gestalten Vorbild ist, zum eigenen Gestalten Lust macht. In manchen Gemeinden gelingt das: von einer Sitzordnung, bei der die Besucher, die die Kirche nicht mehr füllen können, sich doch nicht in der Kirche verlieren, über Blumenschmuck, über ein musikalisches Glanzlicht des Kirchenchors oder des Organisten oder eines Gastes bis zu Lesungen, die die Hörer fesseln oder immerhin den Text richtig betonen und nicht an schwierigen Wörtern scheitern. In vielen Gemeinden gelingt es nicht und gewinnt man den Eindruck, daß sie es nicht einmal versuchen und sich auch noch nie gesagt oder gesagt bekommen haben, daß es wichtig ist.

Ich glaube an den Heiligen Geist, die heilige Kirche, die Gemeinschaft der Heiligen. Der dritte Artikel des Glaubensbekenntnisses geht weiter mit der Vergebung der Sünden, der Auferstehung der Toten und dem ewigen Leben. Das ewige Leben und die Auferstehung der Toten übersteigen wieder meine Vorstellungskraft. Aber ein Zusammenleben, in dem man einander achtet, versteht und vergibt, ein Zusammenleben in der Gemeinschaft der Heiligen, das auch in das Zusammenleben mit und unter denen ausstrahlt, die der Gemeinschaft nicht zugehören, kann ich mir nicht nur vorstellen. Ich glaube daran. Und ich glaube, daß das Zusammenleben auch darauf gründet, daß der Glaube in Ritualen Gestalt gewinnt und daß im Gottesdienst und zu Hause, gemeinsam und einzeln gefeiert, gebetet, gelesen und gesungen wird.

# Editorische Nachweise

*Heimat als Utopie*. Frankfurt am Main (Suhrkamp) 2000. Mit freundlicher Genehmigung des Suhrkamp Verlags © Suhrkamp Verlag, Frankfurt am Main, 2000

*Rousseau in Amerika*. Vortrag gehalten am 23. Mai 2001 im Center for Scholars and Writers an der New York Public Library

*Frauen und Macht. Zum Ende des Amtes von Jutta Limbach als Präsidentin des Bundesverfassungsgerichts*. Uta Fölster und Christina Stresemann (Hrsg.): Recht so, Jutta Limbach! Zum Abschied verfaßt für die Präsidentin des Bundesverfassungsgerichts. Baden-Baden (Nomos), 2002

*Wirtschaft und Vertrauen*. Vortrag gehalten am 23. Oktober 2004 auf Schloß Neuhardenberg

*Die erschöpfte Generation*. Der Spiegel. Hamburg, 30. Dezember 2002

*Zwischen Säkularisation und Multikulturalität*. Rolf Stober (Hrg.): Recht und Recht. Festschrift für Gerd Roellecke zum 70. Geburtstag. Stuttgart (Kohlhammer), 1997

*Das Dilemma der Kunstfreiheit. Über den Prozeß um*
*»Christus am Kreuz mit Gasmaske« von George Grosz*
(gemeinsam mit Wilhelm Schlink). Neue Zürcher Zeitung.
Zürich, 7./8. November 1992

*Die überforderte Menschenwürde.* Der Spiegel. Hamburg,
15. Dezember 2003

*Der Preis der Gerechtigkeit.* Merkur. Deutsche Zeitschrift
für europäisches Denken. Stuttgart (Klett-Cotta), 58. Jahrgang, Heft 11 (Nr. 667), November 2004

*An der Grenze des Rechts.* Der Spiegel. Hamburg, 17. Januar
2005

*Schlage die Trommel und fürchte dich nicht! Rede anläßlich*
*der Verleihung der Ehrengabe der Heinrich-Heine-Gesell-*
*schaft* 2000. Joseph A. Kruse (Hrsg.): Heine-Jahrbuch 2000.
Stuttgart/Weimar (J.B.Metzler), 2000

*Ein Teil der Welt. Rede anläßlich der Verleihung des Hans-*
*Fallada-Preises* 1997 der Stadt Neumünster

*Der Geist der Erzählung. Laudatio auf Imre Kertész.* Die
Welt. Berlin, 11. November 2000

*Verschüttete Vergangenheit. Laudatio auf Pat Barker.* Die
Welt. Berlin, 10. November 2001

*Rückkehr und Wiederholung. Laudatio auf Jeffrey Eugeni-*
*des.* Die Welt. Berlin, 8. November 2003

*Gotthold Ephraim Lessing: Bürgerliches Denken über*
*Recht, Staat und Politik am Vorabend der bürgerlichen Ge-*
*sellschaft.* Neue Juristische Wochenzeitschrift. München
(C. H. Beck), 36. Jahrgang, Heft 21, 25. Mai 1983

*Das Duell im 19. Jahrhundert: Realität und literarisches Bild*
*einer adeligen Institution in der bürgerlichen Gesellschaft.*
Neue Juristische Wochenzeitschrift. München (C. H. Beck),
55. Jahrgang, Heft 8, 18. Februar 2002

*Am Ende war er nur noch er selbst. Über »Die Erschießung*
*Kaiser Maximilians« von Edouard Manet.* art. Hamburg,
November 1996

*Literatur als Bilderbuch der Rechts- und Staatsphilosophie.*
*Zu Peter Schneider, »... ein einzig Volk von Brüdern«. Recht*
*und Staat in der Literatur.* Internationales Archiv für Sozial-
geschichte der deutschen Literatur. Tübingen (Niemeyer),
16. Jahrgang, Heft 1, 1991

*Literatur als Institution. Zur zwanzigjährigen Wiederkehr*
*des Erscheinens von Richard H. Weisberg, The Failure of the*
*Word. The Protagonist as Lawyer in Modern Fiction.* Car-
dozo Law Review, 26. Jahrgang, Heft 5, August 2005

*Jakobs Kampf am Jabbok. Bibelarbeit über 1. Mose 32, 23–33* auf dem Ökumenischen Kirchentag 2003 in Berlin. Neue Sammlung. Vierteljahres-Zeitschrift für Erziehung und Gesellschaft. Stuttgart (Klett-Cotta/Friedrich), 43. Jahrgang, Heft 3, Juli/August/September 2003

*Gotteskindschaft. Predigt über Philipper 2, 12–13* am Reformationstag 1996 in der evangelischen Zionskirche in Essen

*Die Kirche. Predigt über Apostelgeschichte 2, 1–18* an Pfingsten 2000 in der Zionskirche in Essen

*Den Glauben gestalten.* Vortrag am Reformationstag 2004 im Berliner Dom. Zeitzeichen. Evangelische Kommentare zu Religion und Gesellschaft, 6. Jahrgang, Heft 3, März 2005

Auf Fußnoten wurde für diesen Band verzichtet.

## Bernhard Schlink
## im Diogenes Verlag

### Selbs Justiz
Zusammen mit Walter Popp
Roman

Privatdetektiv Gerhard Selb, 68, wird von einem Chemiekonzern beauftragt, einem ›Hacker‹ das Handwerk zu legen, der das werkseigene Computersystem durcheinanderbringt. Bei der Lösung des Falles wird er mit seiner eigenen Vergangenheit als junger, schneidiger Nazi-Staatsanwalt konfrontiert und findet für die Ahndung zweier Morde, deren argloses Werkzeug er war, eine eigenwillige Lösung.

»Bernhard Schlink und Walter Popp haben mit Gerhard Selb eine, auch in ihren Widersprüchen, glaubwürdige Figur geschaffen, aus deren Blickwinkel ein gesellschaftskritischer Krimi erzählt wird. Und das so meisterlich, daß sich das Ergebnis an internationalen Standards messen läßt.«
*Jürgen Kehrer/Stadtblatt, Münster*

1992 verfilmt von Nico Hofmann unter dem Titel *Der Tod kam als Freund,* mit Martin Benrath und Hannelore Elsner in den Hauptrollen.

### Die gordische Schleife
Roman

Georg Polger hat seine Anwaltskanzlei in Karlsruhe mit dem Leben als freier Übersetzer in Südfrankreich vertauscht und schlägt sich mehr schlecht als recht durch. Bis zu dem Tag, als er durch merkwürdige Zufälle Inhaber eines Übersetzungsbüros wird – Spezialgebiet: Konstruktionspläne für Kampfhubschrauber. Polger gerät in einen Strudel von Ereignissen, die ihn Freund und Feind nicht mehr voneinander unterscheiden lassen.

Anläßlich der Criminale 1989 in Berlin mit dem Glauser, Autorenpreis für deutschsprachige Kriminalliteratur, ausgezeichnet.

## Selbs Betrug
### Roman

Privatdetektiv Gerhard Selb sucht im Auftrag eines Vaters nach der Tochter, die von ihren Eltern nichts mehr wissen will. Er findet sie, aber der, der nach ihr suchen läßt, ist nicht ihr Vater, und es sind nicht ihre Eltern, vor denen sie davonläuft.

*Selbs Betrug* wurde von der Jury des Bochumer Krimi Archivs mit dem Deutschen Krimi Preis 1993 ausgezeichnet.

»Es gibt wenige deutsche Krimiautoren, die so raffinierte und sarkastische Plots schreiben wie Schlink und ein so präzises, unangestrengt pointenreiches Deutsch.« *Wilhelm Roth/Frankfurter Rundschau*

»Gerhard Selb hat alle Anlagen, den großen englischen, amerikanischen und französischen Detektiven, von Philip Marlowe bis zu Maigret, Paroli zu bieten – auf seine ganz spezielle, deutsche, Selbsche Art.« *Wochenpresse, Wien*

## Der Vorleser
### Roman

Eine Überraschung des Autors Bernhard Schlink: Kein Kriminalroman, aber die fast kriminalistische Erforschung einer rätselhaften Liebe und bedrängenden Schuld.

»Ein Höhepunkt im deutschen Bücherherbst. Eine aufregende Fallgeschichte, so gezügelt wie Genuß gewährend erzählt. Das sollte man sich nicht entgehen

lassen, weil es in der deutschen Literatur unserer Tage hohen Seltenheitswert besitzt.«
*Tilman Krause/Tagesspiegel, Berlin*

»Nach drei spannenden Kriminalromanen ist dies Schlinks persönlichstes Buch.« *Michael Stolleis/FAZ*

»Die Überraschung des Herbstes. Ein bezwingendes Buch, weil eine Liebesgeschichte so erzählt wird, daß sie zur Geschichte der Geschichtswerdung des Dritten Reiches in der späten Bundesrepublik wird.«
*Mechthild Küpper/Wochenpost, Berlin*

Auch als Diogenes Hörbuch erschienen,
gelesen von Hans Korte

## *Liebesfluchten*
### Geschichten

Anziehungs- und Fluchtformen der Liebe in sieben Geschichten: als unterdrückte Sehnsüchte und unerwünschte Verwirrungen, als verzweifelte Seitensprünge und kühne Ausbrüche, als unumkehrbare Macht der Gewohnheit, als Schuld und Selbstverleugnung.

»Wieder schafft es Schlink, die Figuren lebendig werden zu lassen, ohne alles über sie zu verraten – selbst wenn ihn gelegentlich sein klarer, kluger Ton zu dem einen oder anderen Kommentar verführt. Er ist ein genuiner Erzähler.«
*Volker Hage/Der Spiegel, Hamburg*

»Schlink seziert seine Figuren regelrecht, er analysiert ihr Handeln. Er wertet nicht, er beschreibt. Darin liegt die moralische Qualität seines Erzählens. Schlink gelingt es wieder, wie schon beim *Vorleser*, genau die Wirkung zu erzielen, die wesentlich zu seinem Erfolg beigetragen hat. Er erzeugt den Eindruck von Authentizität.« *Martin Lüdke/Die Zeit, Hamburg*

»In *Liebesfluchten* ist der Erzähler Bernhard Schlink der Archäologe des Gefühls. Er findet den wunden

Punkt der deutschen Gegenwart. Das ist ergreifend und kühn.« *Süddeutsche Zeitung, München*

## Selbs Mord
### Roman

Ein Auftrag, der den Auftraggeber eigentlich nicht interessieren kann. Der auch Selb im Grunde nicht interessiert und in den er sich doch immer tiefer verstrickt. Merkwürdige Dinge ereignen sich in einer alteingesessenen Schwetzinger Privatbank. Die Spur des Geldes führt Selb in den Osten, nach Cottbus, in die Niederlagen der Nachwendezeit. Ein Kriminalroman über ein Kapitel aus der jüngsten deutsch-deutschen Vergangenheit.

»Schlink ist der brillante Erzähler, der mit der Klarheit und Nüchternheit eines Ermittlungsrichters die Geschichte auf ihr Ende zusteuert. Dieses Ende ist konsequent und immer überraschend.« *Rainer Schmitz / Focus, München*

## Die Heimkehr
### Roman

Das Fragment eines Heftchenromans über die Heimkehr eines deutschen Soldaten aus Sibirien. Als Peter Debauer darin Details aus seiner eigenen Welt entdeckt, macht er sich auf die Suche. Die Suche nach dem Ende der Geschichte und nach deren Autor wird zur Irrfahrt durch die deutsche Vergangenheit, aber auch durch Peter Debauers eigene Geheimnisse.